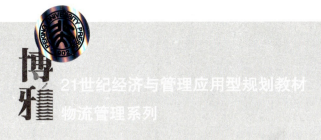

21世纪经济与管理应用型规划教材
物流管理系列

物流与供应链管理

Logistics and Supply Chain Management

吴群 编著

图书在版编目(CIP)数据

物流与供应链管理/吴群编著. —北京:北京大学出版社,2015.1
(21世纪经济与管理应用型规划教材·物流管理系列)
ISBN 978-7-301-25318-2

Ⅰ. ①物… Ⅱ. ①吴… Ⅲ. ①物流—物资管理—高等学校—教材 ②供应链管理—高等学校—教材 Ⅳ. ①F252

中国版本图书馆 CIP 数据核字(2014)第 303660 号

书　　　名	物流与供应链管理
著作责任者	吴　群　编著
责 任 编 辑	周　莹
标 准 书 号	ISBN 978-7-301-25318-2/F·4131
出 版 发 行	北京大学出版社
地　　　址	北京市海淀区成府路 205 号　100871
网　　　址	http://www.pup.cn
电 子 信 箱	em@pup.cn　　QQ:552063295
新 浪 微 博	@北京大学出版社　@北京大学出版社经管图书
电　　　话	邮购部 62752015　发行部 62750672　编辑部 62752926
印 刷 者	北京溢漾印刷有限公司
经 销 者	新华书店
	787 毫米×1092 毫米　16 开本　14.75 印张　350 千字
	2015 年 1 月第 1 版　2015 年 1 月第 1 次印刷
印　　　数	0001—3000 册
定　　　价	30.00 元

未经许可,不得以任何方式复制或抄袭本书之部分或全部内容。
版权所有,侵权必究
举报电话:010-62752024　电子信箱:fd@pup.pku.edu.cn
图书如有印装质量问题,请与出版部联系,电话:010-62756370

丛书出版前言

《国家中长期教育改革和发展规划纲要(2010—2020年)》指出,目前我国高等教育还不能完全适应国家经济社会发展的要求,学生适应社会和就业创业能力不强,创新型、实用型、复合型人才紧缺。所以,在此背景下,北京大学出版社响应教育部号召,在整合和优化课程、推进课程精品化与网络化的基础上,积极构建与实践接轨、与研究生教育接轨、与国际接轨的本科教材体系,特策划出版"21世纪经济与管理应用型规划教材"。

"21世纪经济与管理应用型规划教材"注重系统性与综合性,注重加强学生分析能力、人文素养及应用性技能的培养。本系列包含三类课程教材:通识课程教材,如《大学生创业指导》等,着重于提高学生的全面素质;基础课程教材,如《经济学原理》《管理学基础》等,着重于培养学生建立宽厚的学科知识基础;专业课程教材,如《组织行为学》《市场营销学》等,着重于培养学生扎实的学科专业知识以及动手能力和创新意识。

本系列教材在编写中注重增加相关内容以支持教师在课堂中使用先进的教学手段和多元化的教学方法,如用课堂讨论资料帮助教师进行启发式教学,增加案例及相关资料引发学生的学习兴趣等;并坚持用精品课程建设的标准来要求各门课程教材的编写,力求配套多元的教辅资料,如电子课件、习题答案和案例分析要点等。

为使本系列教材具有持续的生命力,我们每隔三年左右会对教材进行一次修订。我们欢迎所有使用本系列教材的师生给我们提出宝贵的意见和建议(我们的电子信箱是 em@pup.cn),您的关注就是我们不断进取的动力。

在此,感谢所有参与编写和为我们出谋划策、提供帮助的专家学者,以及广大使用本系列教材的师生,希望本系列教材能够为我国高等院校经管专业的教育贡献绵薄之力。

北京大学出版社

经济与管理图书事业部

前　言

随着我国社会经济的高速发展,作为对其他产业具有服务和支撑作用的物流业迅速成长。当今企业的竞争已不再是单个企业与企业之间的竞争,而是供应链与供应链之间的竞争。在供应链管理时代,现代物流与供应链的有关实践和理论将不断完善。物流与供应链管理涵盖了物流管理与供应链管理的基础理论、先进理念和技术方法,注重理论与实践的紧密结合,有利于培养具有一定物流与供应链理论知识且具备较强实践能力的综合型物流管理与技术人才。

本书立足于物流学科发展的需要,深入分析当前物流专业教学、教材建设需要,吸收了近年来物流与供应链管理领域的研究成果和专业教学经验,共分成五大篇十四章:第一篇物流与供应链管理基础理论(第一、二、三章)、第二篇物流与供应链操作管理(第四、五、六、七章)、第三篇物流与供应链运作管理(第八、九章)、第四篇物流与供应链技术方法(第十、十一、十二章)、第五篇物流与供应链理论发展(第十三、十四章)。本书每章都有"教学要点""导入案例""知识链接""练习题"等模块,力求理论与实践相结合,以方便学生在思考和练习中强化对物流与供应链管理的基本思想、方法、技能的领会及掌握。

本书可作为高等学校物流管理、交通运输管理、工商管理、管理科学与工程、市场营销等专业的教学用书,也可以作为广大物流管理者和物流工程技术人员的培训教材及自学参考书。

本书历时一年半时间完稿,在编写过程中得到了江西财经大学多位教师的大力支持,也得到了北京大学出版社周莹编辑及毕强贞编辑的帮助,在此表示衷心的感谢;另外,还要特别感谢我的研究生陈雨欣同学,她参与了本书案例及扩展阅读部分的整理编写,累计达2万字之多;同时,也向为本书查阅、整理资料的何志磊、孟欣欣、凌辉、姚隐东等学生表示特别感谢,这本书也倾注了他们的辛劳与智慧。由于时间仓促和作者水平有限,书中疏漏之处,敬请读者批评指正。

编　者

2015年1月

目 录 Contents

第一篇　物流与供应链管理基础理论

◆ 第一章　物流管理理论概述 / 3

第一节　物流的由来及作用 / 4
第二节　物流的概念及分类 / 5
第三节　物流系统及其特点 / 9
第四节　物流管理的内容及目标 / 11

◆ 第二章　供应链管理基础理论 / 15

第一节　供应链的由来和发展 / 16
第二节　供应链的概念及结构 / 18
第三节　供应链的分类 / 20
第四节　供应链管理的内容及方法 / 22

◆ 第三章　物流与供应链一体化理念 / 27

第一节　物流与供应链的关系 / 28
第二节　物流一体化理念 / 29
第三节　供应链一体化理念 / 31

第二篇　物流与供应链操作管理

◆ 第四章　采购与供应管理 / 39

第一节　采购与供应管理概述 / 40
第二节　现代化采购管理理念 / 43

第三节 供应商管理 / 50

◆ 第五章 仓储与库存管理 / 57

  第一节 物资仓储管理 / 58
  第二节 库存与库存控制 / 63

◆ 第六章 物流运输与配送管理 / 76

  第一节 运输及运输方式 / 77
  第二节 运输决策方法 / 84
  第三节 配送及配送模式 / 94

◆ 第七章 物流辅助作业管理 / 102

  第一节 物流包装作业管理 / 103
  第二节 装卸搬运作业管理 / 107
  第三节 流通加工作业管理 / 116

第三篇 物流与供应链运作管理

◆ 第八章 物流运作管理 / 125

  第一节 物流运作流程 / 126
  第二节 物流运作模式 / 130

◆ 第九章 供应链运作管理 / 139

  第一节 供应链运作流程 / 140
  第二节 供应链运作模式 / 143
  第三节 供应链风险管理 / 147

第四篇 物流与供应链技术方法

◆ 第十章 物流与供应链信息管理 / 153

  第一节 物流信息技术 / 154
  第二节 物流与供应链信息系统 / 156
  第三节 物流与供应链信息集成 / 159

◆ 第十一章　物流网络规划 / 166

　　第一节　物流网络概述 / 167
　　第二节　物流网络设计的程序 / 169
　　第三节　物流设施选址的意义与影响因素 / 170
　　第四节　物流设施选址的方法 / 172

◆ 第十二章　物流绩效评价 / 178

　　第一节　物流绩效评价概述 / 179
　　第二节　物流绩效评价指标 / 182
　　第三节　物流绩效评价方法 / 184

第五篇　物流与供应链理论发展

◆ 第十三章　精益敏捷物流理论 / 195

　　第一节　精益物流理论的起源 / 196
　　第二节　精益物流概述 / 198
　　第三节　精益物流的管理策略 / 199
　　第四节　敏捷物流概述 / 200
　　第五节　敏捷物流的管理策略 / 202

◆ 第十四章　供应链协调与协同理论 / 208

　　第一节　供应链"牛鞭效应"及协调 / 209
　　第二节　供应链合作伙伴关系的选择与建立 / 214
　　第三节　电子商务环境下的全球供应链协同 / 218

◆ 参考文献 / 223

第一篇
物流与供应链管理基础理论

第一章

物流管理理论概述

教学要点

知识要点	掌握程度	相关内容
物流的由来及作用	了解	物流的由来 物流的重要作用
物流的概念及分类	掌握	物流的概念 物流活动的内容 物流的分类
物流系统及其特点	了解	物流系统的概念 物流系统的构成要素 物流系统的模式 物流系统的特点
物流管理的内容及目标	重点掌握	物流管理的概念 物流管理的内容 物流管理的目标

导入案例

海尔的物流变革

作为中国最大的家电制造业集团,海尔集团曾在计划推动模式下建立并运行了国内一流的采购、营销和制造系统。但近年来,面对国内国际同行业的激烈竞争,海尔集团不得不在战略上寻求新的、更有利的途径。海尔自1999年10月实施国际化战略以来,在全集团范围内以"现代物流革命"为突破口,对原来的业务流程进行了重新设计和再造,实现了从"企业物流"向"物流企业"的转变。

青岛海尔物流公司成立于1999年，依托海尔集团的先进管理理念和海尔集团的强大资源网络构建了海尔物流的核心竞争力，为全球客户提供综合物流集成服务，成为全球最具竞争力的第三方物流企业。海尔物流成立至今，凭借其先进的管理理念和物流技术应用，被中国物流与采购联合会授予首批"中国物流示范基地"和"国家科技进步一等奖"，并先后获得"中国物流百强企业""中国物流企业50强""中国物流综合实力百强企业"和"最佳家电物流企业"等殊荣。目前海尔第三方物流服务领域正迅速拓展至食品业、制造业等多个行业，并取得了一定的成效。此外，在不断拓展第三方物流业务的同时，海尔开始提供第四方物流服务，围绕客户开拓更多服务领域并提供更多的增值服务。

（资料来源：http://www.jobcn.com/cozone/39/64/396487/page/）

第一节 物流的由来及作用

一、物流的由来

物流实践的历史和人类历史一样久远，从原始人用兽皮包肉，用芭蕉叶、竹筒包食物，用贝壳装水，用石矛、石斧、树枝在一定范围内获取食物并将食物带回居住地开始，物流的初始形态就存在了。18世纪末，汽车的发明和使用使得运输业更加发达，推动和促进了物流业的发展——从自货自运走向专业运输，产生了除生产和销售的第三方专业运输者，这些都是物流的早期形态，但当时并没有对物流的单独认识和文字定义。

"物流"一词最早出现于美国。1901年，约翰·格鲁威尔在向美国政府提交的《农产品流通的产业委员会报告》中讨论了农产品流通成本和各种影响因素，这份报告关注了物资流通，被认为是"揭开了人们对物流认识的序幕"。1915年，阿奇·萧在《市场流通中的若干问题》一书中提到"物流"一词，认为"物流是与创造需要不同的一个问题"，并提到"物资经过时间或空间的转移，会产生附加价值"。但是有关物流的完整定义最早出现在1935年，美国销售协会最先对物流进行了定义："物流（Physical Distribution）是包含于销售之中的物质资料和服务，以及从生产地到消费地流动过程中伴随的种种活动"。

第二次世界大战期间，美国军队将战时物资生产、采购、运输、配给等活动作为一个整体进行统一布置，并建立了"后勤"（Logistics）理论。后来"后勤"一词在企业中得到了广泛的采用，又出现了"商业后勤""流通后勤"的提法，这时的"后勤"包含了生产过程和流通过程中的物流，因而是一个包含范围更广的物流概念。

中国的物流概念是在改革开放后由日本引入的。日本的专家学者在引入物流概念的过程中也经历了一个认识逐步深化的阶段，最初是将"物流"简单理解为"流通"，20世纪60年代将之译为"物的流通"，随后简称"物流"，同时人们开始将"物流"看作"各种活动的综合体"，即包含了运输、配送、装卸、流通加工和信息传递活动的综合行为。到20世纪70年代，日本已成为世界上物流最发达的国家之一。1979年6月，中国学者参加了日本举行的第三届国际物流会议，首次将"物流"概念介绍到中国。在此之前，中国国内学术研究几乎没有使用过"物流"这个词。80年代初,北京物资学院王之泰教授在物资部专业刊物《物资经济研究通讯》上发表了"物流浅谈"一文,第一次较为系统、完整地对"物流"和"物流管理"等概念进行了阐述。自此之后,对于物流理论与技术的研究开始进入国内学者的视野,在中国的报纸、杂志、词典和论著中,也开始出现"物流"一词。

现在使用的物流一词已经演变成"Logistics"。从概念内涵分析,"Logistics"作为具有现代意义的物流概念被广泛认可的原因在于,它所反映的经济活动内容更具有整体性、系统性和连续性,并且囊括了"Physical Distribution"的概念含义。1985年,"美国实物配送管理委员会(American National Council of Physical Distribution Management)"更名为"美国物流管理委员会(American National Council of Logistics Management)",其原因正基于此。作为世界物流领域的权威组织机构,美国物流管理委员会的这一举措极大地推动了"Logistics"在全球范围物流领域的推广与应用。

二、物流的重要作用

物流的重要作用可以概括为以下四点:

(1) 物流是社会经济大系统的动脉系统,是连接社会生产各个部门成为一个有机整体的纽带,也是连接企业生产和销售的重要环节,是使有形商品的交易最终完成的重要保证;

(2) 物流的发展对商品生产的规模、产业结构的变化及经济发展速度具有重要影响;

(3) 通过物流活动可以改变商品从生产到消费的时间和空间从而创造价值;

(4) 有效的物流活动可以提高企业效益,对于增加企业利润有很大作用,是"第三利润源"。

知识链接

"第三利润源"是日本早稻田大学教授、日本物流成本学说的权威学者西泽修先生在1970年提出的。从历史发展来看,人类历史上曾经有过两大提供利润的领域。第一是资源领域,第二是人力领域。在前两大利润源潜力越来越小、利润开拓越来越困难的情况下,物流领域的潜力开始被人们重视,按时间序列被称为"第三利润源"。

第二节 物流的概念及分类

一、物流的概念

不同国家、不同机构、不同学者对于物流的概念和含义有着不同的理解。

美国物流管理协会认为物流是供应链运作中以满足客户要求为目的,对货物、服务、相关信息在产出地和销售地之间实现高效率、低成本的正向、反向的流动与储存所进行的计划、执行以及控制的过程。

美国后勤管理协会认为物流是有计划地将原材料、半成品和产成品由生产地送达消费地的所有流通活动。其内容包括为用户服务、需求预测、情报信息联系、物料搬运、订单处理、选址、采购、包装、运输、装卸、废料处理及仓库管理等。

日本通商产业省运输综合研究所认为,物流是商品从卖方到买方的全部转移过程。

我国众多研究机构和学者也给出了对物流的理解,普遍接受的是国家质量技术监督局发布的《中华人民共和国国家标准物流术语》(GB/T 18354-2006)中的概念,物流是指物品从供应地向接受地的实体流动过程,根据实际需要,将运输、储存、装卸、搬运、包装、流通加工、配送、信息处理等基本功能实施有机结合。

二、物流活动的内容

物流活动主要包括运输、储存、装卸搬运、包装、流通加工、配送和信息处理等内容。

1. 运输

《中华人民共和国国家标准物流术语》(GB/T 18354-2006)给出的定义中,运输是指用设备和工具,将物品从一地点向另一地点运送的物流活动,其中包括集货、分配、搬运、中转、装入、卸下、分散等一系列操作。

由于商品生产地与销售地之间存在着空间的分离,有的商品是甲地生产,乙地消费;有的商品是乙地生产,甲地消费;有的商品是国外生产,国内消费;有的商品是城市生产,农村消费;有的商品是农村生产,城市消费,所以要使消费者买到所需商品,必须使商品从生产地到达销售地,这一职能只有通过商品运输才能实现。

2. 储存

《中华人民共和国国家标准物流术语》(GB/T 18354-2006)给出的定义中,储存是指保护、管理和贮藏物品。

商品生产与商品消费存在着时间上的不均衡,比如农副土特产品大多是季节性生产、常年消费;日用工业品大多是集中生产、分散消费,要解决这些时间的不均衡,必须依靠商品储存来发挥作用。

3. 装卸搬运

《中华人民共和国国家标准物流术语》(GB/T 18354-2006)给出的定义中,装卸是指物品在指定地点以人力或机械实施垂直位移的作业;搬运是指在同一场所内,对物品进行水平移动为主的作业。通常装卸搬运是合在一起用的,有时在特定场合,单称"装卸"或单称"搬运"也包含了"装卸搬运"的完整含义。

4. 包装

《中华人民共和国国家标准物流术语》(GB/T 18354-2006)给出的定义中,包装是指为在流通过程中保护产品、方便储运、促进销售,按一定技术方法而采用的容器、材料辅助物等的总体名称;也指为了达到上述目的而采用容器、材料和辅助物的过程中施加一定技术方法等的操作活动。

要使得商品实体在物流中通过运输、储存环节顺利地到达消费者手中,必须保证商品的使用价值完好无损,因此,商品包装职能十分必要。合适的商品包装,可以维护商品的外观质量和内在质量,使商品在一定条件下不致因外在因素影响而被破坏或散失,从而保障整个物流活动的顺利进行。

5．流通加工

《中华人民共和国国家标准物流术语》(GB/T 18354-2006)给出的定义中,流通加工是指物品在从生产地到使用地的过程中,根据需要施加包装、分割、计量、分拣、刷标志、拴标签、组装等作业的总称。

由于商品产销方式的不同,生产性消费一般要求大包装、单花色、单规格、散装件,而个人生活消费则需要商品小包装、多花色、分规格、组合件等,这就需要在流通中进行必要的流通加工,以适应商品销售的需要。

6．配送

《中华人民共和国国家标准物流术语》(GB/T 18354-2006)给出的定义中,配送是指在经济合理区域范围内,根据客户要求,对物品进行拣选、加工、包装、分割、组配等作业,并按时送达指定地点的物流活动。

7．信息处理

信息处理是指对于反映物流各种活动内容的知识、资料、图像、数据、文件等进行收集、整理、储存、加工、传输和服务的活动。

案例 1-1　　　　　　　　　UPS 的特色物流服务

UPS(联合包裹公司)在创业初期仅有一辆货车和几辆摩托车,主要为西雅图百货公司运送货物。发展中期,每天有 120 万件包裹和文件的运送量,每天还需要租用 300 多架包机,公司在美国国内和世界各地建立了 18 个空运中转中心,每天开出 1 600 个航班,使用 610 处机场。现在,UPS 的 34 万名工作人员分布在全球 2 400 多个分中心,他们每天驾驶着 16 万辆运送车、610 架飞机,昼夜不停地为 200 多个国家和地区的客户提供门到门的收件、送件服务。UPS 每日上门取件的固定客户已逾 130 万家,每个工作日处理包裹 130 万件,每年运送 30 亿包裹和文件,成为年营业额达 270 亿美元的巨型公司。

UPS 之所以取得巨大成功,是与其富有特色的物流服务密切相关的。它的物流服务特色,主要可以概括为以下几方面:

1．货物传递快捷。UPS 规定国际快件 3 个工作日内送达目的地;国内快件保证在翌日上午 8 点以前送达。而在美国国内接到客户电话后,UPS 要在 1 小时内上门取件,并当场用微型计算机办理好托运手续。UPS 在 180 个国家开设了 24 小时服务的"下一航班送达"业务。"快速、可靠"的服务准则使其获得了"物有所值的最佳服务"的声誉。

2．报关代理和信息服务。UPS 从 20 世纪 80 年代末期起投资数亿美元建立起全球网络和技术基础设施,为客户提供报关服务。UPS 建立的"报关代理自动化系统"使其承运的国际包裹的所有资料都进入这个系统,这样,清关手续在货物到达海关之前就已经办完。UPS 的计算机化清关为企业节省了时间,提高了效益。UPS 有 6 个清关代理中心,每天办理 2 万个包裹的清关手续。

3．货物即时追踪服务。UPS 的即时追踪系统是目前世界上快递业中最大、最先进的信息追踪系统。所有交付货物只能获得一个追踪号码,货物走到哪里,这个系统就跟到哪里。这个追踪系统已经进入全球互联网络,每天有 1.4 万人次通过网络查询他们的包裹行踪。

非互联网络用户可以用电话咨询"客户服务中心",路易斯维尔的服务中心昼夜服务,200多名职员每天用11种语言回答世界各地的客户大约2万次电话查询。

4. 先进的包裹管理服务。UPS建立的亚特兰大"信息数据中心"可将UPS系统的包裹的档案资料从世界各地汇总到这里。包裹送达时,物流员工借助一个类似笔记本计算机的"传递信息读取装置"摄取客户的签名,再通过邮车上的转换器将签名直接输送到"信息数据中心",投递实现了无纸化操作。送达后,有关资料将在数据中心保存18个月。这项工作使包裹的管理工作更加科学化,也提高了UPS服务的可靠性。

5. 包装检验与设计服务。UPS设在芝加哥的"服务中心"数据库中,抗震的、抗挤压的、防泄漏的各种包装应有尽有。服务中心还曾经设计水晶隔热层的包装方式,为糖果、巧克力的运输提供恒温保护;用坚韧编织袋包装为16万件转换器提供了经得起双程磨损的材料。这类服务为企业节省了材料费和运输费,被誉为"超值服务"。

UPS过去是一家拥有技术的货车运输公司,现在,它是一家拥有货车的技术型公司。UPS提供的服务已经成为美国人日常生活中必不可少的东西,这也成就了其在全球快递业中独占鳌头的地位。

(资料来源:http://course.onlinesjtu.com/mod/page/view.php?id=27237)

三、物流的分类

由于物流活动的范围、性质和次序不同,形成了不同类型的物流。

按照物流研究范围,物流可分为宏观物流、中观物流和微观物流等。宏观物流是指社会再生产总体的物流活动,是从社会再生产总体角度认识和研究的物流活动;中观物流是社会再生产过程中的区域性物流,是从区域经济角度来认识和研究的物流活动;微观物流是指生产者、消费者、流通企业所从事的具体物流活动,微观物流更贴近具体企业的物流。

按照物流活动空间范围,物流可分为地区物流、国内物流和国际物流等。地区物流是指在一国疆域内,根据行政区或地理位置划分的一定区域内的物流活动;国内物流是指为国家整体利益服务,在国家的领地范围内开展的物流活动;国际物流是现代物流系统发展很快、规模很大的一个物流领域,是伴随和支撑国际间经济交往、贸易活动和其他国际交流所发生的物流活动。

按照物流系统的性质,物流可分为社会物流、行业物流和企业物流等。社会物流一般是指流通领域发生的物流,是全社会物流的整体统称,所以有人也称之为大物流或宏观物流;行业物流是指在一个行业内部发生的物流活动;企业物流是指企业内部的物品实体流动。

按照企业物流活动发生的先后次序,物流可分为供应物流、生产物流、销售物流、回收物流和废弃物物流等。供应物流包括原材料等一切生产资料的采购、进货、运输、仓储、库存管理和用料管理;生产物流包括生产计划与控制、厂内运输(搬运)、在制品仓储与管理等活动;销售物流包括产成品的库存管理、仓储发货运输、订货处理与客户服务等活动;回收和废弃物物流包括旧物资、边角余料等的回收利用及各种废弃物的处理等。

按照物流涉及的领域,物流可分为军事领域的物流、生产领域的物流、流通领域的物流和生活领域的物流。

> **知识链接**
>
> 回收物流指不合格物品的返修、退货以及周转使用的包装容器从需求方返回到供给方所形成的物品实体流动,即企业在生产、供应、销售的活动中总会产生各种边角余料和废料,这些东西的回收是需要伴随物流活动的。如果回收物品处理不当,往往会影响整个生产环境,甚至影响产品的质量,占用很大空间,造成资源浪费。

第三节 物流系统及其特点

一、物流系统的概念

物流系统是指在一定的空间和时间里,物流活动所需的机械、设备、工具、节点、线路等物质资料要素相互联系、相互制约的有机整体。它是由物流各要素所组成的,要素之间存在有机联系并具有使物流总体合理化功能的综合体,是社会经济大系统的一个子系统或组成部分,如图 1-1 所示。

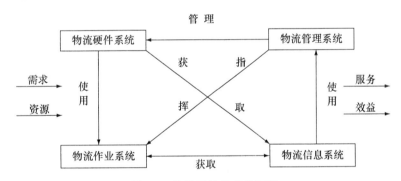

图 1-1 物流系统的总体框架

物流硬件系统主要是指各种物流设施与设备。其中,物流设施包括公路、铁路、航道、港口、机场、仓库、配送中心等;物流设备包括运输设备(如汽车、火车、船舶等)、仓储设备(如货架、堆垛机等)、包装设备(如封口机、灌包机等)、装卸搬运设备(如叉车、起重机等)。物流作业系统是指具体实施物流活动的系统,外部环境向其输入资源、信息,经过转换后输出物流服务。物流管理系统主要涉及各种管理活动和管理制度,外部环境向其输入相关信息,经过转换后输出物流决策。物流信息系统是指由人员、设备和程序组成的人机交互系统,其主要功能是收集、储存、传输物流信息,为物流管理及其他组织管理人员提供决策依据。

二、物流系统的构成要素

1. 资源要素

物流系统的资源要素一般有人、财、物、设备、信息和任务目标等。

2. 功能要素

物流系统的功能要素是指运输、仓储、装卸、搬运、包装、流通加工、配送、信息处理等基本物流活动环节。

3. 节点线路要素

仓库、物流中心、车站、码头、空港等物流据点以及连接这些据点的运输线路与运输方式都属于物流系统的节点线路要素。

4. 物质基础要素

物质基础要素包括物流设施、物流装备、物流工具、信息技术、物流网络、有关组织及管理等。

5. 流动要素

物流系统的流动要素包括流体、载体、流向、流量和流程等。

6. 支撑手段要素

物流系统的支撑手段要素包括有关体制、制度、法律、规章、行政命令、标准化系统等。

三、物流系统的模式

物流系统不仅有输入和中间的转化过程,还有输出(如图1-2所示)。输入的是原材料设备、劳动力、能源、资金和信息等,输出的是产品位置转移、各种劳务、能源、信息和好的服务。

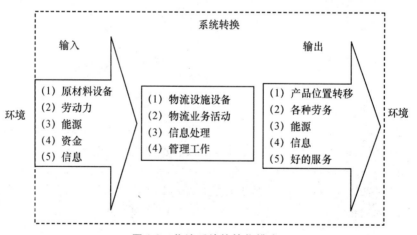

图1-2 物流系统的转化模式

四、物流系统的特点

首先,物流系统是一个"人机系统"。物流系统由物流劳动者、货物、港口车站、搬运机械、装卸机械、仓库、运输设备等构成,如图1-3所示。

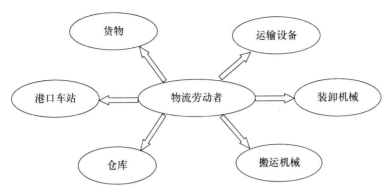

图 1-3　物流系统的人机结构

其次,物流系统是一个可分系统。作为物流系统,无论其规模多么庞大,都是由若干个相互联系的许多子系统组成的。根据物流系统的运行环节,可以划分为以下几个子系统:物资的包装系统、物资的装卸系统、物资的运输系统、物资的储存系统、物资的流通加工系统、物资的回收再利用系统、物资的情报系统和物流的管理系统等。

再次,物流系统是一个动态系统。物流系统是一个具有满足社会需要、适应环境能力的动态系统。为适应经常变化的社会环境,使物流系统良好地运行,人们必须对物流系统的各组成部分经常不断地修改、完善,因此物流系统必须是灵活可变的。

最后,物流系统是一个复杂系统。物流系统的运行对象——"物",可以是全部社会物质资源,资源的多样化带来了物流系统的复杂化。物流系统中人力、物力、财力资源的组织和合理利用,是一个非常复杂的问题。收集、处理物流信息并使之指导物流活动,也是一项复杂的工作。

第四节　物流管理的内容及目标

一、物流管理的概念

《中华人民共和国国家标准物流术语》(GB/T 18354-2006)中给出的定义中,物流管理是指为了以最低的成本达到客户所满意的服务水平,对物流活动进行的计划、组织、指挥、协调与控制。

二、物流管理的内容

物流管理的内容从不同角度来认识有所不同:

(1) 从功能角度来看,物流管理是对运输、储存、包装、装卸搬运、流通加工、配送、物流信息等物流活动各要素的管理;

(2) 从系统角度来看,物流管理是对物流系统中人、财、物、资源、信息、设备、方法等各要素的管理;

(3) 从职能角度来看,物流管理是对物流活动中计划管理、技术管理、质量管理和财务管理等具体职能的管理;

（4）从流程角度来看，物流管理是对物流各类活动具体流程的管理。

三、物流管理的阶段

按照时间阶段可以将物流管理分为三个主要阶段：计划阶段管理、实施阶段管理和评价阶段管理。

（1）计划阶段管理。物流计划是为了实现物流预想达到的目标所做的准备性工作。物流计划首先要确定物流所要达到的目标，以及为实现这个目标所进行的各项工作的先后次序。然后，要分析研究在物流目标实现的过程中可能发生的所有外界影响，尤其是不利因素，并确定应对这些不利因素的对策。

（2）实施阶段管理。物流的实施阶段管理就是对正在进行的各项物流活动进行管理，包括对物流活动的组织和指挥、对物流活动的监督和检查及对物流活动的调节。

（3）评价阶段管理。在一定时期内，人们对物流实施后的结果与原计划的物流目标进行对照、分析。按照对物流评价的范围不同，物流评价可分为专门性评价和综合性评价。按照物流各部门之间的关系，物流评价又可分为纵向评价和横向评价。

四、物流管理的目标

物流管理的主要目标包括：① 以实现客户满意为第一目标，客户不仅指物品的需求方，还包括物流服务的接受方，即物流业务的委托方。客户满意是一个综合指标，具体包括效率、质量、速度、成本、安全等。② 以整体最优为主要目标，整体最优表现为对运输、储存、装卸、库存、配送、信息等基本功能要素实施优化管理，处理好物流各要素之间的"效益背反"关系，在保证物流系统效率与质量的前提下，实现物流成本的最小化。

物流管理的具体目标包括成本最低、服务最优、库存最小、规模最佳和速度最快等，如图1-4所示。

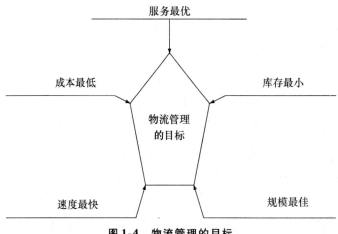

图1-4 物流管理的目标

本章小结

1. 物流是指物品从供应地向接受地的实体流动过程,根据实际需要,将运输、储存、装卸、搬运、包装、流通加工、配送、信息处理等基本功能实施有机结合。

2. 物流活动主要包括运输、储存、装卸搬运、包装、流通加工、配送和信息处理等内容。

3. 物流系统是指在一定的空间和时间里,物流活动所需的机械、设备、工具、节点、线路等物质资料要素相互联系、相互制约的有机整体。

4. 物流管理是指为了以最低的成本达到客户所满意的服务水平,对物流活动进行的计划、组织、指挥、协调与控制。

5. 物流管理的主要目标包括:① 以实现客户满意为第一目标,客户不仅指物品的需求方,还包括物流服务的接受方,即物流业务的委托方。客户满意是一个综合指标,具体包括效率、质量、速度、成本、安全等。② 以整体最优为主要目标,整体最优表现为对运输、储存、装卸、库存、配送、信息等基本功能要素实施优化管理,处理好物流各要素之间的"效益背反"关系,在保证物流系统效率与质量的前提下,实现物流成本的最小化。

练习题

1. 名词解释

物流　　　物流系统　　　物流管理

2. 不定项选择题

(1) 物流的概念最早在( )产生。

A. 中国　　　B. 美国　　　C. 日本　　　D. 英国

(2) 物流管理的具体目标有( )。

A. 成本最低化　　　B. 服务最优化　　　C. 库存最小化　　　D. 速度最快化

(3) 物流的基本构成包括( )。

A. 运输　　　B. 生产　　　C. 储存　　　D. 包装

3. 简答题

(1) 简述物流的作用。

(2) 简述物流活动的内容。

(3) 简述物流系统的特点。

(4) 简述物流管理的具体目标。

4. 论述题

试举例分析物流系统的构成要素有哪些。

扩展阅读　　中国物流业存在的主要问题

20世纪80年代以来,随着各种自动化技术和信息技术在制造企业中的不断运用,制造过程本身的技术对提高制造企业产品竞争力的作用开始变小,企业把提高竞争力的侧重点逐步放在物流方面,着力于对运输、存储、装卸、搬运、包装、流通加工、配送、信息处理等基本功能实施有机结合，从而使物流业有了长足的发展。现在，物流业在发达国家能较好地发挥带动和支撑国民经济不断发展的作用。我国的物流业起步较晚，存在的问题较多，已经成为我国国民经济发展的瓶颈之一。

中国物流业存在的主要问题有：

(1) 第三方物流服务规模较小。目前，第三方物流在整个物流市场的比重，日本为80%，美国为57%，我国尚不足25%。此外，我国不仅第三方物流服务规模较小，而且第三方物流企业的规模也较小。

(2) 物流基础设施能力不足。目前我国大多数物流企业是从传统的物资和商业储运企业、各部委所属储运基地以及港口、码头等转运代理点转变过来的。由于这些企业脱胎于计划经济，是粗放型经营和条块分割的产物，其基础设施能力远远不能适应我国经济发展的需要。

(3) 物流企业信息技术水平较低。我国物流企业从总体来说信息化起步比较晚，信息化程度较低，对企业信息化存在许多分歧，不少物流企业还处在电话联系、手工操作、人工装卸的低级阶段。许多现代信息技术，如条码技术、射频技术、EDI技术、全球卫星定位系统技术等，都处于学习和起步阶段。

(4) 物流管理体制、法规和技术标准不完善。目前我国物流业的管理基本上仍沿袭计划经济体制，物流业的管理权限分割为铁路、交通、民航、海关、商贸等部门。由于没有一个统一的主管部门进行宏观管理和协调，物流中横向联系被纵向的管理体制隔断。在这种体制下，一个企业的物品想实现多式联运十分困难。

(5) 物流管理人才匮乏。目前物流行业中高级职位普遍紧缺，不少企业在招聘物流配送总监、市场拓展总监、仓储经理、采购经理、国际货代销售主管等职位时都遇到困难，尽管招聘条件十分诱人，但真正合适的人才很少。据相关部门预测，中国的物流人才缺口为600万左右，其中高级物流人才缺口约为40万左右。

(6) 我国物流成本较高。目前，发达国家的物流成本占GDP的比重为10%左右，而我国的物流费用占GDP的比重达18%左右(2012年)。根据世界银行的估算，我国企业的物流费用平均占商品价格的40%，物流过程占用的时间几乎占整个生产过程的90%；而美国的物流费用平均只占货价的10%—20%，最高为32%，英国平均为14.8%，最高为25%。这一方面说明了我国物流业与发达国家物流业之间存在巨大的差距，另一方面也说明了我国物流业发展潜力巨大。

(资料来源：http://www.chinahighway.com/news/2003/49033.php)

第二章

供应链管理基础理论

教学要点

知识要点	掌握程度	相关内容
供应链的由来和发展	了解	供应链的由来 供应链的发展阶段
供应链的概念及结构	掌握	供应链的概念 供应链的结构
供应链的分类	了解	产品供应链和服务供应链 有效性供应链与反应性供应链
供应链管理的内容及方法	重点掌握	供应链管理的定义 供应链管理的内容 供应链管理的方法

导入案例

宝洁(中国)公司的供应链管理

在宝洁(中国)公司的发展历程中,其核心竞争力发生了三次重大飞跃:第一次是指宝洁初创时期的超强技术研发能力,第二次是指 20 世纪 30 年代宝洁的品牌管理,而第三次是指 20 世纪 80 年代以来宝洁的供应链管理。宝洁公司非常注重供应链的优化管理,从细节入手,对供应链各环节的高效紧密配合尤为重视,以此提高供应链效率及供应链伙伴的协调管理水平。

> 1997年,随着中国本地大型零售集团及国际零售商的快速成长,宝洁(中国)转变了供货模式,由分销商向零售商供货的方式,逐渐开始转变成向重点零售商直接供货,通过电子数据交换及POS数据的共享,宝洁与沃尔玛成功创造了经典的"宝玛模式",合力启动了协同计划预测与补货(Collaborative Planning Forecasting and Replenishment,CPFR)供应链流程,创造了制造商与零售商紧密合作的样本。
> "宝玛模式"大大降低了整条供应链的运营成本,提高了对客户需求的反应速度,更好地保持了客户的忠诚度,为双方带来了丰厚的回报。
>
> (资料来源:http://www.cnbm.net.cn/article/ar639359276.html)

第一节 供应链的由来和发展

一、供应链的由来

供应链在古代人们开始分工合作与交换所需物品时就已经出现。举例来说,农民在土地上种出麦子,收获后卖给磨坊店,磨坊店把麦子加工成面粉,再将面粉卖给面包店,面包店再制成面包在店内出售,最后面包被居民购买享用,将这些活动连接起来,就形成了一条供应链。

随着工业时代的到来,人们更多地强调效率与分工的重要性,因此每个企业都追求效率化及高度专业化,人们普遍认为只要企业可以达到效率、效益最大化,那么必然能够增强竞争力,但由于过分强调工作切割及局部最优化,整体观念有所削弱。例如,企业为追求高生产效率,引进了许多高度自动化的生产设备并强调单一动作的生产管理方式,这些快速生产出来的标准化产品,不是在仓库堆积库存就是形成销售通路的库存,这样人们又不得不想尽办法把库存变成现金,于是又不得不采取诸如买一送一、杀价拍卖等促销手段消化库存。在这样的情形下,零售店不会考虑制造商的问题,反过来制造商也一样,因而造成生产和销售的脱节。此时的供应链可以说是纯粹以物流驱动为主导,缺乏整体观念。

供应链思想被认为是从20世纪50年代后期开始的存货流入、流出管理的理论和实践中演化而来。70年代开始实践的物料需求计划被认为是供应链管理理念付诸实践的真正开端。80年代中期在一些物流文献中开始使用供应链一词,当时供应链的着眼点是在库产品的削减,以及供给者与需求者之间的供需调整上。

知识链接

物料需求计划(Material Requirement Planning,MRP)是指根据产品结构各层次物品的从属和数量关系,以每个物品为计划对象,以完工时期为时间基准倒排计划,按提前期长短区别各个物品下达计划时间的先后顺序,是一种工业制造企业内的物资计划管理模式。

供应链被业界和学界广泛认识与接受始于20世纪90年代。随着科学技术特别是信息技术的不断进步和生产力的快速发展,在全球化市场环境中,企业的潜在顾客数量大大增加;但与此同时,由于信息渠道通畅,既有的潜在客户都可能迅速被其他企业夺走。企业在有机会把产品销售到全世界的同时,也要面对来自全世界的竞争,因而企业生存的不确定性很大。过去能够创造赢利的经营模式可能在将来只能赚取微薄的利润甚至亏本。消费者和企业从各种渠道寻找价格最低的产品和服务,价格战不仅在地区间展开,更在全世界范围内进行。在这种情形下,只有最佳的、拥有优势的企业才能生存下来。企业除了开发创造有独特价值的产品和服务外,也要获得比竞争对手更低的价格优势。此外,由于消费者是最终的"付钞者",随着消费水平的提高,他们的期望也越来越高,他们要求产品和服务具有更好的质量、更多的选择、更高的价值和更低的价格。

在这种大环境下,企业逐渐认识到,产品和服务的竞争力并非由单个企业自身优化与否所决定,而是由从原材料到产品完成的整个过程所决定,因此必须以协同的方式,把企业内部和外部的资源有效地整合在一起。这意味着企业之间的竞争正在演变为不同供应链之间的竞争,这种竞争模式将成为未来经济的重要特征。

供应链是横向一体化思想的集中体现,其出发点是摆脱纵向一体化的"大而全、小而全"的企业自我封闭式的金字塔等级制管理体制,充分利用企业外部资源,快速响应市场需求,而企业自己只抓产品方向、市场及关键产品、关键零部件的制造,把非核心业务外包给具有特定专长的企业,形成一条"供应商—制造商—分销商"的企业"链"。例如,美国福特汽车公司在推出新车Festival时,就是采取在美国设计车型,在日本的马自达生产发动机,由韩国的制造厂生产其他零件和装配,最后再运往美国和世界市场上销售。Festival的设计、制造、运输、销售等流程采用的就是横向一体化的全球制造战略。整个汽车的生产过程,从设计、制造直到销售,都是由制造商在全球范围内选择最优秀的企业,形成了一个企业群体。

知识链接

横向一体化战略也叫水平一体化战略,是指为了扩大生产规模、降低成本、提高企业竞争优势、增强企业实力、巩固企业的市场地位而与同行业企业进行联合的一种战略。

纵向一体化战略,即向产业链的上下游发展,可分为向产品的深度或业务的下游发展的前向一体化和向上游方向发展的后向一体化。

二、供应链的发展阶段

1. 物流管理阶段

早期的观点认为供应链是指将采购的原材料和收到的零部件,通过生产转换和销售等活动传递到用户的一个过程。因此,早期供应链仅仅被视为企业内部的一个物流过程,它所涉及的主要是物料采购、库存、生产和分销各部门的职能协调问题,最终目的是优化企业内部的业务流程、降低物流成本,从而提高经营效率。

2. 价值增值链阶段

进入 20 世纪 90 年代,人们对供应链的理解又发生了新的变化,主要表现在:由于需求环境的变化,原来被排斥在供应链之外的最终用户、消费者的地位得到了前所未有的重视,从而被纳入了供应链的范围。这样,供应链就不再只是一条生产链了,而是一个涵盖了整个产品运动过程的增值链。

3. 网链阶段

随着信息技术的发展和产业不确定性的增加,现在企业间关系日益呈现出明显的网络化趋势。与此同时,人们对供应链的认识也正在从线性的单链转向非线性的网链,供应链的概念更加注重围绕核心企业的网链关系,即核心企业与供应商、供应商的供应商及一切向前的关系,与用户、用户的用户及一切向后的关系。供应链的概念已经不同于传统的销售链,它跨越了企业界限,从扩展企业的新思维出发,并从全局和整体的角度考虑产品经营的竞争力,使供应链从一种运作工具上升为一种管理方法体系、一种运营管理思维和模式。

第二节 供应链的概念及结构

一、供应链的概念

目前关于供应链的概念还未形成统一的定义,许多学者和组织从不同的角度给出了许多不同的答案。

美国供应链协会(Supply Chain Council,SCC)对供应链的定义为:"供应链涵盖了从供应商的供应商到消费者的消费者,自生产至制成品交货的各种工作努力。"这些工作努力可以用计划、寻找资源、制造、交货和退回等五种基本流程来表述。

美国资源管理教育学会(American Production and Inventory Control Society,APICS,原生产与库存控制协会)将供应链定义为:① 供应链是自原材料供应直至最终产品消费,联系跨越供应商与用户的整个流程;② 供应链涵盖企业内部和外部的各项功能,这些功能形成了向消费者提供产品或服务的价值链。

美国的史迪文斯(Stevens)对供应链的定义为:"通过增值过程和分销渠道控制从供应商的供应商,到用户的用户的物料流就是供应链,它开始于供应的源点,结束于消费的终点。"

哈里森(Harrison)认为:"供应链是执行采购原材料,将它们转换为中间产品和成品,并将成品销售到用户的功能网链。"

大卫·辛奇-利维(Simchi-Levi)(2000)认为:"供应链管理是应用一组方法将供应商、制造商、仓库和库存有效集成,为了使总成本最小和满足需求的服务水平,使商品在正确的数量、正确的地点、正确的时间生产和分销"。

《中华人民共和国国家标准物流术语》将供应链定义为:"在生产及流通过程中,涉及将产品或服务提供给最终用户活动的上游与下游企业所形成的网链结构。"

马士华教授编著的《供应链管理》一书认为:"供应链是围绕核心企业,通过对信息流、物流、资金流的控制,从采购原材料开始,制成中间产品以及最终产品,最后由销售网络把产品送到消费者手中的将供应商、制造商、分销商、零售商直到最终用户连成一个整体的功能网链结构模式。"

本书认为供应链是指企业从原材料采购到制成品完成过程中,在相互关联的部门或业务伙伴之间所发生的物流、资金流、知识流、信息流和服务流,覆盖从产品(或服务)设计、原材料采购、制造、包装到交付给最终用户的全过程的供应关系网络。

二、供应链的结构

长期以来,对供应链的关注大都立足于成员企业运营的视角,核心企业被视为供应链构建中理所当然的主体而存在,依据核心企业的不同性质,供应链可划分为三种基本类型:一是以制造商为核心的制造型供应链;二是以销售商为核心的销售型供应链;三是混合型供应链,即制造商与销售商在供应链中居于同等的战略地位。但不管核心企业属于哪种类型,均面临一个或多个上游供应商、一个或多个下游销售商。

一个完整的供应链包括了上游的供应商,也包括中间的核心企业和下游的客户。图2-1显示了供应链的基本组成,是供应链的分层结构。

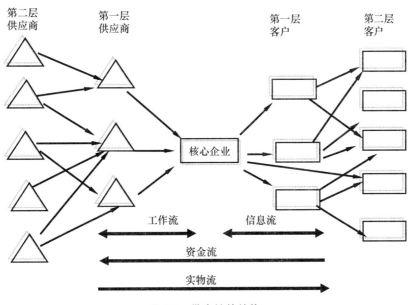

图 2-1 供应链的结构

供应链是一个复杂的网络系统,受不同的经济环境、不同行业、不同生产技术和不同产品的影响会产生不同形态结构、不同行为主体构成和采用不同控制方式的供应链。图 2-2 是洗衣液的供应链结构示例。

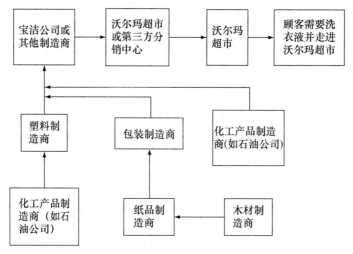

图 2-2　洗衣液的供应链结构示例

第三节　供应链的分类

依据不同的分类标准可把供应链相应划分成以下类型：根据供应链中流体的不同，可以将供应链分为产品供应链和服务供应链；根据对应的产品性质不同，供应链可以分为反应性供应链和有效性供应链；根据供应链存在的稳定性，可以将供应链分为稳定供应链和动态供应链；根据企业地位的不同，可以将供应链分为盟主型供应链和非盟主型供应链。

一、产品供应链和服务供应链

根据供应链中流体的不同可以将供应链分为产品供应链和服务供应链。

从《中华人民共和国国家标准物流术语》对供应链的定义也可以看出，供应链不仅包括产品供应链，而且也包括服务供应链。产品供应链指的是以生产有形产品的企业为核心地位进行上下游扩展活动的供应链，也是目前一般意义上所说的供应链。

目前对于服务供应链还没有统一的定义，本书认为服务供应链不特指服务业存在的供应链，它存在于不同的行业，指以满足市场需求为目标、提供服务产品的一系列活动过程，是具有供需关系的服务供应商、服务中介、服务需求商等行为主体组成的关系链。

服务供应链在某些特征上与产品供应链是相同的，如产生背景都是专业化趋势和核心竞争力的发展，使得业务外包成为必然；主要管理内容都是围绕供应、计划、物流、需求等开展；管理目标都是满足既定的服务水平，系统总成本最小。但是服务供应链与产品供应链也有本质的区别，如表 2-1 所示。

表 2-1 产品供应链与服务供应链的比较

区别	类型	
	产品供应链	服务供应链
含义	以生产有形产品的企业为核心地位进行上下游扩展活动的供应链	具有供需关系的服务供应商、服务中介、服务需求商等行为主体组成的关系链
形式	有形的部件、产品、消费品的生产与流通	无形的服务活动及信息的流通

二、有效性供应链与反应性供应链

一般来看,市场中的产品可以分为功能型和创新型两种。从需求来看,通常对功能型产品的需求是稳定的、可预测的。而创新型产品的生命周期短,需求难以预测,如时装、电脑游戏、高端电脑等都属于这一类产品。

与功能型产品相匹配的供应链称为有效性供应链。有效性供应链主要体现在供应链的物料转换功能上,强调按部就班地对原材料、半成品、产成品进行采购、生产、存储和运输,最终完成将产品送达消费者手中的使命。有效性供应链的整个运营模式更加强调成本概念,是以最低的成本将原材料转化成零部件、半成品、产品,并以尽可能低的价格最终运送至消费者手中,有效地实现以供应为基本目标的供应链管理系统。

与创新型产品相匹配的供应链称为反应性供应链。反应性供应链是指能体现供应链市场中介功能,即把产品分配到满足用户需求的市场,并对未预知的需求作出快速反应的供应链。反应性供应链强调供应链的市场功能整合,把产品在正确的时间、正确的地点,以正确的数量、正确的品种分配到满足用户需求的市场;它也更加强调时间概念,着重强调各个环节之间的协调,从而最终实现快速响应市场变化,及时满足客户需求的核心目标。

有效性供应链与反应性供应链两种运作模式的具体差异如表 2-2 所示。

表 2-2 有效性供应链与反应性供应链的比较

	有效性供应链	反应性供应链
基本目标	以最低的成本供应可预知的需求	对不可预测需求作出快速反应,减少缺货和库存积压状况
产品特征	产品技术和市场需求稳定	产品技术和市场需求变化很大
产品设计	绩效最大化而成本最小化	模块化、尽可能将产品差异点延迟
定价策略	边际收益低,采取低价格策略	边际收益高,采取高价格策略
订货提前期	不增加成本,缩短提前期	大量投资,缩短提前期
制造策略	保持较高的设备利用率	配置缓冲库存、柔性制造
库存策略	合理的较小库存	规划零部件和成品的缓冲库存
运输策略	低成本运输	快捷运输
供应商选择	以成本和质量为核心	以速度、柔性和质量为核心

第四节 供应链管理的内容及方法

一、供应链管理的定义

《中华人民共和国国家标准物流术语》(GB/T 18354-2006)给出的定义中,供应链管理(Supply Chain Management,SCM)是对供应链涉及的全部活动进行计划、组织、协调与控制。

供应链管理实际就是指对整个供应链系统进行计划、协调、操作、控制、优化的各种活动和过程,其目标是能够将客户所需的正确的产品(Right Product)在正确的时间(Right Time)、按照正确的数量(Right Quantity)、正确的质量(Right Quality)和正确的状态(Right Status)送到正确的地点(Right Place),并使总成本达到最小化。

二、供应链管理的内容

供应链管理包括了原材料采购直到产品销售的所有活动,涉及物流、资金流、信息流,强调供应商、制造商、批发零售商及服务供应商和客户之间的协调处理,包括与供应商的关系、与客户的关系,以及企业内部价值流程链的管理,具体涵盖了客户关系管理、客户服务管理、需求管理、订单配送管理、制造流程管理、供应商关系管理、产品开发与商业化及回收物流管理等内容。

供应链管理主要涉及供应、生产、物流和需求领域,具体包括了计划、采购、制造、配送、退货等活动内容。其职能领域主要包括产品工程、产品技术保证、采购、生产控制、库存控制、仓储管理、分销管理等;辅助领域主要包括客户服务、制造、设计工程、会计核算、人力资源和市场营销等。

案例 2-1　　Harry's 是如何通过整合供应链让吉列倍感压力的

Harry's 是一家成立不久的剃须刀在线服务电商。但在短短一年的时间,已经取得了令人瞩目的成绩。剃须刀听起来似乎不是一个能够让大家兴奋的东西,但创始人 Jeff Raider 用他独特的商业模式做到了这一点。这样一家初创企业是通过怎样的方法在如此短的时间内取得成功的呢?

这一切都源自其创始人 Raider 对于现有剃须刀的抱怨,他发现自己每个月都需要花 20 美元去购买一小包昂贵的剃须刀片,这让他非常苦恼。就这样,Harry's 诞生了。

Harry's 的宗旨是"有质量的工艺、简单的设计,还有最重要的一点,不要为一把好剃须刀过度付款"。因此,他们把产品线只简单地分为两个:20 美元的铝制把手 WINSTON 和 10 美元的镀锌混合物制成的 TRUMAN。最初,他们通过与德国一家老牌的剃须刀生产工厂合作,来精简整个生产流程。之所以选择这家工厂是因为其灵活性,既可以生产低端刀片,也可以生产 5 片型的高端刀片,而最终 Harry's 选择将这种 5 片型刀片作为其标准配置。这种垂直生产的模式能够有效减少中间商所产生的成本,减少不必要的摩擦,以此提供更有竞争力的价格。而商业模式上,他们选择了单纯的在线销售,直接面对消费者的模式,这样可以减少中间商所产生的成本,获得低价格优势。同时他们还贴心地推出了"自动续费"服务,每两个月给用户寄送所需的刀片和剃须膏,免去了用户反复购物的烦恼。

值得一提的是Harry's的极简设计以及对于品质控制的执着。Raider找到一家德国的设计公司Prime Studio,利用一年的时间设计出一个简洁且实用的剃须刀品牌。剃须刀柄吸取传统刀柄的元素但一点也不古板。设计团队对人机工程学仔细考量,并完美地分配刀柄的重量,让人觉得它是手的延伸。另外,其纸质包装也格外简洁、干净,只印刷了最简洁的图案,而摒弃了传统的吸塑包装。而整合整个生产线,他们花了一年的时间。这些剃须刀叶片都是由德国工程师用几十年的经验研磨而成的瑞典高级钢制成,剃须膏则是由同样为其他高端品牌试制产品的化学家研制的。

2014年1月,仅成立10个月的Harry's刚刚得到一笔巨额融资,就惊人地以1.2亿美金的价格收购了他们位于德国的供应商。而在这惊人举动的背后,其实是对于整个垂直供应链的整合,通过这样的整合,Harry's可以完整地控制设计、生产、销售的整个循环,并完成更快速的迭代。从而可以更好地控制整个用户的购买体验过程。而新开张的纽约线下精品体验店也在线下提供高端的剃须体验,更好地延伸了整条服务链。

总的来说,Harry's利用高度整合的生产和供应链来控制产品的质量及成本,精简中间环节,并通过精品化的设计和体验来迎合年轻人的品位及习惯,最终快速地取得了成效。由此看来,通过创新设计思维去改造传统商业也许才是传统行业O2O最好的发展道路。

(资料来源:http://www.leiphone.com/news/201406/harrys-li.html)

三、供应链管理的方法

常见的供应链管理方法有快速反应(Quick Response,QR)、有效客户反应(Efficient Consumer Response,ECR)、供应商管理库存(Vendor Managed Inventory,VMI)、联合库存管理(Jointly Managed Inventory,JMI)和协同规划、预测与补货(Collaborative Planning Forcasting and Replenishment,CPFR)。

1. QR

QR是指物流企业面对多品种、小批量的买方市场,不是储备了"产品",而是准备了各种"要素",在用户提出要求时,能以最快的速度抽取"要素",及时"组装",提供所需服务或产品。QR是美国纺织服装业发展起来的一种供应链管理方法。

2. ECR

ECR是1992年从美国的食品杂货业发展起来的一种供应链管理策略,也是一个由生产商、批发商和零售商等供应链成员组成的,各方相互协调和合作,更好、更快并以更低的成本满足消费者需求为目的的供应链管理解决方案。ECR是以满足客户需求和最大限度地降低物流过程费用为原则,能及时作出准确反应,使提供的物品供应或服务流程最佳化的一种供应链管理战略。

3. VMI

VMI是指供应商等上游企业基于其下游客户的生产经营、库存信息,对下游客户的库存进行管理与控制,是一种在供应链环境下的库存运作模式。相对于按照传统用户发出订单进行补货的传统做法,其实质是将多级供应链问题变成单级库存管理问题。VMI 是以实际或预测的消费需求、库存量作为市场需求预测和库存补货的解决方法,即由销售资料得到消费需求信息,供货商可以更有效地计划、更快速地反映市场变化和消费需求。

4. JMI

JMI 是一种在 VMI 的基础上发展起来的上游企业和下游企业权利责任平衡与风险共担的库存管理模式。JMI 强调供应链中各个节点同时参与,共同制订库存计划,使供应链过程中的每个库存管理者都从相互之间的协调性考虑,保持供应链各个节点之间的库存管理者对需求的预期一致,从而消除需求变异放大的现象。

5. CPFR

CPFR 是一种协同式的供应链库存管理技术,它在降低销售商的存货量的同时,也增加了供应商的销售额。CPFR 在沃尔玛所推动的共同预测和补货(Collaborative Forecast and Replenishment,CFAR)的基础上,进一步推动共同计划的制订,即不仅合作企业实行共同预测和补货,同时原来属于各企业内部事务的计划工作(如生产计划、库存计划、配送计划、销售规划等)也由供应链各企业共同参与,利用互联网实现跨越供应链的成员合作,更好地预测、计划和执行货物流通。

本章小结

1. 供应链是指企业从原材料采购到制成品完成过程中,在相互关联的部门或业务伙伴之间所发生的物流、资金流、知识流、信息流和服务流,覆盖从产品(或服务)设计、原材料采购、制造、包装到交付给最终用户的全过程的供应关系网络。

2. 供应链管理实际就是指对整个供应链系统进行计划、协调、操作、控制、优化的各种活动和过程。

3. 供应链管理主要涉及供应、生产、物流和需求领域,具体包括了计划、采购、制造、配送、退货等活动内容。

4. 常见的供应链管理方法有快速反应(QR)、有效客户反应(ECR)、供应商管理库存(VMI)、联合库存管理(JMI)和协同规划、预测与补货(CPFR)。

练习题

1. 名词解释

供应链　　　　　　供应链管理　　　　　　快速反应　　　　　　有效客户反应
供应链管理库存　　联合库存管理　　　　　协同规则、预测与补货

2. 简答题

(1) 供应链管理的内容主要有哪些?

(2) 供应链管理的方法主要包括哪些?

3. 论述题

（1）试论述有效性供应链与反应性供应链的区别。

（2）请举例简述快速反应与有效客户反应的区别。

扩展阅读　　　　　　　供应链管理的基本原理

1. 资源横向集成原理

资源横向集成原理揭示的是新经济形势下的一种新思维。该原理认为，在经济全球化迅速发展的今天，企业仅靠原有的管理模式和自己有限的资源已经不能满足快速变化的市场对企业所提出的要求。

企业必须放弃传统的基于纵向思维的管理模式，朝着新型的基于横向思维的管理模式转变。企业必须横向集成外部相关企业的资源，形成"强强联合，优势互补"的战略联盟，结成利益共同体去参与市场竞争，以实现在提高服务质量并降低成本、快速响应客户需求的同时给予客户更多选择的目的。

2. 系统原理

系统原理认为，供应链是一个复杂的大系统，是由相互作用、相互依赖的若干组成部分结合而成的具有特定功能的有机整体。其系统特征第一体现在其整体功能上；第二体现在供应链系统的目的性上；第三体现在供应链合作伙伴间的密切关系上；第四体现在供应链系统的环境适应性上；第五体现在供应链系统的层次性上。

3. 多赢互惠原理

多赢互惠原理认为，供应链是相关企业为了适应新的竞争环境而组成的一个利益共同体，其密切合作是建立在共同利益基础之上的，供应链各成员企业之间通过一种协商机制来谋求一种多赢互惠的目标。

4. 合作共享原理

该原理有两层含义：一是合作，二是共享。合作原理认为，由于任何企业所拥有的资源都是有限的，它不可能在所有的业务领域都获得竞争优势，因而企业要在竞争中获胜，就必须将有限的资源集中在核心业务上。同时，企业必须与全球范围内在某一方面具有竞争优势的相关企业建立紧密的战略合作关系，将本企业中的非核心业务交由合作企业来完成，充分发挥各自独特的竞争优势，从而提高供应链系统的整体竞争能力。共享原理认为，实施供应链合作关系意味着管理思想与方法的共享、资源的共享、市场机会的共享、信息的共享、先进技术的共享，以及风险的共担。其中，信息共享是实现供应链管理的基础，准确可靠的信息可以帮助企业作出正确的决策。

5. 需求驱动原理

需求驱动原理认为，供应链的形成、存在和重构都是基于一定的市场需求。在供应链的运作过程中，用户的需求是供应链中信息流、产品/服务流、资金流运作的驱动源。

6. 快速响应原理

快速响应原理认为，在全球经济一体化的大背景下，随着市场竞争的不断加剧，以及经济活动节奏的加快，用户在时间方面的要求也越来越高。用户不但要求企业按时交货，而且要求的交货期越来越短。因此,企业必须能对不断变化的市场作出快速反应,必须要有很强的产品开发能力和快速组织产品生产的能力,源源不断地开发出满足用户多样化需求、定制化的"个性化产品"去占领市场,以赢得竞争。

7. 同步运作原理

同步运作原理认为,供应链是由不同企业组成的功能网络,其成员企业之间的合作关系存在着多种类型,供应链系统运行业绩的好坏取决于供应链合作伙伴关系是否和谐,只有和谐的系统才能发挥最佳的效能。供应链管理的关键就在于供应链上各节点企业之间的密切合作及相互之间在各方面良好的协调。

8. 动态重构原理

动态重构原理认为,供应链是动态的、可重构的。供应链是在一定的时期内针对某一市场机会、为了适应某一市场需求而形成的,具有一定的生命周期。当市场环境和用户需求发生较大的变化时,围绕着核心企业的供应链必须能够快速响应,能够快速地进行动态重构。

(资料来源:http://www.56888.net/news/201138/553748529.html)

第三章

物流与供应链一体化理念

教学要点

知识要点	掌握程度	相关内容
物流与供应链的关系	了解	物流与供应链的联系 物流与供应链的区别
物流一体化理念	掌握	物流一体化的含义 物流一体化的目标
供应链一体化理念	掌握	供应链一体化的内涵 供应链一体化模式 供应链一体化策略

导入案例

宝供物流一体化转型

提起中国的第三方物流企业,业内许多人士会提及宝供物流,摩根士丹利给宝供物流企业集团有限公司的评语是——"中国最具价值的第三方物流企业";同样,麦肯锡也有类似的评价。宝供物流为何如此引人注目呢?

宝供物流企业集团有限公司创建于1994年,总部设在广州,是国内第一家经国家工商总局批准以物流名称注册的企业集团,是我国最早运用现代物流理念为客户提供物流一体化服务的专业公司。公司在全国78个城市设立了80多个分公司或办事处,形成了一个覆盖全国并逐步向国际延伸的运作网络和信息网络,与国内外近百家大型工商企业结成了战略联盟(其中52家为世界500强企业),为它们提供商品及原辅材料、零部件的采购、储存、分销、加工、包装、配送、信息处理、信息服务、系统规划设计等供应链一体化的综合物流服务。2009年以来,宝供被评定为"国家高新技术企业""广东省省级企业技术中心",同时也获得"中国物流示范基地""中国5A级物流企业""广东省流通龙头企业""中国物流百强企业""中国民营物流企业十强"等称号。2010年,"宝供"商标被国家工商行政管理总局商标局正式认定为中国驰名商标,是综合物流业中唯一获得驰名商标的企业。

宝供的成功经验在于其根据发展需要适时实施了成功的业务转型,从原来单纯的铁路储运发展到成立物流公司开展物流业务,又从物流业务的一体化发展到供应链业务,并且实现了供应链一体化方案的解决。近年来,在中国物流发展热潮的推动下,企业对可持续发展的要求越来越高,如何能保证在全球化市场环境中取得并保持自身的竞争力是很多企业关注的焦点问题。宝供物流的发展历程和经验无疑成了国内传统物流企业发展转型的参照样板。

(资料来源:http://www.doc88.com/p-6876774838782.html)

第一节 物流与供应链的关系

一、物流与供应链的联系

关于物流与供应链的联系,可以总结为以下三点:

(1)物流是供应链的组成部分,供应链是物流的拓展与延伸。供应链是一个动态系统,包括不同环节之间持续不断的信息流、物流和资金流,物流仅仅是供应链的一个组成部分;供应链是物流的扩展与延伸,它除了包含与商品流通相关的各种活动外,还包括组织间的协调和业务流程的调整等活动。

(2)物流是供应链的载体,供应链是物流的前提。物流是物质以物理形态在供应链中流动,因此物流是供应链的载体、具体形态或者表现形式。现代物流在科技进步和信息化的影响下,其流速、流量、流向、流通规模、范围和效益等方面发生了质的变化,物流更具体、更明显,实质上供应链及其管理的巨大效应恰恰由物流这种外在的形式体现出来。物流贯穿了整条供应链,连接供应链的各个环节,成为各节点企业分工协作的桥梁和纽带;没有物流,供应链中生产的产品的使用价值就无法实现。

(3)物流与供应链服务客户的管理目标是一致的。现代物流管理是指为了满足客户需求所发生的从生产地到销售地的产品、服务和信息的流动过程,以及为使保管能有效、低成本进行而从事的计划、实施和控制行为。而供应链管理则是在提供产品、服务和信息的过程中,从对终点用户到原始供应商之间的关键商业流程进行集成,从而为客户和其他所有流程参与者增值。由此可见,物流管理与供应链管理在为客户服务的目标上是一致的。

二、物流与供应链的区别

物流和供应链是两个不同的概念,无论在基本内涵上,还是在具体运作上都存在着很大的区别。

（1）两者强调的关键点不同。物流的概念强调的是"实物流动过程"，而供应链的概念强调的是由供应商、制造商、分销商、零售商直到最终用户所形成的网链或网络结构。供应链定义的精髓显然是上、下游的供求关系，是生产、分销、零售等职能的分工与合作。

（2）两者的运行特征不同。从表面上观察，供应链包括了物流、资金流、信息流和工作流，物流仅仅是供应链的组成部分之一。但是如果从运行特征上观察，供应链更关心的是商品所有权的转移，即价值流、资金流和信息流的规律，而物流更专注的是物的空间位移。

（3）两者的活动范围不同。供应链上的活动包括制造活动和物流活动，涉及从原材料到产品交付给最终用户的整个物流增值过程；物流只涉及企业之间的价值流过程，是企业之间的衔接管理活动。

（4）两者的业务层次不同。从物流管理发展的历史来观察，其依次经历了五个阶段：物流功能个别管理阶段、物流功能系统化管理阶段、物流管理领域扩大化阶段、企业内物流一体化管理阶段、供应链物流管理阶段。由此可见，供应链管理是物流管理发展过程中顺应企业管理的需要而产生的一种新的管理模式，是物流管理进入了更高级的阶段，即从作业功能的整合到渠道关系的整合，使物流从战术的层次提升到战略高度。

第二节　物流一体化理念

一、物流一体化的含义

传统物流侧重于物质资料移动的各项功能，是在流通阶段中发生的商品实体的物流，更大程度上是一种商业物流或销售物流，是连接生产与消费的纽带，目的只是满足商品交换（如图3-1所示）。

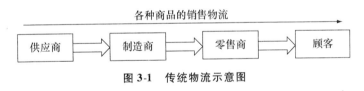

图 3-1　传统物流示意图

现代物流则拓展了多项功能，实现了对商品流通的一体化管理，表现在以满足客户需求为第一目标，注重整个商品的流通过程以实现企业整体最优，如图3-2所示。

物流一体化的概念于1983年在第四次国际物流大会上被提出，反映了企业管理功能日益融合、企业边界的拓展和物流各项功能成为一个整体的趋势。一体化是将两个或两个以上的互不相同、互不协调的事项，采取适当的方式、方法或措施，有机地融合为一个整体，形成协同效力，以实现组织策划目标的一项措施。"物流一体化"是一个物流管理的问题，指专业化物流管理人员和技术人员充分利用专业化物流设备、设施，发挥专业化物流运作管理经验，逐渐确立物流系统的观念，以求运输、仓储和其他物流要素协调运作，取得整体系统化最优的效果。

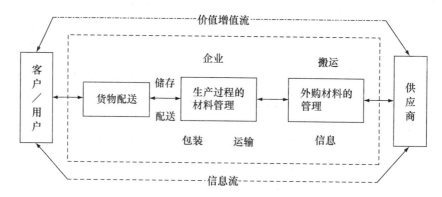

图 3-2 现代物流一体化系统

资料来源:王剑波.我国物流发展及其对策研究[M].西南财经大学出版社,2001.

1985 年的第五次国际物流大会再一次重点强调了物流一体化的思想,强调采购、需求、配送和库存管理等物流功能的一体化,包括共同的物资代码和数据库的创新、运输网络合理化、配送和库存管理能力的集中安排等。自 20 世纪 80 年代后期以来,许多优秀企业将物流一体化作为重要的战略。

概括而言,物流一体化是预测客户的需求,获得满足客户愿望和需求所必需的资金、物资、人员、技术和信息,优化实现客户需求的商品或服务的生产交付网络,并利用这些网络及时实现客户需求的整个过程。物流一体化的三维体系结构模型如图 3-3 所示。

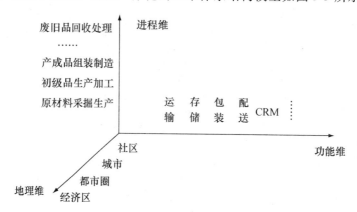

图 3-3 物流一体化三维体系结构

资料来源:刘志刚等.基于一体化的现代物流企业发展定位[J].物流技术,2006(3):20—23.

图 3-3 中,功能维的一体化属于横向一体化,是指企业专注于某项特定的物流功能,与同行业竞争企业进行联合;进程维的一体化属于纵向一体化,是指面向整个生产制造环节,要求企业结合产品的材料供应、生产和销售等上下游环节不同深度的业务,包括前向一体化和后向一体化,是以虚拟企业联盟为实现形式,以供应链、价值链理论为基础,对战略性资源进行的柔性整合;地理维的一体化属于区域物流一体化,是指在地区之间,通过合理的地域分工,形成区域一体化的物流网络体系,以实现更大的社会效益。

二、物流一体化的目标

物流一体化的目标是应用系统科学的方法充分考虑整个物流过程的各种环境因素,对商品的实物活动过程进行整体规划和运行,实现整个系统的最优化。具体包括:① 提高效率——速度快、时间少、质量高;② 减少浪费——有效地使用社会流通设施、设备,节约社会财富,克服大而全、小而全,避免设施、设备、工具的重复建设,货损低;③ 系统优化——最佳运行方案、最优资源配置;④ 降低成本——减少流通环节、缩短流通周期、加速资金周转、降低流通费用及社会消耗。

第三节 供应链一体化理念

一、供应链一体化的内涵

随着经济全球化进程的加快及跨国集团的兴起,企业产品生产的"纵向一体化"运作模式逐渐被"横向一体化"代替,即围绕一个核心企业(不管这个企业是生产企业还是商贸企业)的一种或多种产品,形成上游与下游企业的战略联盟。上游与下游企业涉及供应商、生产商与分销商,这些供应商、生产商与分销商可能在国内,也可能在国外。在这些企业之间,商流、物流、信息流、资金流一体化运作,就构成了供应链一体化。

供应链一体化是从系统观点出发,通过信息共享、技术扩散、资源优化配置和有效的价值链激励机制等方法来实现从原材料、半成品和成品的生产、供应、销售直到最终消费者的整个过程中物流与资金流、信息流的协调,以此来满足客户的需求并实现经营一体化。供应链一体化的目标是将整个供应链上的所有环节的市场、分销网络、制造过程和采购活动联系起来,以实现客户服务的高水平与低成本,赢得竞争优势。供应链一体化包括功能一体化、空间一体化和跨期一体化;功能一体化是指采购、生产、运输、仓储等活动的一体化;空间一体化是指这些活动在地理上分散的供应商、设施和市场之间的一体化;跨期一体化是指这些活动在战略层、战术层、运作层三个规划层次上的分级一体化。

案例 3-1　　　　　　　　　　**赛斯纳公司供应链的炼成**

赛斯纳(Cessna)公司是世界上设计与制造轻、中型商务飞机、涡轮螺旋桨飞机,以及单发活塞式发动机飞机的主要厂商。在商用飞机领域,Cessna公司占有50%的市场份额,其生产和营销一向口碑不错,但是股东和客户对公司的期望也随之水涨船高。管理层认识到,要想维持公司目前的领先地位,必须励精图治,加大改革力度。查尔斯·约翰逊是公司的总裁兼首席运营官,他认为,鉴于公司成本大部分都源于供应链系统,公司必须在战略上对其进行优化,使之能增强公司在质量、运输、灵活性及提供客户价值等方面的竞争力。

迈克尔·卡佐克是公司的高级副总裁、供应链管理部负责人。卡佐克在公司进行了一次调查,调查结果印证了卡佐克的某些担忧。尽管他和他的团队还在大刀阔斧地改革,其他员工却认为卡佐克等人的工作是在炒冷饭。"我们未能与大家充分交流,导致一部分人认为我们只是在追求短期目标,而另一部分人认为我们对当务之急不够热心。"卡佐克说,"为了取得突破性的进展,我们需要有远景、有技巧、有激励、有资源、有行动计划。这些统统都需要公司上下人人参与、齐心协力。"为此,卡佐克等人开始进行差距分析,加强内部交流。他们在一块宣传板上详细解释公司每个人在供应链管理中的位置。他们还设立了"变革中心",通过这个中心,他们进一步向大家宣讲供应链管理一体化的远景。公司高层、商品部同事和其他人员定期在"中心"进行培训。

卡佐克为公司供应链系统制定的远景包括如下内容:持续生产(即生产计划、订单生成、加快原有生产)、战略采购(供应商挑选、谈判、提高和整合)、新品开发(开发新型飞机、吸收供应商最新技术和产品)和物料管理。

在此过程中,卡佐克加强对采购人员的专业训练,鼓励他们参加训练班、取得资格证书。在某些职位上,他还从一些世界级公司引进人才。卡佐克还调整了自己的用人思路——向电子类公司(诸如英特尔和戴尔公司)借用"外脑"——公司因而有了两个领军人物,一个负责航空电子设备的战略采购,一个负责持续生产。正是通过职业培训计划和继任计划,卡佐克调整了公司的人力资源结构。要使卡佐克的想法变成现实,还有一点十分重要,那就是建立跨部门团队。这些跨部门团队由供应链管理部、生产部、工程部、质量工程部、产品设计工程部、产品可靠性工程部、产品支持部和财务部的代表组成。团队的工作是促使供应商提高绩效,将供应商整合进卡佐克设计好的流程中。这些团队都有一个战略计划,与公司首席执行官的战略计划结合在一起而且每年更新一次。团队成员全日制工作,并向各自部门的领导汇报。他们既代表团队对各自所在部门负责,又代表各自所在部门对团队负责。

在过去的六年,Cessna 公司一步步地把物料部门转变成了一个贯穿整个企业的供应链系统。卡佐克指出,"当谈及供应链时,我们要让公司里的每一个人都知道这个流程对公司是多么的重要。我们目前正在把目标、战略、流程和数据整合起来,让它们不仅仅覆盖公司的范围,还要扩大到我们的第一和第二级供应商"。显然,一群松散的公司组合将难敌目标、战略、流程和数据整合在一起的供应链,Cessna 公司的目标是实现供应链管理的全面一体化。

(资料来源:http://www.ceconline.com/operation/ma/8800034793/01)

二、供应链一体化模式

1. 按供应链上目标企业的一体化方向分类

根据供应链上目标企业的一体化方向,供应链一体化可以分为前向一体化和后向一体化模式。

前向一体化就是企业通过收购或兼并若干商业企业,拥有和控制其分销系统,实行产销一体化。前向一体化战略主要是加强前向环节的控制,获得分销商或零售商的所有权或加强对他们的控制。实施前向一体化战略的一种有效方式是特许经营。

后向一体化就是企业通过收购或兼并若干原材料供应商,拥有和控制其供应系统,实行供产一体化。在后向一体化战略中,企业利用自己在产品上的优势,把原来属于外购的原材料或零件改为自行生产。

2. 按供应链上目标企业的一体化程度分类

根据供应链上目标企业的一体化程度,供应链一体化可以分为业务托管模式、单方面嵌入模式、战略联盟模式、交互一体化模式。

业务托管模式是指企业将非核心业务托管给专业企业来管理,专业受托企业的收益与托管企业的业务收益挂钩。专业受托企业不但策划相关业务的开展还要负责执行、实施,这样可以取长补短,达到用受托企业的专业化优势来弥补托管企业现行业务中的瓶颈,保障了托管企业在业务投入方面的成本效益最大化。

单方嵌入模式通常指企业以收购业务或股份的形式嵌入另一企业,达到对其控股或控制业务的目的。这种策略经常被大的集团企业采用,如沃尔玛在中国扩张的手段之一就是单方嵌入,通常是以入股合作经营或者兼并收购的形式嵌入,在帮助生产企业向全球市场扩展的基础上,渗入到生产商及销售商的企业内部,逐步占有生产商及销售商的最大股份,最后达到对目标企业的完全控制,从而实现一体化运作。

战略联盟可以使合作双方紧密地结合成一体,形成相互信任、共担风险、共享收益的关系,大大降低交易成本,提高交易的效率;联盟成员的独立性可以使每个成员都能够专注于自身的核心业务,实现协同化发展,避免恶性竞争,有利于实现联盟企业的双赢或多赢。

知识链接

战略联盟就是两个或两个以上的企业或跨国公司为了达到共同的战略目标而形成的相互合作、共担风险、共享利益的联合体。

交互一体化模式的特点就是企业双方互为客户、互为商品与服务的提供者,通过资源整合共同创造新的市场和客户。企业可以充分利用合作企业的品牌和信息等优势资源来弥补自身的专业弱势,通过紧密合作,使双方业务形成供需及互补关系,从而实现共同盈利、共同发展。

三、供应链一体化策略

一个真正一体化的供应链并不仅仅是降低成本,也要为公司及其供应链伙伴与股东创造价值。实践证明,成功的一体化供应链,其回报是相当可观的。在复杂的全球供应链中,要有效地管理越来越多的客户需求和产品或服务,需要成员之间的紧密一体化,具体策略包括:① 注重供应链人才的培养;② 注重供应链中组织结构柔性化和业务流程规范化的管理;③ 注意供应链中信息网络的管理;④ 注意供应链企业间信任度的管理;⑤ 节点企业之间业务的无缝化对接,降低和消除业务对接时的障碍;⑥ 建立供应链运作异常处理机制,保障供应链运作在异常情况发生时能平稳运作;⑦ 建立供应链运作绩效评价体系来保证供应链成员体系平台优化和激励;⑧ 供应链成员文化体系的融合。

本章小结

1. 物流是供应链的组成部分,供应链是物流的拓展与延伸;物流是供应链的载体,供应链是物流的前提。

2. 物流一体化是预测客户的需求,获得满足客户愿望和需求所必需的资金、物资、人员、技术和信息,优化实现客户需求的商品或服务的生产交付网络,并利用这些网络及时实现客户需求的整个过程。

3. 物流一体化的目标是应用系统科学的方法充分考虑整个物流过程的各种环境因素,对商品的实物活动过程进行整体规划和运行,实现整个系统的最优化。

4. 供应链一体化是从系统观点出发,通过信息共享、技术扩散、资源优化配置和有效的价值链激励机制等方法来实现从原材料、半成品和成品的生产、供应、销售直到最终消费者的整个过程中物流与资金流、信息流的协调,以此来满足客户的需求并实现经营一体化。

练习题

1. 名词解释

物流 供应链 供应链一体化 物流一体化 前向一体化 后向一体化

2. 简答题

(1) 简述供应链和物流的联系与区别。

(2) 简述物流一体化和供应链一体化的意义。

3. 论述题

(1) 请举例论述供应链一体化的模式有哪些。

(2) 请阐述供应链一体化的实现途径。

(3) 请借助图示解析物流一体化的三维体系结构。

扩展阅读 建立现代物流一体化运作模式

近年来,我国物流业获得了快速发展,但仍然相对落后:专业化程度较低、一体化运作进程缓慢,对经济发展的影响和带动作用没有充分发挥出来。因此,要充分发挥物流提高效率、降低成本的作用,助推经济发展方式转变,必须按照物流产业的特点和物流企业一体化、社会化、网络化、规模化的发展要求,加快现代物流业发展。

(1) 要立足于顶层设计,突破物流业发展的体制制约。在体制和政策安排上要突出整合的概念,制定物流业法律、法规,明确物流业的产业地位和提高行业认知;理顺政府部门的流通管理职能,明确物流业的最高层次监管主体,消除来自不同部门的不合理审批制度、行政垄断、地区封锁及其他行政性障碍;强化全国现代物流工作部际联席会议制度,在原有的基础上,加强和国土资源、城市建设规划等与物流基础设施密切相关部门的协调性。

(2) 要立足于一体化建设,解决中间环节多、相互分割的难题。促进物流业发展,必须遵循现代物流一体化运作的规律和要求,包括:基础设施建设必须满足现代物流一体化运作特点。要加强各种设施的标准化建设以及标准之间的匹配,实现铁路、港口、公路、物流园区、仓储中心、配送中心等物流基础设施之间的无缝对接;城市规划要充分考虑到物流一体化运作要求。要加强车辆、道路、城内仓储中心等城市物流基础设施的标准化建设,加强城市物流运行规范的制定,促使城市物流管理的重心由"事后围追堵截"向"事前规范指导"转移;要强化城市内部、城市周边与城市外部物流基础设施之间的衔接;要加强城市物流需求预测、建立物流信息共享机制,大力发展共同配送。

（3）要立足于供应链推广,摆脱竞争理念滞后的局限性。要发挥政策的导向作用,促进供应链模式应用,推动企业竞争理念转型。要把推动企业开展供应链管理作为产业政策的重要内容,同时提供支持企业参与供应链管理的公共性服务和基础设施。要通过两业联动重点示范工程,促进工商企业的物流服务外包,鼓励制造业、商业与物流业的联动发展。

（资料来源:http://views.ce.cn/view/ent/201301/21/t20130121_24045909.shtml）

第二篇
物流与供应链操作管理

第四章

采购与供应管理

教学要点

知识要点	掌握程度	相关内容
采购与供应管理概述	掌握	采购与供应管理的定义 采购与供应管理的目标 采购与供应管理的作用 传统的采购模式
现代化采购管理理念	掌握	基于供应链的采购管理 JIT 采购模式 电子化采购
供应商管理	掌握	供应商的选择与评估 供应商的关系管理

导入案例

韶钢的采购供应系统

韶钢资材备件采购供应系统已按期正式成功上线,目前系统运行稳定。这标志着该企业实现了通过电子商务平台,以信息化建设为技术支撑的高效、可控和透明的采购体系,为进一步推进阳光采购、提高采购效率、降低采购成本、创造采购效益奠定了坚实的基础。

该系统的采购业务管理模块将采购业务细分为采购计划分配、待拟选分配、采购拟选、采购方案、网上询(报)价、招标委托、采购拟签、合同管理(电子合同、电子签名)、结算管理等 13 个工作流。

> 韶钢资材备件采购供应链系统具有四大特点：一是平台一体化，与设备管理系统、韶钢招投标网、东方钢铁在线、韶钢 ERP 应用系统实现了无缝连接。二是采购业务规范、公开、透明，实现了采购过程信息的保存、检索、跟踪分析、控制和评价。特别是通过细化供应商物料管理工作，将每个物料编码对应关联到相应的供应商，在拟选流程中，拟选中的物料直接关联出归属的共同供应商，供应商的选择由系统自动完成。三是采购效率提升，将对外经济授权（事前审批、价格审批）纳入工作流中，需领导审批的事项会自动出现在 OA 系统的待办事项中，无须登录系统重复审批。四是采购成本降低，通过网上询（报）价、比价及电子合同，充分利用网络资源，实现无纸化办公，有效降低办公、通信和差旅费用，从而降低采购成本。
>
> （资料来源：http://info.china.alibaba.com/detail/1157720402.html）

第一节 采购与供应管理概述

一、采购与供应管理的定义

采购是指企业在一定的条件下，以各种不同的途径，包括购买、租赁、借贷、交换等方式，从供应市场获取产品或服务作为企业资源，以保证企业生产及经营活动正常开展的一项企业经营活动；而供应是指供应商或卖方向买方提供产品或服务的全过程，供应也意味着采购部门采购企业需要的物资和服务以满足自己企业内部的需求，因此供应是采购业务的延伸，采购与供应相辅相成。

采购管理是指企业为了达成生产或销售计划，从适当的供应商那里，在确保质量的前提下，在适当的时间、以适当的价格，购入适当数量的商品所采取的一系列管理活动；而供应管理是为了保质、保量、经济、及时地供应生产经营所需要的各种物品，对采购、储存、供料等一系列供应过程进行计划、组织、协调和控制，以保证企业经营目标的实现的管理活动。

二、采购与供应管理的目标

采购与供应管理的目标是在适当的时间、地点以适当的价格获取合乎要求的物资和服务。一般情况下，要保证物资供应的有效性，在采购过程中就应该做到 5R，即适当的供应商（Right Supplier）、适当的质量（Right Quality）、适当的时间（Right Time）、适当的数量（Right Quantity）、适当的价格（Right Price）。

（1）适当的供应商。对于采购方来讲，选择的供应商是否适当会直接影响采购方的利益。企业应该综合考虑供应商在同行业中的信誉及地位、生产能力、财务状况、质量控制能力等，发现或发展有竞争力的供应商。选择适当的供应商不仅是其他 4R 的保证，而且有利于双方建立和谐而富有效率的工作关系，实现采购与供应的双赢战略。因而，选择适当的供应商是采购管理的首要目标。

（2）适当的质量。为了保证企业产品的质量，首先应保证采购的原材料或零部件的质量能够达到企业生产的质量标准。如果原材料或零部件的质量太差，不仅无法满足产品品质的要求,最终还会影响产品质量且导致更多不良的后果,可能影响企业的市场竞争力和盈利能力,甚至会危及人民生命财产安全。但是,如果采购的物资质量过高,会使采购成本增加,加大企业的财务负担,同时也会造成质量过剩,如原材料之间的质量不匹配,某种原材料的质量远超过其他原材料的质量,以至于该原材料的质量效果无法体现。因而,采购的原材料质量应该适当。

(3) 适当的时间。采购管理对采购时间的把握很严格。一方面,时间过晚,原材料未能如期到达,影响生产,导致产品不能按计划出货,引起市场销售的损失,最终影响企业的信誉。另一方面,时间过早,原材料堆积仓库等待生产,大量积压采购资金,甚至会因存货的贬值而造成不必要的损失。

(4) 适当的数量。控制采购的数量不仅是物料不间断供应的保障,而且是使库存投资和损失保持最低限度的保障。因此,采购数量的决策也是采购管理的一个重要目标。

(5) 适当的价格。价格是采购活动中的敏感焦点。采购价格过高,必然会加大采购成本,从而增加生产成本,降低产品的市场竞争力,影响企业的经营活动。但是,企业也不能一味地追求低价,采购价格过低,使供应商利润空间缩小或无利可图,将会影响供应商供货的积极性,甚至出现以次充好,长此以往,采购方将可能失去供应商。因而,采购价格应该尽量做到公平合理。

采购决策者总是试图去协调这些时常相互冲突的目标,通过平衡取舍得到这些目标的最优组合。

三、采购与供应管理的作用

采购与供应管理的作用主要包括利润杠杆、资产收益率、信息源、营运效率、对企业的竞争优势等五个方面。

采购的利润杠杆作用是指当采购成本降低1%时,企业的利润率将会上升更高的比例。这是因为采购成本在企业的总成本中占据着比较大的比重,一般在50%以上,而这个比例远远高于税前利润率。例如,某公司的销售收入为5 000万元,假设其税前利润率为4%,采购成本为销售收入的50%,那么采购成本降低1%,就将带来50万元的成本节约,也就是利润上升到了250万元,利润率提高了20%。可见,利润杠杆效应十分显著。

资产收益率作用是指采购成本的降低对于企业提高资产收益率所产生的巨大作用。资产收益率指的是企业净利润和企业总资产的比率,用公式表示出来就是资产收益率=净利润/总资产,该公式可以转换为:资产收益率=(净利润/销售收入)×(销售收入/总资产)。第一个括号里的内容称为利润率,第二个括号里的内容称为资产周转率(投资周转率),这样,资产收益率就可以表示为企业的利润率和投资周转率的乘积的形式。当采购成本降低一定比例时,通过利润杠杆效应可以使利润率提高更大的比例。与此同时,采购成本降低,则同样数量物资占用的库存资金就少,资产周转率相对提高了;两者的乘积就是一个更大的比例,可见采购成本的节约会带来资产收益率的提高。

信息源作用是指采购部门直接与市场接触,可以接收到各种信息,主要包括价格、产品的质量、新供应源、新产品和新技术信息等。这些信息对销售、财务、研发和高层管理部门都有一定的意义,可以提高企业中其他部门的经营绩效,因此,采购管理部门收集到的信息可以间接地为企业作出贡献。

营运效率作用是指采购与供应部门运作的有效性将直接反映在其他部门的运作上,采购部门的运作会对其他部门的营运效率产生很大的影响。

采购与供应管理对企业竞争优势的作用是指采购部门能够保证企业在适当的时间、地点获得需要的产品和服务,从而保证企业可以及时提供满足客户需求的产品和服务,提高和维持客户满意度。同时,采购部门的行动还会直接影响到公共关系和企业形象。如果采购部门的行为给企业带来了良好的形象,就会和供应商建立良好的关系,带来企业连续的成本节约,从而增强企业的竞争力。

总之,随着市场竞争的不断加剧及经营管理理念和方法的发展,采购在企业中占据着越来越重要的地位,采购部门也必将在未来发挥更深远的影响力。

四、传统的采购模式

传统采购的重点放在如何与供应商进行商业交易活动上,其核心是请求与谈判。询价采购、比价采购和招标采购都比较重视交易过程中供应商的价格比较,通过供应商的多头竞争,从中选择价格最低的作为合作者。虽然产品的质量、交货期也是采购过程中重要的考虑因素,但在传统的采购模式中,产品的质量和交货期等都是通过事后把关的方式进行控制。传统的采购过程如图 4-1 所示。

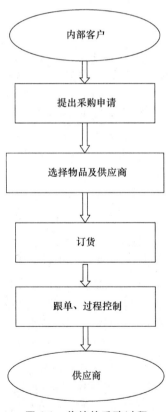

图 4-1 传统的采购过程

传统采购模式的特点主要表现在以下几个方面:

(1)典型的非对称信息博弈过程。在采购过程中,采购方为了能从多个竞争性供应商中挑选出一个最佳的供应商,以便争取到更低的采购成本,往往会保留私有信息,因为供应商的竞争筹码会随着采购方提供的信息量的增多而增大,这样对采购方不利,所以采购方会尽量保留私有信息。而供应商为了避免竞争对手获取更多有利于其战胜自己产品的优势信息,在和其他供应商竞争时也会选择隐瞒自己的重要信息。这样,采购与供应双方无法进行有效的信息沟通,这就是非对称信息的博弈过程。

(2)质量控制难度大。质量和交货期都是采购过程中考虑的重要因素,但在传统采购模式下,由于采购方很难参与供应商的生产组织过程和有关质量控制的活动,相互的工作是独立的、不透明的,因而,要有效地控制质量和交货期只能通过事后把关的办法。企业通常采用各种有关标准,如国际标准、国家标准等进行检查验收。这种缺乏合作的质量控制导致采购部门对采购物品质量控制的难度增加。

(3)供需合作关系短暂,且竞争多于合作。在传统采购思想的影响下,供应方与需求方之间的关系是临时或短期的合作关系,而且双方都把重心放在价格谈判上,因此他们之间的价格竞争关系很强烈,相互之间处于对立状态,竞争多于合作。因为缺乏合作意识,所以采购过程中不和谐的情况较多,很多时间被耗费在解决日常问题上,以致没有更多的时间做长期性预测与计划工作。供需方之间薄弱的合作意识加剧了采购供应运作中的不确定性。

(4)响应市场需求能力迟钝。在传统的采购环境下,由于供应方与采购方之间没有进行充分的信息交流,缺乏及时的信息反馈。当市场需求发生变化时,采购方不能改变与供应方已有的订货合同,导致采购方在市场需求减少时,出现库存积压;反之,在市场需求增加时,出现供不应求。而重新订货又需要双方再次进行谈判,从而增加了谈判交易等费用。因此,供应商对采购方的需求不能进行同步响应,双方不能快速应对市场需求的变化。

传统的采购模式和采购管理思想存在的种种问题导致它已不能适应当今企业所处的市场环境,供应链管理思想的产生和发展给采购管理提供了一个理论发展的平台,因此也就产生了现代化采购管理理念。

第二节 现代化采购管理理念

一、基于供应链的采购管理

随着一体化物流与供应链管理的蓬勃发展以及企业经营战略的变迁,采购供应管理成为企业经营管理的一个核心过程。供应链管理环境下的采购管理模式是将采购管理融入到企业供应链管理和一体化物流运作之中,并作为企业的一项战略增值内容进行管理和运作。

在基于供应链的采购管理模型(如图4-2所示)中,采购部门负责对整个采购过程进行组织、控制、协调,它是企业与供应商联系的纽带。生产和技术部门通过企业内部的管理信息系统,根据订单编制生产计划和物资需求计划。供应商通过信息交流,处理来自企业的反馈信息,预测企业的需求,以便及时响应。这个模型的重点是以信息流通来降低库存,并以此来推动管理优化,因此畅通的信息流是实现该模型的必要条件。

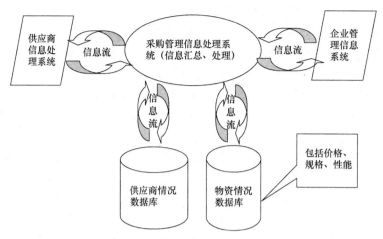

图 4-2　基于供应链的采购管理模型

在供应链管理的环境下,企业的采购模式与传统采购模式有着显著的不同。

1. 从为库存采购转向为订单采购

在传统的采购方式中,采购供应被视为企业基本活动的支持和辅助性活动。企业的采购供应管理与销售、制造、计划等控制系统和业务过程相互独立,部门合作和集成业务较少,部门之间的关联业务往往因各自为政而发生冲突。因而,采购部门制订的采购计划很难适应制造需求的变化。

在供应链管理模式下,采购供应管理作为一项管理流程在企业内运行,而并非作为简单的职能而存在。采购活动由订单驱动进行,制造订单在用户需求订单的驱动下产生,制造订单驱动采购订单,采购订单再驱动供应商,如图 4-3 所示。这种准时制的订单驱动模式,使供应链系统得以准时地响应客户需求,从而降低了库存成本,提高了物流的速度和库存周转率。

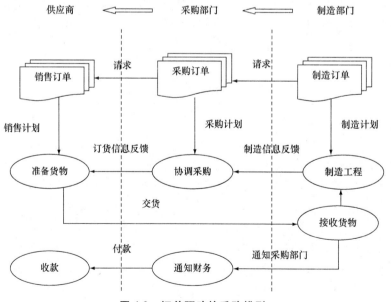

图 4-3　订单驱动的采购模型

订单驱动的采购方式有如下特点：① 因为供应商与制造商建立了战略协作伙伴关系，签订供应合同的手续大大简化，不再需要双方询价和报价的反复协商，交易成本大大降低；② 在同步化供应链计划的协调下，制造计划、采购计划和供应计划能够共同进行，缩短了用户的响应时间，实现了供应链的同步化运作；③ 采购物资直接进入制造部门，减少采购部门的工作压力和非增值的活动过程，实现供应链的精细化运作；④ 供应商能够共享制造部门的信息，提高了供应商的响应能力，减少信息失真；同时，在订货过程中不断地进行信息反馈，修正订货计划，使订货与需求保持同步；⑤ 订单驱动的采购模式简化了采购工作流程，采购部门的主要作用是沟通供应商与制造部门之间的联系，协调二者的关系，为实现精细采购提供基础保障，实现了面向过程的作业管理模式的转变。

2. 从采购管理转向供应管理

传统采购的不足之处就是与供应商之间缺乏合作、缺乏柔性和对市场需求快速响应的能力。准时化思想出现后，企业需要改变单纯为库存而采购的传统管理模式，提高采购的柔性和市场响应能力，增强同供应商的信息联系和相互之间的合作，建立新的供需合作模式。

供应链管理采购模式通过实施有效的外部资源管理，即供应管理，实现了供应链企业的同步化运作。实施供应管理也是实施精细化生产、零库存生产的要求。供应链企业在生产控制中采用基于订单流的准时化生产模式，使其业务流程朝着精细化生产努力，即实现生产过程中的几个"零"化管理：零缺陷、零库存、零交货期、零故障、零（无）纸文书、零废料、零事故、零人力资源浪费。

知识链接

零库存是一种特殊的库存概念，是指物料（包括原材料、半成品和产成品等）在采购、生产、销售、配送等一个或几个经营环节中，不以仓库存储的形式存在，而均处于周转的状态。它并不是指以仓库储存形式的某种或某些物品的储存数量真正为零，而是通过实施特定的库存控制策略，实现库存量的最小化。

供应链管理的思想包括系统性、协调性、集成性、同步性，外部资源管理是实现上述思想的一个重要步骤——企业集成。要实现有效的外部资源管理，制造商应从以下几个方面着手改进采购活动：① 和供应商建立一种互惠互利的长期合作关系；② 通过提供信息反馈、教育培训支持在供应商之间促进质量改善和质量保障，以满足客户对产品的质量要求；③ 参与供应商的产品设计和产品质量控制过程，共同制定有关产品的质量标准等，实施并行工程，实现同步化运营；④ 协调供应商的计划，避免在资源有限可能出现冲突的情况下，供应商因多方需求造成资源紧张而影响本企业的正常运行；⑤ 建立一种具有不同层次的新供应商网络，并通过逐步减少供应商的数量，根据企业自身的情况选择适当数量的供应商，致力于与少数的供应商建立战略合作伙伴关系。

外部资源管理并不是凭借采购单方面的努力就能取得成效的,还需要供应商的积极配合和支持,因此,供应商也应从以下几个方面提供协作:帮助拓展用户(下游企业)的多种战略、保证高质量的售后服务、对下游企业的问题作出快速的反应、及时报告内部发现的可能影响用户服务的问题、基于用户的需求不断改进产品和服务的质量、在满足自己的能力需求的前提下提供一部分能力给下游企业。

3. 从一般买卖关系转向战略协作伙伴关系

在传统的采购模式中,供应方与需求方之间是一种简单的买卖关系,因此无法解决一些涉及全局性、战略性的供应链问题,而基于战略合作伙伴关系的采购方式为解决这些问题创造了条件。这些问题具体体现在如下几个方面:

(1) 库存问题。在传统的采购模式下,供应链的各级企业都无法共享库存信息,因此,各级节点企业都独立地采用订货点法进行库存决策,将不可避免地产生需求信息的扭曲现象,供应链整体效率得不到充分的提高。但是在供应链管理模式下,通过双方的合作关系,供需双方可以共享库存数据,采购的决策过程变得更透明了,从而减少了需求信息的失真现象。

(2) 风险问题。供需双方通过战略性合作,可以降低由不可预测的需求变化带来的风险,如运输过程风险、信用风险、产品质量风险等。

(3) 协商问题。确立合作伙伴关系,双方可以协商制订战略性采购供应计划,为共同解决问题提供便利条件。

(4) 降低采购成本问题。通过建立合作伙伴关系,双方都可以从降低的交易费用中获得利益,同时,信息共享也避免了信息不对称决策可能造成的成本损失。

(5) 组织问题。战略合作伙伴关系消除了供应过程中的组织障碍,为实现 JIT 采购创造了条件。

案例 4-1　　世华集团采购物流优化

世华集团是我国著名的家电制造企业,近年来该集团以国际化为起点,应对市场竞争环境的变化,启动了以供应链为核心的业务流程再造。在这场管理变革中,该集团主要从物流、商流、资金流和信息流四方面对企业组织结构、业务流程、关键业务模式等方面进行了大幅度的改革,从而获得了新的竞争优势。

作为本次改革的核心部分,整合采购环节的工作遇到了很大的阻碍:集团现有供应商数量众多,供应关系错综复杂;从总体上来看,普遍存在企业规模小、技术水平低的现象。如何淘汰不合格的供应商工作成为众多矛盾的焦点。

因此,集团委派刘先生作为项目主管,开始针对供应商管理的问题进行重新规划,通过建立一套完善的供应商评估体系来配合采购环节的变革;并设立若干主要衡量指标,逐步淘汰不合格的供应商,重点引入拥有长期供货经验的国际供应商,发挥供应商的资源优势,搭建国际化的供应网络,邀请国际供应商参与世华集团产品的前端开发与设计,从根本上提升产品竞争力。

对于大型家电企业来说,其供应商水平层次不一,且家电产品物料种类繁多,因此,对供应商的管理难度很大。刘先生决定利用 ABC-XYZ 采购决策工具,首先对零部件和供应商进行分类,逐步分清供应商管理的主次,针对重点物料和重点供应商进行重点管理,并依据多层次供应管理工具分类的结果,将公司分为三个层次,建立不同类别的供应商关系,这样有利于节约企业的人力、物力和财力。

经过一年的运作,供应商优化的成果反映在数量上是供应商由原来的 3 200 家优化至目前的 700 多家,且国际化供应商的比例达到了 80%,并仍在不断提高,从而建立起强大的全球供应链网络。

(资料来源:http://www.docin.com/p-716173871.html)

二、JIT 采购模式

1. JIT 采购的基本思想

JIT(Just In Time)采购也称准时采购,是一种基于供应链管理环境下的先进采购模式,它随企业的准时化生产而产生,聚焦于对供应商供货的准时化控制,通过"准时化"减少库存、加快库存周转、缩短采购提前期、提高采购质量、获得满意的交货期。

JIT 采购的基本思想是,在适当的时间和地点,以适当的方式和成本从上游供应商处采购并使之向企业提供适当数量、质量的产品。

2. JIT 采购的特点

JIT 采购模式体现了供应链管理的协调性、同步性和集成性,供应链管理需要 JIT 采购来保证供应链的整体同步化运作。它与传统的采购模式在质量控制、供需关系、供应商的数量、交货期的管理等方面存在很多不同之处,其中关于供应商的选择和质量控制是其核心内容。相对于传统的采购模式,JIT 采购具有如下一些特点:

(1)供应商的数量更少。传统的采购模式一般是多头采购,供应商的数量相对较多;JIT 采购则采用较少的供应商,甚至单源供应。从理论上讲,采用单源供应比多源供应好:一方面,可以有效地降低供应商管理的难度,降低采购成本;另一方面,有利于供需双方建立深层次的长期合作关系,从而质量上更有保证。但是,采用单源供应本身存在着风险,如供应商因不可抗力因素中断交货,或供应商缺乏竞争意识等。因而,实施 JIT 采购追求的是合理的供应商数量。

(2)对交货准时性的要求更高。交货准时是 JIT 采购的一个重要特点,是实施精细生产的前提条件。交货准时取决于供应商的生产和运输条件。对于供应商来说,要确保交货准时,一方面要不断地改进企业的生产条件,提高生产的可靠性和稳定性,减少延迟交货和误点现象;另一方面,要重视运输问题,特别是全球化的供应链系统,如运输路线长,将可能涉及多式联运,需要中转运输等,因此应当进行有效的运输计划与管理,确保准时交货。

(3)对供应商的选择标准更严。在传统的采购模式中,需求方是通过竞价的方式选择供应商的,供需双方是短期的合作关系。当发现供应商不能满足需求时,需求方可以通过竞标的方式重新选择供应商。但是在 JIT 采购模式中,由于供需双方是长期的合作伙伴关系,供应商的合作能力关系到企业的长期经济利益,因此企业对供应商的选择标准就比较严格。在选择供应商时,需要对其进行综合评估,价格不是主要的评估因素,质量才是最重要的评估标准,这里的质量不单指产品的质量,还包括工作质量、交货质量、技术质量等多方面的内容。选择高标准的供应商有利于供需双方建立长期稳定的合作伙伴关系。

(4) 高频率、小批量采购。JIT 采购是按照下游企业的需求供应的,为了保证货物在需求时间被送到需求点,而又不增加采购企业的库存成本,必须采用高频率、小批量的运输方式。这种方式一方面满足了企业"一个流生产",另一方面也能够灵活地响应市场需求的变化。但是它也会导致运输成本上升,不利于供应链的运作。因此,一些采用 JIT 采购模式的企业可以通过混合运输、代理运输或尽量使供应商靠近生产企业等办法解决这些问题。

(5) 供需双方高度共享信息。JIT 采购的实现要求供需双方高度共享信息,确保供应与需求信息的准确性和实时性。在双方建立战略合作关系的基础上,企业在生产计划、库存、质量等方面的信息都可以及时进行交流,以便出现问题时能够及时应对。

综上所述,JIT 采购与传统采购的区别如表 4-1 所示。

表 4-1　JIT 采购与传统采购的区别

项目	JIT 采购	传统采购
采购批量	高频率,小批量	低频率,大批量
供应商选择	长期合作,单源供应	短期合作,多源供应
供应商评价标准	质量,交货期,价格	质量,价格,交货期
检查工作	逐渐减少,最后消除	收货,点货,质量验收
协商内容	长期合作关系,质量,合理的价格	获得最低价格
运输	准时送货,买方负责安排	较低的成本,卖方负责安排
文书工作	工作量小,需要的是有能力改变交货时间和质量	工作量大,改变交货期和质量的采购单多
产品说明	供应商关注创新,强调产品性能	买方关心设计,供应商没有创新
包装特点	小,标准化容器包装	普通包装,没有特别说明
信息交流	快速,可靠	一般要求

3. JIT 采购的实施

(1) 创建 JIT 采购班组。世界一流企业的专业采购人员有三大责任:寻找货源、商定价格、发展与供应商的协作关系并不断改进。因此,专业化的高素质的采购队伍对实施 JIT 采购至关重要。为此,首先应成立两个班组。一个班组专门处理供应商事务,负责认定、评估供应商的信誉和能力,或与供应商谈判签订 JIT 订货合同,向供应商发放免检签证等,同时要负责供应商的培训与教育。另一个班组专门从事消除采购过程中的浪费。这些班组人员对

JIT 采购的方法应有充分的了解和认识,必要时可进行一定的专业学习与培训。

(2)制订计划,确保 JIT 采购策略有计划、有步骤地实施。制订计划时,应与供应商及企业多个部门一起商定 JIT 采购的实施策略,并保持经常性的信息沟通。

(3)精选少数供应商,建立伙伴关系。企业应根据 JIT 采购的实施策略制定相应的评价标准,依据标准选择合适的供应商。选择供应商时应该考虑产品质量、供货情况、应变能力、地理位置、企业规模、财务状况、技术能力、价格、供应商的数量及供应商的可替代性等因素。

(4)先试点,后推广。先在小范围内进行测试,如在某种产品或某条生产线上试点,进行零部件或原材料的 JIT 供应试点。通过测试,总结经验,不断调整方案,为正式的 JIT 采购实施奠定基础。当然,试点工作需要企业各部门的配合和支持才能取得较好的效果。

(5)做好供应商的培训,确定共同目标。JIT 采购是供需双方共同的业务活动,除了采购方的努力,还需要供应商的配合。而只有供应商对 JIT 采购的策略和运作方法有所了解,才能获得供应商的支持和配合,因此需要通过对供应商进行教育培训,彼此达到一致的目标,双方才能更好地相互协调,共同做好采购和供应的准时化工作。

(6)向供应商颁发产品免检合格证书。相对于传统的采购模式来说,在 JIT 采购模式中买方不需要对采购产品进行过多的检验手续,要实现这一点,则需要供应商能够提供 100%合格的产品。当其符合这一要求时,即发放免检手续的免检合格证书。

(7)实现配合 JIT 生产的交货方式。JIT 采购的最终目标是实现企业的生产准时化,所以,要实现从预测的交货方式向准时化、适时的交货方式转变。

(8)持续改进。JIT 采购是一个不断完善和改进的过程,需要企业的相关团队以实时或周期性的方式观察准时化采购双方的实施效果、评价收益、发现已存在的及潜在的问题,而后分析问题的根源并加以解决,确保 JIT 采购过程各方面的持续改进。

三、电子化采购

1. 电子化采购的定义

英国采购与供应学会(CIPS)对电子化采购的定义:它是信息技术和通信技术的综合应用,通过电子的方法提升采购和供应的管理过程,无论它们是外部的还是内部的。电子化采购的各种工具和决策为采购供应活动提供了一个可选范围,这将推动采购和供应管理的改进。

电子化采购(Electronic Procurement)是由采购方发起的使用因特网、电子数据互换或电子文件传输进行的一种采购行为,是一个基于 Web 体系和工作流管理的企业采购解决方案,供应方和买方直接通过其计算机系统,传送查询订单、发票及支付等,可将传统上以人工为主的采购作业,运用因特网技术及工具达到自动化的效益,如网上招标、网上竞标、网上谈判等 B2B 的网上交易行为。

> **知识链接**
>
> B2B(Business-to-business)是指企业对企业之间的营销关系,它将企业内部网,通过 B2B 网站与客户紧密结合起来;通过网络的快速反应,为客户提供更好的服务,从而促进企业的业务发展。

企业采购电子化是企业运营信息化不可或缺的重要组成部分。电子化采购策略强调企业间跨系统的协作。协作的电子化采购解决方案能够很好地满足企业的采购需求。协作采购策略把重心集中在设计、采购和供应链的合作上,以最低的采购成本获得最大的效益。协作的电子化采购具有主动性,通过"策略资源"和"供应链实施"使所有在供应链上的成员都能获得最大的效益。

2. 电子化采购的优势

电子化采购较之一般的电子商务和一般性的采购在本质上有了更多的概念延伸,它不仅仅完成采购行为,而且利用信息和网络技术对采购全过程的各个环节进行管理,提高了企业的核心竞争力。在这一全新的商业模式下,随着买方和卖方通过电子网络而联结,商业交易开始变得具有无缝性,其自身的优势是十分显著的,具体包括:

(1)缩短采购周期从而提高效率。采购方企业通过电子采购交易平台进行竞价采购,可以根据自身要求自由设定交易时间和交易方式,大大地缩短了采购周期。

(2)节约成本。使用电子采购系统有效地整合了企业的资源,帮助供求双方降低了成本。

(3)优化流程。采购流程的电子化不是用计算机和网络技术简单替换原有的方式方法,而是要依据更科学的方法重新设计采购流程;这个过程摒弃了传统采购模式中不适应社会生产发展的落后因素。

(4)信息更加透明。电子化采购使供求双方之间的信息更加透明,可改善客户服务、提升客户满意度、促进供应链绩效,以及改善与供应商的关系。

(5)使供应商获益。对于供应商,电子化采购可以更及时地掌握市场需求,降低销售成本,增进与采购方之间的关系,获得更多的贸易机会。

第三节 供应商管理

一、供应商的选择与评估

1. 供应商的选择过程

选择供应商是供应管理中的一个重要决策,随着市场上同一产品供应商的增多,对供应商的选择越来越复杂,亟须设立一个规范的程序。不同的企业在选择供应商的时候,所采用的步骤不尽相同,但基本的选择过程应该包括以下几个方面,如图4-4所示。

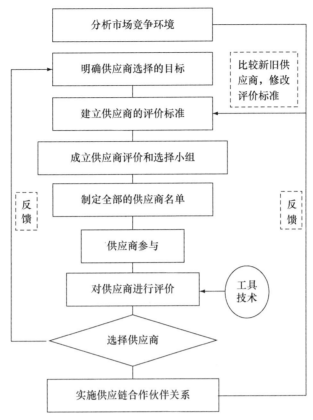

图 4-4 供应商的选择过程

(1) 分析市场竞争环境。为了找到针对某些产品的市场来开发供应链合作关系,企业必须了解现在的产品需求是什么、产品的类型和特征是什么,以此来确认客户的需求,确认是否有建立基于供应链的合作关系的必要。若已经建立供应链合作关系,采购方则需要依据需求的变化明确供应链合作关系变化的必要性,同时了解现有供应商的现状,并分析、总结企业存在的问题。

(2) 明确供应商选择的目标。企业确定供应商的评价标准,首先必须建立实质性的、实际的目标。一般而言,供应商选择的目标包括:获得符合企业总体质量、数量要求的产品和服务;确保供应商能够提供最优质的服务、产品和最及时的供应;力争以最低的成本获得最优的产品和服务;淘汰不合格的供应商,开发有潜力的供应商;维护和发展长期、稳定、良好的供应商合作关系。

(3) 建立供应商的评价标准。供应商的评价指标是企业选择供应商的依据和标准,不同行业、企业及不同环境下的供应商的评价侧重点都是有所不同的。但是,在建立供应商评价标准时,不外乎涉及供应商的业绩、设备管理、质量控制、成本控制、技术开发、人力资源开发、交货协议、用户满意度等可能影响供应链合作关系的方面。

(4) 成立供应商评价和选择小组。供应商的选择是一个集体决策过程,需要由各个部门相关人员参加的小组来控制和实施供应商的评价,并进行讨论和作出决定。对于技术要求高且重要的采购项目,小组组员应该包括研究开发部门、技术支持部门、采购部门、物流管理部门、计划部门和市场部门的人员,组员必须有团队合作精神,具有一定的专业技能。同时,评价小组必须得到制造商和供应商最高管理层的支持。

(5)制定全部的供应商名单。通过供应商信息数据库及采购人员、销售人员或行业杂志、网站等媒介渠道,了解市场上能提供所需产品的供应商。

(6)供应商参与。当企业决定实施供应商评选时,评选小组必须与精选之后的供应商取得联系,以便确认对方是否愿意与企业建立供应链合作关系。

(7)对供应商进行评价。为了保证评估的可靠性,评价供应商的一个主要工作是调查和收集有关供应商的生产运作等各个方面的信息。在此基础上,利用一定的工具和技术方法对供应商进行评价。

(8)选择供应商。在综合考虑多方面的重要因素后,可以给每个供应商打出综合评分,并依据分数选择出合格的供应商。

(9)实施供应链合作伙伴关系。选择供应商是一个动态的过程。在实施供应链合作关系的过程中,市场需求可能会不断变化,必要时需要企业根据实际情况及时修改供应商的评价标准,或重新评选供应商。在重新选择供应商时,应给予新旧供应商足够的时间来适应变化。

2. 供应商的评估指标

供应商的评估是对现有供应商的日常表现进行定期监控和考核。关于供应商的评估指标归纳起来有下列四大类:

(1)质量指标。质量是用来衡量供应商合格与否的最基本的指标。每一个采购方都希望供应商严格遵从质量方面的标准。供应商的质量指标主要包括:来料批次合格率、来料抽检缺陷率、来料在线报废率和供应商来料免检率等,其中,来料批次合格率最为常用。

(2)供应指标。供应指标是指与供应商的交货表现及供应商的企划管理水平相关的考核因素,其中,最主要的是准时交货率、交货周期和订单变化接受率等。

(3)经济指标。考核供应商的经济指标主要是采购价格与成本,其常常按季度考核,而质量和供应指标多按月进行考核。经济指标的具体考核内容包括:价格水平、报价行为、降低成本的态度与行动、降价成果的分享、付款情况。

(4)支持、合作与服务指标。供应商在支持、合作与服务方面的表现,一般是按季度考核,主要包括:投诉反应灵敏度、沟通手段、合作态度、售后服务、共同改进的行为、参与开发程度及其他相关支持。

案例 4-2　　本田的供应商管理

对大多数公司来说,供应商管理往往止步于一级供应商,即同公司直接有订单交易的供应商。而对于那些具备独特的技术、工艺的二级、三级甚至四级供应商(以下统称"下级供应商"),采购方认为应该归一级供应商管理,因为他们直接跟下级供应商有订单交易;而一级供应商往往因为缺乏技术和管理能力,无法对下级供应商实施行之有效的管理。于是,下级供应商在很多公司就成为"三不管"。

在有效的下级供应商的管理上,本田在美国分部的做法颇具代表性。本田(美国)的宗旨是，如果下级供应商对公司的技术、成本、质量至关重要，本田（美国）就会与之直接签约。如皮革商虽然属于三级供应商，本田（美国）还是与它直接签订合同，因为皮革昂贵，占整车成本的比例较高。此外，车座的面料对于用户体验很重要，本田（美国）也是直接同相应供应商签约。在这种直接签约的情况下，本田（美国）主导供应商关系，但交货、质量等日常管理的职责还是由一级供应商负责。这种管理思路也反映了供应链管理的一个基本准则，即供应链伙伴之间的分工要以供应链利益的最大化为原则。以本田（美国）为例，扣件供应商生产的扣件用在本田所有的车上，本田的采购量最大，议价能力超过任何一级供应商，于是由本田直接签约管理，这也最符合供应链利益最大化的准则。

（资料来源：http://www.chinawuliu.com.cn/xsyj/201406/23/290999.shtml）

二、供应商关系管理

供应商关系管理是一种以"扩展协作互助的伙伴关系、共同开拓和扩大市场份额、实现双赢"为导向的企业资源获取的系统管理工程，是关系营销思想在供应链环境下的应用，它摒弃了传统的以价格为驱动的竞争关系，以共享信息、实现共赢为导向，实现供需双方以合作为基础的共同发展。

良好的供应商关系管理对于生产企业加大成本控制、提高资源利用率、改善服务和增加收益起到了巨大的推动作用。实施有效的供应商关系管理可以大幅度地节约时间和财力，更大程度地满足客户的需求，为客户创造价值。

1. 供应商分类

供应商分类是指在供应市场上，采购企业根据采购物品的金额、重要性和供应商对采购方的重视程度与信赖度等因素，把供应商分为若干个不同的群体。供应商分类是对不同供应商进行分别管理的首要环节，只有在对供应商细分的基础上，采购方才能根据供应商的类别实施恰当的管理策略。为了将供应商管理的有限精力合理分配在不同的供应商上，加强管理的针对性，提高管理的效率，采购方应依据自身的特点对供应商进行分类，且根据类别进行切实的关系管理。

供应商的分类方法有很多，其中按照采供双方的合作关系由浅到深的顺序，可以把供应商分为短期目标型、长期目标型、渗透型、联盟型和纵向集成型。

（1）短期目标型。短期目标型是指采购商与供应商之间是一般的买卖关系，即交易关系。双方的交易仅停留在短期的交易合同上，各自关注的是如何谈判及如何提高自己的谈判技巧和议价能力，使自己的利益最大化，而不是如何改善自己的工作使双方都获利。当交易完成后，双方的买卖关系也就终止了，双方的联系仅局限于供销人员之间。

（2）长期目标型。长期目标型是指采购商与供应商之间保持长期的关系，双方可能为了共同利益对改进各自的工作感兴趣，并在此基础上建立超越买卖关系的合作。其特点是建立了一种合作关系，双方重视从长远利益出发，相互配合，不断改进产品质量和服务质量，共同降低成本，提升共同的竞争力，其合作范围遍及公司内部的多个部门。例如，采购商对供应商提出新的技术要求，而供应商目前还无法实现，在这种情况下，采购商可能会给供应商提供技术上和资金上的支持。

（3）渗透型。渗透型供应商关系是在长期目标型基础上发展起来的,其指导思想是把对方公司视作自己公司的一部分,对对方的关心程度大大提升。为了能够参与对方的活动,采购方甚至会在产权上采取一定的措施,如相互投资或参股等,以保证双方利益的共享性与一致性。同时,在组织上也应采取相应的措施,确保双方所派员工融入到对方的有关业务中去。这样做的好处在于可以更好地了解对方的情况,采购商可以了解供应商是怎样制作那些物资的,从而提出可行的改进意见;供应商可以了解自己的产品在采购商中起到了什么作用,有利于发现改进的方向。

（4）联盟型。联盟型是从供应链角度提出来的,其特点是在更长的纵向链条上管理成员之间的关系;双方维持关系的难度加大了,要求也更严格了。因联盟成员较多,往往需要一个处于供应链上核心位置的企业出面协调各成员之间的关系,这个企业常被称为供应链上的核心企业。

（5）纵向集成型。纵向集成型是最复杂的关系类型,它把供应链上的成员企业整合起来,像一个企业一样,但成员企业仍是完全独立的企业,决策权属于自己。在这种关系下,每个企业都要充分了解供应链的目标和要求,在充分掌握信息的前提下,自觉作出有利于供应链整体利益而不是企业个体利益的决策。但是这一类型的供应商关系目前只停留在学术讨论层次,实践中的案例很少。

2．传统的竞争关系与合作伙伴关系的区别

在采购商与供应商关系中,存在两种典型的关系模式,即传统的竞争关系和合作伙伴关系,或者称双赢关系。两种关系模式的特征有所区别,如表4-2所示。

表4-2 传统的竞争关系与合作伙伴关系的区别

关系类型	主要特征
传统的竞争关系	（1）采购商以权势来讨价还价; （2）供应商名义上的最低报价并不能带来真正的低采购成本; （3）双方的高库存、高成本; （4）技术、管理资源的相互保密; （5）不完善的质量保证体系; （6）采购商的供应商数目多; （7）采供双方维持的是一种短期合同关系。
合作伙伴关系	（1）供应商的分层管理,降低采购管理费用; （2）双方共同降低成本; （3）信息共享; （4）共同保证和提高质量; （5）JIT式交货; （6）采供双方保持长期信任的合作关系。

3．双赢供应关系管理

双赢(Win-Win)关系即合作伙伴关系,这种关系已经成为供应链企业间合作的典范,对供应商的管理应集中在如何与供应商建立及维护双赢的关系上,这样才能在采购管理中体现供应链的思想。

（1）建立信息交流与共享机制。信息交流有利于减少投机行为，有利于促进重要生产信息的自由流动。为加强采购商与供应商之间的信息交流，可以从下列几方面着手：① 双方经常进行有关成本、作业计划、质量控制等信息的交流，保持信息的一致性和准确性；② 互相参与对方的活动，实施并行工程；③ 建立由双方有关人员构成的联合任务小组，解决制造过程及供应过程中遇到的各种问题；④ 双方经常互访，及时发现并解决问题，营造良好的合作氛围；⑤ 使用电子数据交换和互联网技术进行快速的数据传输。

（2）建立供应商的激励机制。为了维持长期的双赢关系，制造商应建立有效的激励机制，以便保持良好的供应关系。在激励机制的设计上，应体现公平性和一致性。给予供应商价格折扣和柔性合同，或者采用赠送股权等，使供应商能从合作中体会到双赢机制的好处，并实现双方的利益分享。

（3）确定合理的供应商评价方法。要激励供应商，就必须对供应商的业绩进行评价，促进供应商不断地改进。没有合理的供应商评价方法，就不可能对供应商的合作效果进行合理的评价，这将会大大影响供应商的合作积极性和稳定性。对供应商的评价应当抓住主要的指标或问题，如交货质量是否有所改善、提前期是否有所缩短、交货准时率是否有所提高等。通过评价，把结果反馈给供应商，并共同探讨问题产生的根源，进而采取相应的措施予以改进。

本章小结

1. 采购是指企业在一定的条件下，以各种不同的途径，包括购买、租赁、借贷、交换等方式，从供应市场获取产品或服务作为企业资源，以保证企业生产及经营活动正常开展的一项企业经营活动。

2. 采购管理是指企业为了达成生产或销售计划，从适当的供应商那里，在确保质量的前提下，在适当的时间、以适当的价格，购入适当数量的商品所采取的一系列管理活动；而供应管理是为了保质、保量、经济、及时地供应生产经营所需要的各种物品，对采购、储存、供料等一系列供应过程进行计划、组织、协调和控制，以保证企业经营目标的实现的管理活动。

3. JIT 采购的基本思想是，在适当的时间和地点，以适当的方式、成本从上游供应商处采购并使之向企业提供适当数量和质量的产品。

4. 供应商关系管理是一种以"扩展协作互助的伙伴关系、共同开拓和扩大市场份额、实现双赢"为导向的企业资源获取的系统管理工程。

练习题

1．名词解释

采购与供应　　采购与供应管理　　传统的采购模式
JIT 采购　　　电子化采购　　　　供应商关系管理

2．简答题

（1）采购与供应管理的目标是什么？
（2）传统的采购模式有哪些特点？

（3）基于供应链的采购管理有什么特点？
（4）JIT 采购的实施步骤是什么？
（5）电子化采购有什么优势？
（6）供应商的选择过程是怎样的？
（7）传统的竞争关系和合作伙伴关系有什么区别？

3．论述题

（1）传统的采购模式和 JIT 采购模式之间有什么区别？
（2）评价供应商的指标有哪些？如何有效地管理双赢供应关系？

扩展阅读　　　　　　　　电子商务采购

电子商务的产生使传统的采购模式发生了根本性的变革。这种采购模式的变化，使企业采购成本和库存量得以降低、采购人员和供应商数量得以减少、资金流转速度得以加快。电子商务采购是在电子商务环境下的采购模式，也就是网上采购。通过建立电子商务交易平台，发布采购信息，或主动在网上寻找供应商、寻找产品，然后通过网上洽谈、比价、网上竞价实现网上订货，甚至网上支付货款，最后通过网下的物流过程进行货物的配送，完成整个交易过程。

电子商务采购为采购提供了一个全天候、全透明、超时空的采购环境，即"365×24"小时的采购环境。该方式实现了采购信息的公开化，扩大了采购市场的范围，缩短了供需的距离，避免了人为因素的干扰，简化了采购流程，减少了采购时间，降低了采购成本，提高了采购效率，大大降低了库存，使采购交易双方易于形成战略伙伴关系。

（资料来源：http://baike.so.com/doc/6944571.html）

第五章

仓储与库存管理

教学要点

知识要点	掌握程度	相关内容
物资仓储管理	掌握	仓储管理的定义 仓储管理的基本内容 仓储管理的原则 仓储管理的作用 仓储管理的种类
库存与库存控制	重点掌握	库存及库存控制的含义 定期订货策略的基本原理 定量订货策略的基本原理 ABC 分类法的基本思路 CVA 分类法的基本思路 EOQ 的求解
	了解	VMI 的基本概念、实施步骤 JMI 的基本概念、实施策略 CPFR 的基本概念、实施流程

导入案例

特步：用信息换库存

2001 年成立的特步集团前身是曾蜚声海外的"外销王"三兴公司，为国际知名品牌和客商贴牌生产各种款式的运动鞋，产品远销五大洲的 40 多个国家和地区。中国国内运动品牌在2012年上演了集体关店潮,包括李宁、安踏等在内的中国前六大鞋服品牌在中国总共关掉4 912家门店。处于行业衰退期的特步也面临着巨大压力。2012年,特步关掉86家门店,存货量达到5.8亿元人民币。

"市场环境变化越来越快,既要保库存,又要保促销,把供应链节奏做到优化均匀最重要。"特步副总裁肖利华的经验是,在快速变化的市场环境下拿捏好销售节奏,为此,特步作出了如下努力。

在过去的两年多时间里,特步在全集团范围内进行了流程梳理和优化,针对客户群划分出一、二、三级,打通整条价值链上各个环节的信息接口,让业务和流程"一张皮",从而保证了流程自动和业务量匹配,最终实现横向业务协同和供应链的持续优化。肖利华认为,企业管理中最重要的是协同,应该让企业中的资源像自来水一样随用随取。

在渠道管理优化上,特步也借鉴了"自来水理论"。自2012年开始,特步借发展电商渠道的时机,构建了一个资源库,把线下代理商的库存信息共享到公用平台中,让线下渠道和电商渠道互通库存信息,然后进行订单匹配,再就近发货。在这背后其实是后台信息系统的打通,再对线上和线下渠道拟定好合理的利益分成比例,整合线下渠道和电商渠道,最终实现"通过信息来换取库存"。

(资料来源:http://content.businessvalue.com.cn/post/13187.html)

第一节 物资仓储管理

一、仓储管理概述

1. 定义

"仓"即仓库,是存放物资的建筑物和场地,如房屋建筑、大型容器、洞穴或特定的场地等,具有存放和保护物品的功能。"储"即储备,表示收存以备使用,包含收存、保管、交付使用的意思。"仓储"则为利用仓库储存和保管暂时未使用的物品的行为,简而言之,即在特定的场所储存物品的行为。

仓储管理就是对仓库内的物资所进行的管理,是仓储机构为了充分利用其所拥有的仓储资源提供高效的仓储服务所进行的计划、组织、控制和协调的过程。

仓储管理(Warehouse Management)涉及管理科学,同时也涉及应用技术科学。过去,仓库被视为一个无附加价值的成本中心,而现在仓库不仅被视为形成附加价值过程中的一部分,而且成为企业成功经营中的一个关键因素。仓库已经成为企业连接供应方和需求方的桥梁。从供应方的角度来看,作为流通中心的仓库从事有效率的流通加工、库存管理、运输和配送等活动;从需求方的角度来看,作为流通中心的仓库必须以最大的灵活性和及时性满足各类客户的需求。因此,对于企业来说,仓储管理的意义重大。

2. 基本内容

仓储管理的内涵随着其在社会经济领域中的作用不断扩大而变化,物资仓储管理活动主要是经营管理物资在商品流通过程中的储存环节,其管理的内容既有经济性,又有技术

性,主要包括以下八个方面:

(1)仓库的选址与布局。这主要包括仓库选址的基本原则、技术方法及仓库选址时应该考虑的基本要素,多点布局时还要考虑物流网络中仓库的数量和规模大小、相对位置等问题。

(2)仓库规模的确定和内部合理布局。这主要包括仓库库区面积及建筑物面积的确定、库内道路和作业区域的平面与纵向布置、库房内部各作业区域的划分和作业通道布置的方式。

(3)仓储设施、设备的选择和配备。这主要包括如何根据仓库作业的特点和储存物资的种类及其理化特性,合理地选择机械设施和配备仓库设施的数量,以及如何合理使用和管理这些设施设备。

(4)仓储资源的获取。通常,一个企业可以通过使用自有资金或银行借贷资金、发行企业债券、向企业内部职工或社会公众募股等方式获取资源。归结起来包括两种途径:一是企业内部资金,二是企业外部资金。不同的资源获得方式其成本也不同。

(5)仓储作业管理。这主要包括仓储作业组织的结构与岗位的分工、作业流程的设计、仓储作业中的技术方法和作业手段、仓储活动中的信息处理等,其复杂程度因作业范围和功能的不同而不同。

(6)库存控制。这是仓储管理中最为复杂的内容,也是仓储管理从传统的存货管理向高级的存货系统动态控制发展的重要标志。

(7)仓储经营管理。企业为了获得最大的经营效果,运用先进的管理方式和科学的管理方法,对企业的经营活动进行计划、组织、指挥、协调和控制,并与外部环境建立和谐的关系。

(8)仓储人力资源管理。这主要涉及人才的选拔和合理使用、人才的培养和激励、分配制度的确立及仓储安全管理、信息技术的应用、仓储成本管理、仓储经营效果评价等。

3. 原则

仓储管理需遵循以下四个原则:

(1)高效率原则。仓储的效率体现在仓容利用率、货物周转率、进出库时间、装卸车时间等指标上,高效率的仓储表现为"快进快出、多存储、保管好"。效率管理是仓储生产管理的核心,即以最少的劳动量投入,实现最大的产量产出。企业通过准确地核算、科学地组织、妥善地安排作业场所和空间、标准地操作机械设备、合理地分配人员,使生产作业有条不紊地进行,实现高效率的管理过程。

(2)经济效益原则。仓储管理的目标应该和企业经营管理的目标一致,即要实现利润最大化,因此,应围绕着获得最大经济效益的目的进行组织和经营。

(3)服务原则。仓储活动本身就是物流服务的重要内容之一。从仓储的具体操作到对储存物资的管理控制,这些仓储活动过程应体现服务原则。简而言之,服务是贯穿仓储的一条主线。因此,仓储管理需要围绕着服务定位,包括直接的服务管理和以服务为原则的生产管理。

(4)均衡原则。仓储的服务水平与仓储的经营成本之间有着紧密的相关性,两者又相互对立,即服务水平高,成本则高。所以,仓储服务管理的目标就是追求低成本和高服务水平之间的平衡。根据企业业务所处的竞争阶段及行业中的地位，具体的仓储均衡策略包括：进入竞争时期可采用高服务低价格策略，不惜增加仓储成本；积极竞争时期可采用低成本实现高服务；稳定竞争时期可维持成本不变，提高服务水平；垄断竞争时期应保持服务水平，尽力降低成本；完全垄断时期应大幅降低成本。

4．作用

仓储管理是一个企业、部门或地区的物流系统中不可缺少的子系统。仓储管理可以在时间上协调原材料和产成品的供需，对供应起着缓冲和平衡的作用。企业或部门可以凭借仓储管理为客户在适当的时间和地点提供适当的产品，从而提高产品的时间效用和空间效用。仓储管理的重要作用主要表现在以下五个方面：

（1）整合产品。企业的一条产品线可能包括数千种不同的产品，而且这些产品可能分布在不同的工厂生产，企业可以根据客户的要求，先将产品在仓库中进行配套、组合、打包，然后送达各地客户，提高交货率。此外，对于使用原材料或零配件的企业来说，从供应仓库将不同来源的原材料或零配件配套组合在一起并整车运到工厂以满足需求也能降低成本。

（2）降低运输成本，提高运输效率。大规模运输和整车运输可以带来运输的经济性。在供应物流方面，企业从多个供应商小批量购买原材料并运至仓库，然后将其拼箱并整车运至工厂，可以大幅降低运输成本，提高运输效率；在销售物流方面，企业将各工厂的产品大批量运至市场仓库，然后依据客户的要求，小批量运至市场或客户，这种仓库作用除了拼箱装运，还可以按客户要求进行产品整合，开展增值服务。

（3）提高产品的时间效用。由于生产和消费之间或多或少地存在时间或空间上的差异，仓储可以调整均衡生产和集中消费或均衡消费和集中生产在时间上的矛盾，使物资在效用最高的时候发挥作用。

（4）支持企业的销售服务。仓库合理地靠近客户，使产品适时地到达客户手中，有利于提高客户满意度并扩大企业销售量。

（5）监督供应商和承运人。存储活动出现在再生产过程的各个领域和各个环节，既是上一过程的终点，也是下一过程的起点。仓库通过对到库物资进行验收，可以有效地监督供应商的产品质量和承运者的服务质量，拒绝不合格产品。

二、仓储管理的种类

仓储管理按照经营主体、仓储对象、仓储功能和经营方式等不同可划分为不同的类型。

1．按仓储经营主体及运作方式划分

按照仓储经营主体及运作方式划分，仓储管理可分为自有仓库仓储、租赁仓库仓储和第三方仓储。

自有仓库仓储又称自营仓库，是指由企业自己拥有并管理的仓库。自营仓储包括生产企业自营仓储和流通企业自营仓储。生产企业自营仓储是生产企业使用自有的仓库设施对生产使用的原材料、生产的中间产品和最终产品实施储存保管的管理活动过程。其储存对象单一，仅以满足生产为原则。流通企业自营仓储则是流通企业以其拥有的仓储设施对其经营的商品进行储存保管的行为，其储存对象种类较多，目的是支持销售。企业自营仓储行为不具有独立性，仅仅是为企业的产品生产或商品经营活动服务，一般不开展对外商业性仓储经营,相对来说,规模较小、数量多、专业性强、设施简单。

租赁仓库仓储是指通过签约占用发租人的仓库完成自身物品仓储保管的活动。租赁仓库的租金通常是根据企业在一定时期内租用的仓储空间的大小来收取的。从财务的角度来看,租赁仓库可以使企业避免自建仓库的资本投资和财务风险;租赁仓库不要求企业对其设施和设备做任何投资,企业只需支付相对较少的租金即可得到仓储空间。

第三方仓储是指企业将仓储活动转包给外部公司,由外部公司为企业提供综合仓储管理服务。仓储经营人和存货人通过订立仓储合同的方式建立仓储关系,并依据合同约定为服务对象提供仓储服务,同时收取仓储管理费用。这种方式属于商业营业的仓储管理,是面向社会的,与自营仓储相比其资源利用效率更高。

三种常见仓储方式各自的优缺点分别如表5-1、表5-2、表5-3所示。

表5-1　自有仓库仓储的优缺点

自有仓库仓储	优点	可以根据企业特点加强仓储管理;
		可以依照企业的需要选择地址和修建特需的设施;
		长期仓储时成本低;
		可以为企业树立良好的形象。
	缺点	存在位置和结构的局限性;
		企业的部分资金被长期占用。

表5-2　租赁仓库仓储的优缺点

租赁仓库仓储	优点	需要保管时,保证有场所;不需要保管时,不用承担仓库场地空闲的无形损失;
		降低管理的难度;
		不需仓库建设资金;
		可以根据市场需求的变化选择仓库的租用面积与地点。
	缺点	当货物流通量大时,仓库保管费与自营仓库相比较高;
		所保管的货物需遵守租赁仓库的各种限制规则。

表5-3　第三方仓库仓储的优缺点

第三方仓库仓储	优点	有利于企业有效利用资源;
		有利于企业扩大市场;
		有利于企业进行新市场的测试;
		有利于企业降低运输成本。
	缺点	对物流活动失去直接控制。

企业在选择仓储模式时通常依据的因素有成本、周转总量、需求的稳定性和市场密度等。一般情况下,企业在自有仓库仓储、租赁仓库仓储和第三方仓储之间作选择的时候优先考虑的是经济性,也就是会重点考虑成本和利润因素,然后再综合考虑其他因素。通常,存货周转量高,自营仓储更经济;存货周转量低,就近租赁仓库仓储或第三方仓储更为明智;稳定的周转量,自营仓储的运作更为经济。市场密度大有利于建自有仓库;市场密度较低,则在不同地方使用几个公共仓库要比一个自有仓库服务一个更大的地区更经济。

2. 按仓储对象划分

按照仓储对象可以将仓储管理划分为普通物品仓储管理和特殊物品仓储管理两种。

普通物品仓储管理不需要特殊保管条件,所需使用的设备和库房建造都很简单;其使用范围较广,具有一般性保管场所和设施,常温保管,自然通风,无特殊功能。一般的生产物资、生活用品及普通工具等杂货类物品不需要针对货物设置特殊的保管条件,只要采取无特殊装备的通用仓库或货场存放货物即可。

特殊物品仓储管理是指在保管过程中有特殊要求和需要满足特殊条件的物品的仓储,如危险物品的仓储管理、冷库仓储管理和粮食仓储管理等。特殊物品仓储管理一般采取专用仓储管理的方式,按照物品的物理、化学和生物特性,以及法规规定进行仓库建设和管理。这类仓储必须配备有防火、防爆和防虫等专门设备,其建筑构造和安全设施等均与普通物品仓储管理的要求不同。

3. 按仓储物的处理方式划分

按照仓储物的处理方式可以将仓储管理划分为保管式仓储管理和消费式仓储管理。

保管式仓储管理也称为纯仓储管理,是指以保管物保持原样不变为管理目标所进行的仓储管理活动。存货人将特定的物品交给保管人进行保管,到期时由保管人将货物原封不动地交还给存货人。保管物除了所发生的自然损耗外,在物品数量和质量方面均不允许发生变化。

消费式仓储管理指保管人在接受保管物的同时,也接受保管物的所有权,因此,保管人在仓储期间有权对仓储物行使所有权,在仓储期满时,保管人将相同品种和数量的替代物交还给委托人所进行的仓储管理方式。

4. 按仓储功能划分

按照仓储功能可以将仓储管理划分为储存仓储管理、物流中心仓储管理、加工型仓储管理、配送仓储管理、运输转换仓储管理和保税仓储管理等六种类型。

储存仓储管理又分为生产仓储管理和流通仓储管理。生产仓储管理为生产领域服务,主要是用来保管生产企业生产加工的原材料、燃料、在制品和待销售的产成品,包括原材料仓储管理、在制品仓储管理和成品仓储管理三种类型;流通仓储管理为流通领域服务,专门储存和保管流通企业待销售的产品,包括批发仓库管理和零售仓库管理两种类型。

物流中心仓储管理是为了实现有效的供应链物流管理,对物流的过程、数量和方向进行控制的仓储管理方式,具有品种少、一次进库及整体吞吐能力强的特点。

加工型仓储管理是产品保管和产品加工相结合的仓储管理活动,主要职能包括根据市场需求,对产品进行选择、分类、整理和更换等流通加工活动。

配送仓储管理是产品交付消费之前所进行的短期仓储,注重对物品存量的控制,具有物品品种繁多、批量小和分批少量出库的特点。

运输转换仓储管理是衔接不同运输方式的仓储管理方式,主要设置在生产地和消费地之间的交通枢纽地,如港口和车站等处设置的仓储管理点。运输转换仓储注重货物的周转量和周转率,具有货物大进大出和储存期限短等特点。

保税仓储管理是使用海关核准的保税仓库存放保税货物的仓储管理行为。保税仓储所储存的对象是暂时进境且还需要复运出境的货物,或经海关批准暂缓纳税的进口货物。保税仓储受到海关的直接监控,虽然所储存的货物由存货人委托保管,但是,保管人要对海关负责,入库单据和出库单据均需要海关签署。

第二节 库存与库存控制

一、库存与库存控制的含义

库存(Inventory)是指企业在生产及销售经营过程中为现在和将来的耗用或者销售而储备的资源,包括原材料、材料、燃料、低值易耗品、在产品、半成品、产成品等。《中华人民共和国国家标准物流术语》(GB/T18354-2006)中对库存的定义是指处于储存状态的物品。广义的库存还包括处于制造加工状态和运输状态的物品。本书认为库存是指企业用于今后生产、销售或使用的任何因需要而持有的所有物品和材料。

在《中华人民共和国国家标准物流术语》(GB/T18354-2006)中,对库存控制(即存货控制)的定义是"在保证供应的前提下,使库存物品的数量合理所进行的有效管理的技术经济措施"。

案例 5-1　　　　　　　　虎彩公司的库存控制之道

东莞虎彩公司在库存管理上根据实际业务发展方向,通过多种途径加快库存周转,实现合理库存,最终提升产品竞争力。

目前,虎彩的印刷原材料库存结构为:成品占45%,原材料占45%,半成品占2%,个性原材料占8%,其中原材料不良品约占4%。公司采取传统库存、供应商库存和联合库存三种管理方式:①常规库存采取传统库存管理方式。②部分生产性辅料如橡皮布、油墨、车间辅料采取供应商寄售的方式,使用时再作转账出仓处理,这种方式的优势是每年减少库存占用金额约730万元,并且交货次数减少、库存成本降低、缺货情况减少;劣势则表现为,增加库存占用空间,供应商需定期盘点。③对与两家长期固定合作的加工商采取联合库存管理,使用SAP系统设置对应仓位,方便物料调配,供应商直接供货到加工商仓库,减少发外运输成本,提高库存周转效率。

针对传统库存管理方式,公司进行了局部改进和完善。改善前:所有原材料及机器零配件采用集中封闭式管理,库存摆放不规范,区域区分不明确,仓管员工作强度大,车间领料效率低,且库存备料大,容易产生呆滞库存;改善后:以生产车间及领料部门为中心,分区域划分库存,物料分类别上货架摆放并定点定置,其中胶膜及手工辅料转换为现场开放式库存管理,即物料存放在生产车间指定的现场,库存周转空间及发货效率得以提高,库存面积较之前减少了约800平方米,车间人员的领料时间节省了60%,同时车间指定相关负责人与仓管员对现场共同进行维护,确保现场物料摆放有序达到5S现场管理要求,车间领料人员需严格遵守领料流程,先开领料单给仓库方可领料,仓管员需每周定期盘点,确保账实相符。

原材料库存每月依据以下几点进行需求预测:①正常订单需求和生产要求,提前两周下单给供应商,供应商需提前三天左右发货,大宗物料按JIT要求按单、按量、按时配送;

② 常规通用物料，如包装物料，每月会按常规需求备安全库存；③ 原材料备料，在营销部门接到客户订单计划时，计划部门会按需求提前45—60天左右备料，这些备料主要是采购周期长、有特殊要求的纸张、油墨、电化铝等。

合理的库存控制策略能提高企业库存管理效率，及时发现并促使部门间相互配合解决问题。现在很多企业都加大对库存的管控，值得注意的是，提高库存管理水平并非一味地降低库存量。造成库存高低的原因有多种，如市场供需价格走势、企业库存战略、整体运作水平等，企业应协调各方各面，达到最优平衡点。

（资料来源：秦波. 虎彩公司的库存控制之道[J]. 印刷工业，2014.07）

二、基本的库存管理策略

库存管理可以从库存计划策略、库存物品分类管理策略和库存量决策模型等方面进行。

（一）库存计划策略

1. 定期订货策略

（1）基本原理。定期订货策略是按预先确定的订货时间间隔按期进行订货，以补充库存的一种库存控制方法。其基本原理是：预先确定一个订货周期和最高库存量，周期性地检查库存，根据最高库存量、实际库存量、在途订货量和待出库商品数量，计算出每次订货批量，发出订货指令，组织订货，如图5-1所示。在实施定期订货法之前，预先确定好订货周期T和最高库存量Q_m。当时间到达A点时，周期开始，检查库存，进行盘点，确定订货量为$Q_1 = Q_m - R$，而后发起订货，进入第一周期的订货提前期L_1。当提前期结束时，库存水平降低到最低点，刚好达到安全库存S。这时，所订货物到达，实际库存量上升至D点（最高点）。再经过一个固定的订货周期T，时间到达B点，又开始检查库存，发出订货量Q_2，经过第二周期的提前期L_2。如此周期循环，按照固定的周期不断补给。

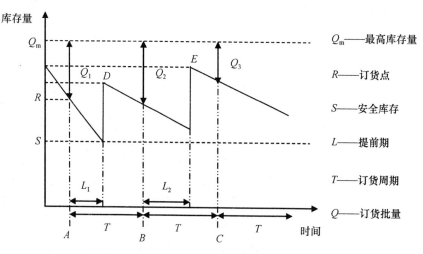

图5-1 定期订货法策略

> **知识链接**
>
> 安全库存（Safety Stock，SS）也可称为安全存储量、保险库存，是指为了防止不确定性因素（如大量突发性订货、交货期突然提前、临时用量增加、交货误期等特殊原因）而预计的保险储备量（缓冲库存）。安全库存用于满足提前期需求，在给定安全库存的条件下，平均存货可用订货批量的一半和安全库存来描述。安全库存的确定是建立在数理统计理论基础上的，安全库存越大，出现缺货的可能性越小；库存越大，越会导致剩余库存的出现。

（2）实施关键点。实施关键点如下所示：

第一，订货周期的确定。定期订货的订货周期 T 即订货点，其间隔期的长短直接决定着库存水平的高低，也就是最高库存量的大小，从而决定库存成本的多少。因此，订货周期不能太短，否则会增加订货次数，使订货费用增加，从而增加库存总成本；订货周期也不能太长，否则在年度总需求一定的情况下，订货次数虽然减少了，但是每次订货量增加了，从而使库存成本增加。从费用角度考虑，可以采用经济订货周期的方法来确定订货周期，并结合供应商的生产周期或供应周期来调整订货周期，从而确定一个合理可行的订货周期。

第二，最高库存量的确定。定期订货法的最高库存量 Q_m 应该满足订货周期 T、提前期 $\bar{L}$ 和安全库存 S 三方面的需求，计算公式为：

$$Q_m = \bar{d}(T + \bar{L}) + S$$

式中：Q_m——最高库存量

$\bar{d}$——（$T + \bar{L}$）期间对库存物品的平均需求量

T——订货周期

$\bar{L}$——平均订货提前期

S——安全库存量

其中，安全库存量的设定，需考虑库存物品的需求特性、客户的重要性和保证供货的概率等因素。

第三，订货量的确定。订货量即库存补充量，每次的订货量通常是不一样的，它与每次订货时的现有库存量、在途到货量和待出库销货量有关，计算公式为：

订货量 = 最高库存量 - 现有库存量 - 在途到货量 + 待出库销货量

2. 定量订货策略

（1）基本原理。定量订货策略是指当库存量下降到预定的最低库存量（订货点）时，按规定数量（一般以经济批量 EOQ 为标准）进行订货补充的一种库存控制方法。其基本原理是：预先确定一个订货点和订货批量，每天检查库存，当库存量下降到订货点时，立刻按预先确定的订货量发出订购单，经过交纳周期，收到货物，库存水平上升。在需求稳定的前提下，定量订货法库存量变化情况如图 5-2 所示。

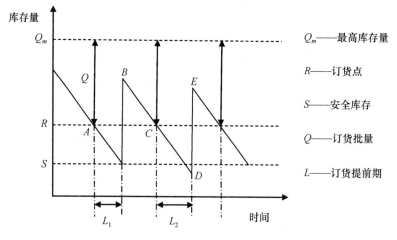

图 5-2 定量订货策略

在实施定量订货法之前,预先确定订货点 R 和订货批量 Q。假设在第一个出库周期,随着时间的推移,库存量以稳定的速度下降到 A 点,库存量达到订货点 R,系统发出订货信息,订货批量为固定值 Q。接着进入订货提前期 L_1,在提前期 L_1 结束时,库存水平下降到最低点,恰好达到安全库存 S。此时,所订货物批量到达,实际库存量上升至 B 点,进入第二个出库周期。由于需求稳定,库存量在第二个周期内仍以固定的速度下降,当到达 C 点时,系统发出订货信息,订货批量仍为 Q。随后进入订货提前期 L_2,由于需求不变,提前期 L_2 时间变长,在 L_2 结束时,库存水平下降到最低点 D 点,库存量低于安全库存 S。此时,所订货物批量到达,实际库存量上升到 E 点,又进入下一个出库周期。如此反复循环下去。

(2) 实施关键点。实施关键点如下所示:

第一,订货点的确定。定量订货的订货点即订购点,是指当库存量下降到必须再次订货时仓库里保有的实际库存量,它是直接控制库存水平的关键。订货点要适中,如果过高,则新旧物资混合在一起,使得库存量过高;如果过低,则导致缺货,影响销量。根据订货提前期、日均需求量和安全库存量可以确定其订货点,计算公式为:

$$R = \frac{D}{365} \times L + S$$

式中: R ——订货点

D ——库存物品的年需求量或年需求率

L ——订货提前期

S ——安全库存量

其中,安全库存量是为了满足因需求变动和提前期变动等不确定性因素而增加的库存需求量,以保证供应正常。

第二,订货批量的确定。订货批量是指一次订货的数量,直接影响着库存量的高低和物资供应的满足程度。订货批量太小,虽然能够降低库存量,但是难以保证满足客户的需求,可能导致缺货损失;订货批量太大,虽然能够充分满足客户的需求,但会造成库存量过高,使得库存费用增加,进而增加库存成本。为了确定一个合理的订货批量,通常采用的是经济订货批量。

3. 定期订货策略与定量订货策略的区别

定期订货策略与定量订货策略在订货时间、数量、库存检查等方面不尽相同,如表 5-4 所示。

表 5-4　定期订货策略与定量订货策略的区别

名称	定期订货策略	定量订货策略
订货时间	订货周期固定	订货周期不固定
订货数量	订货量不固定	订货批量固定
库存检查	在订货周期到来时检查库存	随时检查库存并作记录
订货成本	较低	较高
订货对象	B 类、C 类物品	A 类物品,有时 B 类物品也可采用
订货种类	多品种统一订购	每种物品单独订购
缺货情况	在整个订货周期内及订货提前期内均有可能发生缺货	只在已订货但货物还未收到的订货提前期内发生缺货

(二) 库存物品分类管理策略

常用的库存物品分类管理策略有 ABC 分类法与 CVA 管理法,两种方法的基本思想都是区别对待不同的货物,在管理中做到突出重点,以有效地节约人力、物力和财力。

1. ABC 分类法

ABC 分类法又称为 ABC 分析法、ABC 库存控制技术,它是以某类库存物品品种数占总的物品品种数的百分比和该类物品金额占库存物品总金额的百分比大小为标准,将库存物品分为 A、B、C 共三类,进行分级管理。ABC 分类管理法简单易行,效果显著,在现代库存管理中已被广泛应用。

ABC 分类法就是将库存物品按重要性程度分为特别重要的库存(A 类库存)、一般重要的库存(B 类库存)和不重要的库存(C 类库存)三个等级,然后针对不同的级别分别进行管理和控制。

简单来说,ABC 分类法可以按以下步骤进行:首先将物品按其库存额从大到小进行排序,并算出总库存额;然后计算累计库存额占总库存额的百分比;最后按累计库存百分比划分 A、B、C 类。

A 类物品:累计百分数为 5%—15%,平均资金占用额累计百分数为 60%—80%;

B 类物品:累计百分数为 20%—30%,平均资金占用额累计百分数为 20%—30%;

C 类物品:累计百分数为 60%—80%,平均资金占用额累计百分数为 5%—15%。

仓库中保管的货物一般品种繁多,有些货物的价值较高,对于生产经营活动的影响较大,或者对保管的要求较高。而另外一些品种的货物价值较低,保管要求不是很高。如果对每一种货物都采用相同的保管方法,可能投入的人力、物力就会很多,而效果却是事倍功半,所以应根据不同的物品进行分类并采用不同的管理控制策略,具体实施如表 5-5 所示。

表 5-5　库存 ABC 分类及其管理控制策略

类型	特点	管理控制策略
A	品种数约占库存总数的 5%—15%,成本约占 60%—80%。	进行重点管理。现场管理要更加严格,应将其放在更安全的地方;为了保持库存记录的准确,要经常进行检查和盘点;预测时要更加仔细。
B	品种数约占库存总数的 20%—30%,成本约占 20%—30%。	进行次重点管理。现场管理不必投入比 A 类更多的精力;库存检查和盘点的周期可以比 A 类要长一些。
C	成本也许只占总成本的 5%—15%,但品种数也许占库存总数的 60%—80%。	只进行一般管理。现场管理可以更粗放一些,但是由于品种多,差错出现的可能性也比较大,因此也必须定期进行库存检查和盘点,周期可以比 B 类长一些。

2. 关键价值分析法

有些公司发现 ABC 分类法在实际应用中不尽如人意,因为 C 类物资往往得不到应有的重视,如汽车制造厂商会把螺丝列为 C 类物资,但缺少一个螺丝往往会导致整个生产链的停工。关键价值分析法(Critical Value Analysis,CVA)的基本思想是把存货按照其关键性分为最高优先级、较高优先级、中等优先级、较低优先级四类,较之 ABC 分类法有着更强的目的性。针对四类优先级的物资可采用不同的库存管理措施,如表 5-6 所示。

表 5-6　库存 CVA 分类及其库存管理策略

库存类型	特点	库存管理策略
最高优先级	经营管理中的关键物品	不许缺货
较高优先级	生产经营中的基础性物品	允许偶尔缺货
中等优先级	生产经营中比较重要的物品	允许合理范围内缺货
较低优先级	生产经营中需要,但可替代的物品	允许缺货

(三) 库存量决策模型

1. 期望值模型

实际库存问题中有些产品,如生鲜、水果等,过期就无法销售了,为了满足对此类产品的需求只能一次次地作订购决策。销售出去的产品能够获得利润,而销售不出去的产品则会带来损失。因此,需要知道这种一次性订单到底应该有多大。

销售一单位产品所获得的单位收益为:利润 = 单位价格 − 单位成本

一单位产品销售不出去所产生的单位损失为:损失 = 单位成本 − 单位残值

在此类问题的库存模型中,订货费用一次性投入,为沉没成本,与决策无关。库存费用也视为沉没成本,所以,只考虑超储成本和机会成本。

订货批量 > 实际需求时,发生超储成本(陈旧成本),对超出部分要降价处理或报废处理;

订货批量 < 实际需求时,发生缺货成本(机会成本),由于丧失销售机会,产生损失。

(1) 期望损失最小法。比较不同订货批量下的期望损失,取期望损失最小的订货量作为最佳订货量。

$$E_L(Q) = \sum_{d>Q} C_u(d-Q)p(d) + \sum_{d<Q} C_o(Q-d)p(d)$$

其中:单位超储成本 $C_o = C - S$;单位缺货成本 $C_u = P - C$。

式中:P——单价

Q——订货量

d——需求量

C——单位成本

$p(d)$——需求量为 d 时的概率

S——预定时间卖不出去的售价

例 5-1 某种产品进价为 $C = 60$ 元,售价为 $P = 90$ 元。若一个月内卖不出去,则每月按 $S = 40$ 卖出。则该商店该进多少产品?该产品每个月的需求量的概率如表 5-7 所示。

表 5-7 产品每个月的需求量的概率

需求量	0	10	20	30	40	50
概率	0.05	0.15	0.2	0.25	0.2	0.15

解 当 $d > Q$ 时,机会成本 $C_u = P - C = 90 - 60 = 30$(元);

当 $d < Q$ 时,超储成本 $C_0 = C - S = 60 - 40 = 20$(元);

当 $Q = 0$ 时,$E_L(Q) = [30 \times (10 - 0) \times 0.15 + 30 \times (20 - 0) \times 0.2 + 30 \times (30 - 0) \times 0.25 + 30 \times (40 - 0) \times 0.2 + 30 \times (50 - 0) \times 0.15] = 855$(元);

当 $Q = 10$ 时,$E_L(Q) = [20 \times (10 - 0) \times 0.05] + [30 \times (20 - 10) \times 0.20 + 30 \times (30 - 10) \times 0.25 + 30 \times (40 - 10) \times 0.20 + 30 \times (50 - 10) \times 0.15] = 580$(元);

当 $Q = 20$ 时,$E_L(Q) = 380$(元);

当 $Q = 30$ 时,$E_L(Q) = 280$(元);

当 $Q = 40$ 时,$E_L(Q) = 305$(元);

当 $Q = 50$ 时,$E_L(Q) = 430$(元)。

由各种订货量下的损失值可以判断,在 $Q = 30$ 时期望损失最小,因而最佳订货量 Q^* 即为 30。

(2)期望利润最大法。比较不同订货量下的期望利润,取期望利润最大的订货量作为最佳订货量。

$$E_p(Q) = \sum_{d < Q} [C_u d - C_0(Q - d)] P(d) + \sum_{d > Q} C_u Q_p(d)$$

此时,C_u 代表销售单件产品获得的利润,其他同上。

例 5-1 中,当 $Q = 30$ 时,

$E_p(Q) = [30 \times 0 - 20 \times (30 - 0)] \times 0.05 + [30 \times 10 - 20 \times (30 - 10)] \times 0.15$
$+ [30 \times 20 - 20(30 - 20)] \times 0.2 + [30 \times 30 - 20 \times (30 - 30)] \times 0.25$
$+ [30 \times 0.20 + 30 \times 0.15] \times 30 = 575$ 元

同理,可以计算出其他订货量下的利润值,选取使利润最大的订货量即为最佳订货量。

2. 经济订货批量模型(EOQ)

(1)EOQ 基础模型。模型假设:需求速度是恒定的,单位时间内产品需求为 D 件;订货

批量固定在每次订货 Q 件,也就是说,每次仓库向供应商订购 Q 件产品;仓库每次订货都会发生一个固定的订货成本 C_0;库存产品放在仓库中保管时会发生库存持有成本,h 是每单位产品存放单位时间的库存持有成本;提前期(发出订单到收到货物的时间)为 0;初始库存量为 0;计划期无限长。库存总成本记为 C,则

$$C = \frac{C_0 D}{Q} + \frac{hQ}{2}$$

应用微积分对上式求导,可以得出使成本最小所对应的订货量:

$$Q^* = \sqrt{\frac{2C_0 D}{h}}$$

例 5-2 某企业对某种产品的年度需求量为 3 000 单位,订货费用为每次 60 元,库存持有成本为 9 元/件,求 EOQ。

解 $Q^* = \sqrt{\dfrac{2C_0 D}{h}} = \sqrt{\dfrac{2 \times 60 \times 3\,000}{9}} = 200(件)$

(2) EOQ 模型的调整。EOQ 的假设条件使得其适用性大打折扣,在实际应用中还必须考虑其他一些因素,如在存在运费折扣和批量折扣的情况下,EOQ 可能就不是最优批量了,要根据折扣的情况来综合考虑最终要订货的数量。

第一,大批量时运费存在折扣:一般来说,一次订货的批量越大,单位运输成本就越低。在卡车运输和铁路运输中,大批量装运存在运费折扣是很普遍的现象。于是,在其他条件都相同的情况下,企业希望以最经济的运输批量来进行购买,此时最优的订货数量也许会大于用 EOQ 方法所确定的订货批量。

例 5-3 某企业对某种产品的年度需求量为 4 000 单位;每单位成本为 5 元;存货持有成本百分比为 20%;订货成本为 20 元;小批量装运的费率为 1 元/单位;大批量装运的费率为 0.8 元/单位。

根据上述已知条件可计算出经济订货批量为 400 单位。

此时的总成本 = 存货持有成本 + 订货成本 + 运输成本 = 200 + 200 + 4 000 = 4 400(元)。

当 Q = 500 单位时,计算的总成本 = 250 + 160 + 3 200 = 3 610(元)。

比较上面的结果可以看出 500 单位要比 400 单位节约 790 元的成本,因此在存在运费折扣的情况下通常最经济的订货批量不是 EOQ 算出的结果。

第二,大批量时产品本身存在价格折扣:在批量折扣的情况下,企业按照与给定的数量有关的价格计算总成本,以确定相应的订货量。如果按照折扣数量订购所获得的成本降低足以弥补增加的库存成本,那么数量折扣就是一个可行方案。

例 5-4 某公司每年需采购某种产品 1 000 件。该产品的订货成本为 20 元,单位储存成本为每年 4 元,已知:当订货范围在 1—49 之间的时候,执行单价 24 元/件;当订货范围在 50—79 之间的时候,执行单价 22 元/件;当订货范围在 80—99 之间的时候,执行单价 20 元/件;当订货范围在 100—119 之间的时候,执行单价 18 元/件;当订货范围在 120 以上的时候,执行单价 16 元/件。

解 根据已知条件,可计算得到 EOQ = 100 件。

此时的总成本 $C(100) = 1\,000 \times 18 + (1\,000/100) \times 20 + (100/2) \times 4 = 18\,400(元)$。

当享受比 EOQ 订货量更低的价格优惠时,最低订货量是 120 件,此时:

$$C(120) = 1\,000 \times 16 + (1\,000/120) \times 20 + (120/2) \times 4 = 16\,407(元)。$$

通过比较总成本发现,订购 120 件要比 EOQ 算得的 100 件更经济,因此,最佳订货批量是 120 件。

三、供应链库存管理策略

在传统的库存管理策略中,供应链各节点企业为了应对供需的不确定性,不可避免地持有库存,通常导致库存的重复设置。在供应链管理环境中,应加强上下游企业的合作,实时信息共享,降低供需的不确定性,以信息代替库存,从根本上解决供应链系统库存量居高不下的问题,进而减少资金占用,降低库存成本,提升供应链系统的竞争力。

供应链库存管理策略主要包括供应商管理库存、联合库存管理、协同计划预测与补货等。

1. 供应商管理库存

(1) 基本概念。供应商管理库存(Vendor Managed Inventory,VMI)在《中华人民共和国国家标准物流术语》(GB/T18354-2006)中的定义是:"按照双方达成的协议,由供应链的上游企业根据下游企业的物料需求计划、销售信息和库存量,主动对下游企业的库存进行管理和控制的库存管理方式。"其核心思想是供应商在用户的允许下设立库存,确定库存水平和补给策略,拥有库存控制权。

> **知识链接**
>
> 物料需求计划(Material Requirements Planning,MRP)是以物料计划人员或存货管理人员为核心的物料需求计划体系,根据总生产进度计划中规定的最终产品的交货日期,编制构成最终产品的装配件、部件、零件的生产进度计划、对外的采购计划、对内的生产计划。

(2) 特点。VMI 是建立在供应商和用户之间战略伙伴关系基础上的供应链库存管理策略,供需双方都变革了传统的独立预测需求的模式,不仅可以最大限度地降低需求预测的不确定性,降低供应链系统的库存水平,加速资金的周转,降低供应链系统的成本,同时还可以为用户提供更高水平的服务,实现"双赢"。上游企业通过共享下游企业的需求与库存的信息,更有效地制订销售计划和生产计划,协调其生产经营活动。供应商完全拥有并管理用户库存,直到物品出货。

(3) 实施步骤。VMI 策略的实施可以分为以下几个步骤:

第一,建立客户信息系统。要有效地管理销售库存,供应商必须能够获得客户的相关信息。通过建立客户的信息系统,供应商可以掌握需求变化的有关情况,把由批发商(分销商)进行的需求预测与分析功能集成到供应商的系统中来。

第二,建立销售网络管理系统。供应商要更好地管理库存,必须建立起完善的销售网络管理系统,确保自己产品的需求信息和物流畅通。因此,必须做到:保证自己产品条码的可读性和唯一性;解决产品分类、编码的标准化问题;解决商品存储运输过程中的识别问题。

第三,建立供应商与批发商(分销商)的合作框架协议。供应商和批发商(分销商)共同协商,确定订单处理业务的流程及与库存控制有关的参数(如再订货点、最低库存水平等)、库存信息的传递方式(如 EDI 或 Internet 等)。

第四,变革组织机构。由于 VMI 策略改变了供应商的组织模式,所以变革组织机构十分重要。引入 VMI 策略后,订货部门产生了一个新的职能,即负责控制用户的库存、库存补给和服务水平。

2. 联合库存管理

(1) 基本概念。联合库存管理(Joint Managed Inventory,JMI)是指由供应链成员企业共同制订库存计划,并实施库存控制的供应链库存管理方式。JMI 是建立在 VMI 的基础上发展起来的,强调供应链节点企业同时参与,共同制订库存计划并实施库存控制,使各成员企业从相互之间的协调性考虑,使各节点的库存管理者对需求的预测达到一致,从而有效地遏止"牛鞭效应"。它体现了供应链战略联盟的新型企业合作关系,强调了供应链成员之间的互利与合作。

(2) 特点。JMI 的特点主要体现在以下五个方面:

第一,核心企业通过对各种原材料、零部件和产成品库存实施有效控制,优化了供应链库存管理运作程序。

第二,JMI 把供应链系统管理进一步集成为上下游两个协调管理中心,通过协调管理中心,供需双方共享需求信息,从而提高了供应链运作的稳定性。

第三,简化供应链库存层次结构,降低供应链系统的库存数量及库存成本,减少物流环节,优化运输路线,降低物流运作成本,提高供应链的运营效率。

第四,为实现零库存管理、JIT 采购及精益供应链管理创造了条件。

第五,进一步体现了供应链管理的资源共享和风险分担的基本原则。

(3) 实施策略。实施策略体现在以下三个方面:

第一,建立供需协调管理机制。为了发挥 JMI 的作用,供需双方应从合作的精神出发,建立供需协调管理机制。通过相互的协调作用,明确各自的目标和职责,建立联合库存的协调控制方法,建立信息沟通的渠道或系统,建立双方利益的分配和激励机制,为供应链的联合库存管理提供有效的机制。协调的管理机制是进行有效的联合库存管理的前提。

第二,建立快速响应系统。该系统的目的在于减少供应链中从原材料到用户过程的时间和库存,最大限度地提高供应链的运作效率。它需要供需双方密切合作以建立协调库存管理中心,这将有助于快速响应系统发挥更大的作用。

第三,充分发挥两种资源计划系统的作用。为了充分发挥 JMI 的作用,在供应链库存管理中应充分利用目前比较成熟的两种资源管理系统:制造企业资源计划系统(Manufacturing Resource Planning,MRP Ⅱ)和配送需求计划(Distribution Requirement Planning,DRP)。原材料库存协调管理中心宜采用 MRP Ⅱ,而在产品联合库存协调管理中心则宜采用 DRP,这样就能更好地把两种资源计划系统结合在一起了。

> **知识链接**
>
> DRP 是流通领域中的一种物流技术,是 MRP 在流通领域应用的直接结果。
>
> MRP II 是对制造业企业的生产资源进行有效计划的一整套生产经营管理计划体系,是一种计划主导型的管理模式。

第四,充分发挥第三方物流企业的作用。第三方物流企业(3PL)是供应链集成的一种技术手段,企业把库存管理的部分功能外包给第三方物流企业管理,不仅有利于企业降低成本,获得一流的物流服务水平,还有助于企业集中精力于自己的核心业务,提升市场竞争力。

3. 协同计划预测与补货

(1) 基本概念。协同计划预测与补货(Collaborative Planning Forecasting and Replenishment,CPFR)是一种协同式的供应链库存管理技术,是在协同预测补货(Collaborative Forecast And Replenishment,CFAR)系统的基础上,进一步推动共同计划的制订,即合作企业不仅实行共同预测和补货,同时还参与原来属于各企业内部事务的计划工作。它能在降低销售商库存量的同时,增加供应商的销售量。CPFR 采用了双赢的原则,始终从全局的角度考虑,制定统一的管理目标和实施方案,以库存管理为核心,兼顾供应链上其他方面的管理,能够在合作伙伴之间实现更加深入的合作。

(2) 特点。CPFR 提供覆盖整条供应链的合作过程,最大的优势是能及时、准确地预测由各项促销措施或异常变化引起的销售高峰和波动,从而使销售商和供应商都能做好充分的准备,赢得主动权。其特点主要表现为:① 供应链成员企业之间的协同;② 面向客户需求的合作框架;③ 整体规划;④ 基于销售预测报告制订生产计划;⑤ 消除供应过程中的约束;⑥ 充分考虑补货问题。

(3) 实施流程。CPFR 的实施流程可以分为计划、预测和补货三个阶段,共包括了九个主要步骤:

第一,供应链达成前端协议。供应链合作伙伴包括零售商、分销商和制造商等为合作关系建立方针和规则,共同达成一个通用业务协议,包括合作的全面认识、合作目标、机密协议、资源授权、合作伙伴的任务和绩效的检测。

第二,创建联合业务计划。供应链合作伙伴间相互交换战略和业务计划信息,在联合业务计划上开展协作。合作伙伴首先创建合作伙伴战略,然后定义分类任务、目标和策略,并建立合作项目的管理框架(如订单最小批量、交货期、订单间隔等)。

第三,创建销售预测。用销售数据来创建和支持联合业务计划的销售预测。

第四,确认销售预测的例外情形。识别分布在销售预测约束之外的项目,每个项目的例外准则需要在第一步中得到认同。

第五,销售预测例外的解决。通过查询共同数据库、电子邮件、电话、交谈和会议等协商解决销售预测的例外情况,并将产生的变化提交给第三步的销售预测环节。

第六,创建订单预测。整合 POS 的数据、因果关系信息和库存策略,产生一个支持共享销售预测、共同业务计划的订单预测和联合业务计划的详细订单预测;提出时段性的实际需求数量,并通过产品接收地点反映库存策略。

第七，确认订单预测的例外情形。该步骤确定什么项目处于买卖双方联合制定的订单预测例外标准的约束之外。

第八，订单预测例外项目的解决。通过调查研究、沟通解决，将产生的变化提交给第六步的订单预测环节。

第九，订单产生。将订单预测转换为可承诺的订单，订单产生可由制造商或者分销商根据能力和系统资源来完成。

本章小结

1. 仓储管理就是对仓库内的物资所进行的管理，是仓储机构为了充分利用其所拥有的仓储资源提供高效的仓储服务所进行的计划、组织、控制和协调的过程。
2. 库存是指企业用于今后生产、销售或使用的任何因需要而持有的所有物品和材料。
3. 库存控制是在保证供应的前提下，使库存物品的数量合理所进行的有效管理的技术经济措施。
4. 供应链库存管理策略主要包括供应商管理库存、联合库存管理、协同计划预测与补货等。

练习题

1. 名词解释

仓储　　　　　　　库存　　　　　　　ABC 分类法　　　　关键价值分析法
经济订货批量模型　供应商管理库存　　联合库存管理　　　协同计划预测与补货

2. 简答题

（1）仓储与库存有什么区别？
（2）仓储管理的作用有哪些？
（3）基本的库存管理方法有哪几种？
（4）供应商管理库存的实施有哪几个步骤？
（5）联合库存管理有什么优点？

3. 论述题

（1）仓储管理的种类有哪些？
（2）阐述自有仓库仓储和租赁仓库仓储的优缺点。
（3）定期订货法与定量订货法的区别是什么？

4. 计算题

（1）某企业对 A 物品的年需求量为 1 200 件，每件物品年平均储存成本为 2 元，每次订购成本为 300 元，求经济订货批量。

（2）某商业企业 2014 年销售某种商品 36 万件，该商品单位成本为 100 元，每件年储存成本为 2 元，每次订货成本为 2 500 元，每天到货 3 000 件，每天销售 1 000 件。试求：① 该商品的经济订货批量为多少；② 若一次购入商品超过 4 万件，价格可以优惠 5%，则最佳经济批量又为多少。

扩展阅读　　　　　　　　　　　　现 代 仓 储

现代仓储是以满足供应链上下游的需求为目的,依托仓库设施与信息技术对物品的进出、库存、加工、包装、分拣、配送及其信息进行有效计划、执行和控制的物流活动。

现代仓储有四大基本特征:① 动态管理。传统仓储主要是对仓库与货物的静态管理,存储的货物越多越好;现代仓储是对商品的动态管理,核心是控制商品库存,存储的商品越少越好,商品进出仓库的频次越多越好、速度越快越好。② 增值服务。传统仓储的服务功能单一,主要就是仓储管理;现代仓储服务则具有多功能、一体化、增值化的特点。③ 机械化与自动化作业。传统仓储以手工作业为主,现代仓储以机械化作业为主,兼有自动化作业。④ 信息化管理。传统仓储管理是台账+垛卡;现代仓储是运用电脑信息系统(WMS)。

现代仓储的经营业态主要有:① 公共仓储(服务类仓储),自建或租用仓库、为广大工商企业提供仓储管理及其增值服务。② 自助仓储,将不同规格的仓间出租给消费者个人或中小企业,并提供环境与安全保障,由客户自行管理仓间内物品。③ 仓库租赁(地产类仓储),自建仓库并提供仓库租赁及相关服务,不提供仓储服务。④ 金融仓储(国内习惯称为"动产质押监管",国外称为"担保品管理"),公共仓储企业或担保品管理企业受贷款机构委托,对担保存货实施的监管或监控活动。

(资料来源:http://www.shangbao.net.cn/epaper/gjsb/252555.html)

第六章

物流运输与配送管理

教学要点

知识要点	掌握程度	相关内容
运输及运输方式	掌握	运输的概念 运输的功能 常见的运输方式
运输决策方法	重点掌握	运输决策的内容和意义 运输方式选择的影响因素 不合理运输的几种类型 运输方式选择原则 运输方式的选择方法 运输路线的选择方法
配送及配送模式	了解	配送的概念 配送的功能 配送的作用 配送模式及其特点

导入案例

沃尔玛的合理化运输

沃尔玛是目前世界上最大的商业零售企业,在物流运营过程中,最大化地降低成本是其经营成功的秘诀。在中国,沃尔玛公司百分之百地采用公路运输,如何降低卡车运输成本是沃尔玛物流管理面临的一个重要问题,为此其主要采取了以下措施:

（1）沃尔玛使用一种尽可能大的卡车,大约有16米加长的货柜,比集装箱运输卡车更长或更高。沃尔玛把卡车装得非常满,产品从车厢的底部一直装到最高,这样有利于节约成本。

（2）沃尔玛的车辆都是自有的,司机也是公司的员工。对于运输车队来说,保证安全是节约成本最重要的环节。

（3）沃尔玛采用全球定位系统对车辆进行定位,调度中心在任何时候都可以知道这些车辆在什么地方,离目的地有多远,还需要多长时间才能运达。

（4）沃尔玛连锁商场的物流部门实行24小时工作制,无论白天还是晚上都能为卡车及时卸货。另外,沃尔玛的运输车队还利用夜间进行运输,从而做到了当日下午进行集货,夜间进行异地运输,翌日上午即可以送货上门,保证在15—18个小时内完成整个运输过程。

（5）沃尔玛的卡车把产品运输到商场后,商场可以把它整批卸下来,而不用对每个产品逐个检查,这样可以节省大量时间和精力,加快了沃尔玛物流的循环过程,从而降低了物流成本。

（6）沃尔玛的运输成本比供货商自己运输产品要低。所以供货商也使用沃尔玛的卡车来运输货物,从而实现了把产品从工厂直接运送到商场,大大降低了产品流通过程中的仓储成本和转运成本。

沃尔玛的集中配送中心把上述措施有机组合在一起,作出了一个最经济合理的安排,从而使沃尔玛的运输车队能以最低的成本进行高效率的运行。

（资料来源：http://www.56products.com/News/2014-12-2/62E96788D216306339.html）

第一节　运输及运输方式

一、运输的概念

运输是人或货物借助运输工具实现在空间上的移动或位移。物流运输则专指"货物"的载运及输送,它是在不同的地域范围间,以改变"物"的空间位置为目的的活动。《中华人民共和国国家标准物流术语》中对运输的定义是："用设备和工具,将物品从一地点向另一地点运送的物流活动,其中包括集货、分配、搬运、中转、装入、卸下和分散等一系列操作。"

二、运输的功能

1. 产品转移

运输的主要功能就是实现产品在价值链中的来回移动,无论产品是处于哪种形态,是材料、零部件、装配件、在制品还是制成品,也不管是在制造过程中还是更接近最近的客户,运输都是必不可少的。

运输的主要目的是以最少的时间、最低的财务和环境资源成本,将产品从原产地转移到规定地点。既然运输利用的是时间资源、财务资源和环境资源,那么,只有当它确实提高产品价值量时,该产品的移动才是必要的。此外,产品转移所采用的方式必须能满足客户有关交付履行和装运信息的可行性等方面的要求。

2. 产品储存

运输可以实现对物品进行临时储存的职能。当物品被装在运输工具上时,实际上已经被储存起来了。这里存在两种情况:第一种情况是,当运输中的物品需要储存,短时间内还将再次运输,而卸货和装货的费用可能会超过储存在运输工具中的费用时,就可以考虑将运输工具作为物品暂时的储存地点;第二种情况是,当仓库的空间有限时,也可考虑选择利用运输工具作为物品暂时的储存地点。尽管用运输工具作为物品储存地点的成本较高,但如果考虑了装卸成本或储存能力受限等因素,从总的物流成本或完成运输任务的角度来看,可以合理地利用运输系统来完成物品短期库存的任务。

三、常见的运输方式

目前比较常见的运输方式有五种:水路运输、公路运输、铁路运输、航空运输和管道运输。

1. 水路运输

水路运输是以船舶为主要运输工具,以港口或港站为运输基地,以水域包括海洋、河流、湖泊为运输活动范围的一种运输方式。水路运输因为具有装载量大、成本低等优势,至今仍是世界许多国家最重要的运输方式之一。自 20 世纪 80 年代以来,我国的水运货物周转量已逐渐上升到各种运输方式的第一位,是干线运输的主要动力。如今,水路运输已经成为交通运输系统中的重要组成部分,在整个交通运输系统中起着巨大的作用。

水路运输的基础设施主要是航道和港口设施(如港池、泊位、装卸系统、货场和信号设施等),如图 6-1 所示。水路运输的工具主要是担负水上运输各种货物任务的货船。货船分为杂货船、散货船、集装箱船、滚装船、油船、液化气船、冷藏船等。

图 6-1 水路运输的基础设施

水路运输的特性主要体现在以下六个方面：

（1）运输能力大。由于船舶供货物运输的舱位及载重量大，因此水路运输的能力最强。在长江干线，一只拖驳或推驳队的载运能力超过万吨。而现有的超大型油轮，每次运载的原油数量高达56万吨。

（2）运输成本低。水运运输在所有的运输方式中是最便宜的运输方式。运输1吨货物至同样的距离，水运尤其是海运所消耗的能源最少。水运的运输成本约为铁路运输成本的1/20—1/25，公路运输成本的1/100。

（3）续航能力强。由于船舶的运输能力强，不仅可以携带大量的燃料、粮食和淡水，而且具有生活所需的各种设备，如发电设备、储备大量食物的粮仓。因此，水路运输有平均运距长的优点。

（4）通用性能强。水路运输的主要货物以煤炭及其制品、石油天然气及其制品、矿石、粮食和钢铁材料为主，特别适用于大宗货物的运输。

（5）受自然条件的影响较大。水路运输受自然条件的影响较大，特别是受气候、季节条件的影响较大。如内河河道和某些港口在枯水期水位变低及冬季结冰时期无法进行运输，船舶遇暴风雨需及时躲避以免受损等。水路运输受河流通航条件及海岸和港口条件的限制，其普遍性不如公路、铁路运输。此外，水路运输过程往往需要公路、铁路运输系统的配合才能完成。

（6）投资巨大且回收期长。船运公司订造和购买船舶需要花费大量的资金，回收期长，且船舶一般没有移作他用的可能。港口基础设施的修建费用巨大，船舶大型化和装卸自动化的趋势使港口设施建设的投资费用进一步提高。

案例 6-1　　　　　　　　　　集装箱改变世界

也许有人会问，一个冰冷的铝制或钢制大箱子，算不上什么重大的发明，能给世界带来多大的影响？正是这种看似低技术含量的工具最终让全球一体化变成可能，让世界变小、变平。对于集装箱的价值，英国《经济学家》(Economist)杂志就曾给予了高度肯定，它说："集装箱改变了航运的经济规律，并因此改变了全球的贸易流。没有集装箱，不可能有全球化。"

集装箱作为现代物流最重要的工具，其地位至今仍然无法替代。哪怕最前沿、最先进的信息技术，它只不过是扩大了沟通的平台、降低了交易的成本，但具体到货物运输，再宽的带宽也是无法承载这一光荣使命的。集装箱的出现，加速了货物在全球范围的周转，也加快了全球范围内的产业结构调整。别小看这个"其貌不扬、沉默寡言"的东西，当理论家们信誓旦旦地说着无国界世界的到来时，它早已不动声色地成为全球化最有力的幕后推手。

以中国为例，玩具、服装、鞋、打火机、化工品，"中国制造"已深入人心，且已作为一种方式和理念深刻地改变着世界上绝大多数人的生活。没有中国制造，世界将会怎样？类似的疑问，没有集装箱，中国又会怎样？集装箱对于中国这个以制造业出口为主导经济的新兴经济体产生的改变，是每一个中国人都能切身体会到的。集装箱运输方式推动了中国制造的产品在全球范围内的流动，成就了中国出口型经济的发展，加快了制造产业向中国的转移以及聚集速度。因此，当集装箱成为全球化的助推力的同时，它也是中国经济高速发展的推动力。集装箱的出现,在很大程度上影响了中国的发展,影响了世界的发展,这个看似简单的发明对人类及全球化具有深远的影响。

(资料来源:http://www.gmw.cn/content/2008-03/05/content_747371.htm)

2. 公路运输

公路运输是以公路为运输线,利用汽车等陆路运输工具,作跨地区跨国的移动,以完成货物位移的运输方式。公路运输是现代运输的主要方式之一,其含义有广义和狭义之分。从广义上说,公路运输是指利用一定的载运工具沿公路实现旅客或者货物位移的过程;从狭义上说,由于汽车已经成为现代公路运输的主要载运工具(如图6-2所示),因此,现代公路运输主要指汽车运输。

图 6-2 公路运输

公路运输的特性主要体现在以下五个方面:

(1)机动灵活。公路运输网络本身纵横交错、干支结合,比其他运输网络要稠密得多。因此公路运输可以深入到工厂、矿山、学校、居民点、农村和山区。公路运输既可以自成体系,也可以成为其他运输方式的接运方式。汽车的载重量可大可小,对起运量没有太大的要求。

(2)快速直达。汽车运输机动灵活,且不需要中转,因此相对来说,汽车运输的运送速度比较快。而且由于汽车可以深入到各个角落,因此汽车运输是所有运输方式中唯一可以实现门到门的直达运输方式。

(3)普遍性强。公路运输是一种全民均可利用的运输方式。从某种意义上来讲,铁路运输和管道运输的线路设备是一种专用性的基础设施,而公路线路是公用性质的基础设施。企业、个人、机关团体只要拥有相应的运输工具均可利用公路设施。

(4)更具开放性。各种交通运输系统都是开放系统,而公路运输系统的开放性则尤为突出。公路运输系统中交通运输枢纽和交通运输节点向四面八方辐射,实现同国民经济各子系统、各经济点之间的密切联系,且由于公路运输具有深入性及更强的公用性,从而使它同社会经济系统中的工厂、矿山、企业、机关乃至居民点、山区和农村的联系更为密切。这些基层单位、基层集散点同外界的各种社会经济交往活动大多数要通过公路才能进行。

（5）运输能力弱、成本高。公路运输的运输量小，每辆普通载重汽车每次只能运送5吨货物，仅相当于一列普通火车运输能力的1/36—1/30，因此，公路运输相对于铁路运输和水路运输而言，运输能力是有限的，每吨千米的运输成本高。而且，由于汽车体积小，一般适用于小批量中短途货物运输或末端物流配送，无法运送大件物资，尤其不适宜大宗货物和长距离运输。

3. 铁路运输

铁路运输是使用铁路列车运输客、货的一种运输方式，与公路运输相比，铁路运输主要承担长距离、大宗货物的运输，在没有水运条件的地区，几乎所有的大批量货物都是依靠铁路运输，它是在干线运输中起主力作用的运输方式。铁路运输的主要设施有铁道、涵洞、桥梁、电气化铁路供电设施、牵引变电所、道岔及其控制装置、路灯、路标、警示装置、调度装置、车站、编组站和相应的通信设施等。铁路运输的工具（如图6-3所示）主要是作为牵引动力的机车、无动力的车厢和平车。

图6-3　铁路运输工具

铁路运输的特性主要体现在以下七个方面：

（1）受自然条件影响小。铁路运输几乎不受气候的影响，除暴风雪、大雾等极恶劣的天气外，一年四季可以不分昼夜地运送客货，因此铁路运输是比较可靠的运输方式。

（2）运输量大、运输能力强。铁路运输的机车有强大的牵引力，适合组成车群运转；一旦组成车群运转，路线的容量可以提高数倍。一列火车的平均运送能力可以达到4 000吨，远远高于航空运输和汽车运输，因此铁路运输非常适合大宗物资的陆地运输。在我国，目前铁路运输仍然起到主动脉的作用。铁路运输速度比较快是铁路运输量大、运输能力强的另外一个表现，一般火车可以达到100公里/小时，远高于水路运输。

（3）运输成本低、能耗低。铁路运输采用大功率机车运行，可以承担长距离、大运输量的运输任务。而且，由于火车车轮与铁轨的接触面积小，所遇到的行驶阻碍也小，所以，同样的牵引力所消耗的能源最少。铁路运输费用仅为汽车运输费用的十几分之一到几分之一。

（4）安全性能好。铁路运输的轨道建成后固定不变。轨道坡度与曲度受制于轨道的导向功能,安全可靠,且具有良好的避震功能。列车的加速与制动,受制于车辆与轨道的摩擦力,距离较长、冲击较小,故行车平稳、风险小。

(5)初期投入大。铁路运输因车路一体,所需机车车辆的购置、通信系统的建立、轨道站场的建设以及铺设轨道、建造桥梁和隧道等,工程巨大复杂,所耗用的钢材、土石、土地等物资甚多,需要投入巨额的资金,故初期投入大大超过其他运输方式。

(6)运营缺乏弹性。铁路运输的一个特点是运输路线固定,不会随着客源和货源的所在地而变更路线。固定成本占铁路运输成本支出的绝大部分,在一定范围内,运量增加越多,其单位成本越低,并且只有达到一定的运输量,才能保证其经济性。

(7)货损较高。由于在铁路运输过程中货物需要编组,因此会出现货物的多次装卸搬运情况,如果不能谨慎处理,就有可能造成货物损坏。

4. 航空运输

航空运输是使用飞机或其他航空器进行运输的一种快捷的现代运输方式(如图6-4所示),具有速度快、超越地理限制、运价高、货物具有广泛性和运输具有方向性等特点。航空运输主要进行以下三类运输:第一类是常规货物运输,这类货物通常对时间有要求,且不宜颠簸或者容易受损,一般精密仪器和价值高的贵重物品会采用航空运输方式;第二类是急快件运输,这类货物对时间性要求高,运输公司需要把货物以最快的速度运达目的地,一般救援物资、急救用品、商业信函票证等会采用航空运输;第三类是易腐烂货物运输,这类货物运输主要在于货物本身的价值与时间长短密切相关,主要包括本身易腐烂变质的货物(如鲜花、海鲜等),以及要求进入市场的时间短的货物,该类货物进入市场的时间越早,越能抢占市场或者价值越高。

图6-4 航空运输

航空运输的特性主要体现在以下五个方面:

(1)快速直达。速度快是航空运输的最大特点和优势,由于在高空较少受到自然条件的限制,因此现在喷气式客机的巡航速度一般在800—900公里/小时,比汽车、火车快3—10倍,比轮船快20—30倍。航空运输路线一般选取两点间的最短距离,而且距离越长,航空运输所能节约的时间越多,快速的特点也越显著。

(2)安全、机动性强。航空运输的巡航高度在一万米左右,几乎不受高山、低空气流等因素的影响。随着科学技术的不断进步以及对飞机各方面技术的不断革新,航空运输的安全性较之以往已经大大提高。虽然依然偶发飞行事故,但其发生概率是非常小的,按单位货运周转量或单位飞行时间损失率来衡量,航空运输的安全性还是很高的。

(3) 包装要求低。货物空运的包装要求通常比其他运输方式要低。在空运时,用一张塑料薄膜裹住托盘与货物并不少见。空中航行的平稳性和自动着陆系统降低了货物损失的比率,从而可以降低包装要求。

(4) 用途广。飞机尤其是直升机,不但可供客、货运输,而且还可以用于邮政、农业、渔业、林业、救济、军事等。因此,航空运输的用途十分广泛。

(5) 运输成本高。航空运输受飞机机舱容积和载重量的影响,其不可能运输大批量的货物,因此,运输成本和运价都比地面运输高。

5. 管道运输

管道运输(如图6-5所示)是借助管道内高压气泵的压力,向目的地输送货物的一种特殊的运输方式。从1865年美国建成世界上第一条输油管道至今,管道运输已有150年的历史。按照输送物品的不同,运输管道可以分为原油管道、成品油管道、天然气管道和固体料浆管道。然而,随着技术的发展,现代的管道不仅可以输送气液货物,而且还可以输送矿砂、碎煤浆等。目前,世界运输管道的总长度已经超过世界铁路的总里程,总长度达230多万公里,世界上100%的天然气、85%以上的原油运输都是通过管道输送实现的,管道运输已经成为能源运输的主要方式,并且在所有运输方式中占有重要的一席。

图6-5 管道运输

管道运输的特性主要体现在以下三个方面:

(1) 运量大、持续性强。管道运输的运量大、持续性强,并且可以避免空车往返的运力浪费。根据管径大小的不同,管道每年的运输量可达数百万吨到几千万吨。例如,一条直径72厘米的管道,可以年输原油2 000万吨以上,相当于一条铁路的运量。

(2) 占地少、投资见效快。运输管道通常埋于地下,其占用的土地很少。据统计,95%以上的管道总长度都埋于地下,对土地的永久占用很少,所以,管道运输在运输系统规划中对于节约土地资源具有重大意义;此外管道运输周期短、运营费用低,与建设同样长度的铁路相比,管道建设的周期和费用不到铁路的 1/2,平均占地只有铁路的 1/9。

(3) 灵活性差、专用性强。管道运输不如其他的运输方式灵活,承运的货物单一,不能随便扩展路线,也不能实现"门到门"的运输服务。对于一般用户来说,管道运输常常要与铁路运输或者公路运输、水路运输结合才能完成全程运输。此外,在运输量明显不足时,其运输成本会显著增大。

四、运输的重要性

1. 运输是社会物质生产的必要条件

运输是社会生产的必要条件之一,主要体现在两个方面:一方面,运输是生产的直接组成部分,没有运输,生产内部的各个环节就无法连接;另一方面,运输是生产过程的继续,这一活动连接着生产与再生产、生产与消费的环节,连接着国民经济的各部门、各企业,连接着不同的国家和地区。运输虽然不创造新的物质产品,不增加产品数量,不赋予产品新的使用价值,但是,没有运输,生产过程就不能最终完成,社会生产就不能再推进,所以运输是社会物质生产的必要条件。

2. 运输促进国民经济的发展

运输是国民经济的大动脉,是生产、分配、交换、消费各环节和各地区、各部门的纽带,对发展市场经济、保证市场供应、满足生产建设起着重要的作用:一方面,运输通过不断扩大空间位移的规模和速度来刺激流通;另一方面,运输本身规模的扩大,又带动了其他部门的发展。国民经济各部门的空间和时间联系,必须依赖运输的功能才能实现,国民经济越发达,社会生产对运输的依赖程度就越高,运输在国民经济中的作用也就越重要。

3. 运输创造"第三利润源"

物流被称为企业第三利润源,而运输是物流的核心活动之一,运输所需要的时间和距离越长,其所消耗的能源越多,费用也就越高。资料表明,运输费用在全部物流费用中所占的比例最高,运输费用占社会物流费用的 50% 左右,甚至有些产品的运输费用高于产品的生产费用。所以,选择合理的运输方式,降低运输费用,可以减少物流成本,从而为企业创造利润。

货物运输的方式有许多,多种方式之间可以实行联合运输或成组运输等,企业到底应该采用哪种运输方式则需要根据货物的特性、企业的实际情况及客观条件来判断,只有采取合理的运输方式才能达到经济效益最大化。

第二节　运输决策方法

一、运输决策的内容和意义

1. 运输决策的内容

不同企业的运输决策有不同的内容。对于生产企业和连锁商业企业,首先应解决运输业务是否外包的问题;其次是运输商的选择问题;最后是与承运人一起设计具体的运输方案。一般来说,运输决策大致包括以下两类:

（1）干线运输的组织与决策。干线运输通常是指较长距离的输送，一般是异地之间的货物运输，可采用铁路、公路、水路、航空、管道和多式联运等运输方式。在干线运输组织与决策中，涉及许多内容，如企业运输网络设计决策、运输方式决策、最短路线决策和最佳运输量决策等。这些决策的正确制定将会极大地降低企业供应链成本，提高市场竞争能力。

（2）城市配送运输的组织与决策。配送运输通常是指在市内或某一地区内进行的多品种、小批量、多频率的运送，基本上采用公路运输。在配送过程中，涉及配送网络设计、配送路线优化和运输车辆选择等决策问题。

2．运输决策的意义

运输工作是物流活动的一个重要环节，搞好运输工作对企业物流有着重要影响，其意义主要体现在以下三个方面：

（1）便利、可靠的运输服务是有效组织输入和输出物流的关键。运输条件是企业选择工厂、仓库、配送中心等物流设施配置地点需要考虑的重要因素之一。

（2）运输影响着物流的其他构成因素。例如，选择的运输方式在一定程度上决定着装运货物的包装要求；运输工具的类型决定着配套使用的装卸搬运设备和发运站台的设计；企业库存存储量的大小直接受运输状况的影响，发达的运输系统能适量、快速和可靠地补充库存，从而能降低必要的储备水平。

（3）运输成本在物流成本中占很大的比例。一般情况下，运输成本占物流成本的35%—50%，对许多商品来说，运输成本占商品价格的4%—10%，也就是说，运输成本占物流总成本的比例比其他物流活动大。合理组织运输，以最低的成本、较快的时间，及时、准确、安全地将货物从其产地运到销地，是降低物流成本和提高经济效益的重要途径之一。

二、运输方式选择的影响因素

一般来说，运输方式的选择受运输物品的种类、运输量、运输距离、运输时间、运输费用、运输安全等六方面因素的影响。

（1）运输物品的种类。货物的特征有时在很大程度上决定了选择什么样的运输方式。一般情况下，粮食、煤炭等大宗货物适宜选择水路运输或者铁路运输；水果、蔬菜、鲜花等鲜活商品等对时间要求高的商品宜选择航空运输；石油、天然气、碎煤浆等适宜选择管道运输。

（2）运输量。一般情况下，小批量的货物可采用公路运输，而大批量的货物则需要火车来运输，甚至更大量的货物则需要用油轮来运输。批量大、价值低、运距长的商品适宜选择水路或铁路运输；而批量小、价值高、运距长的商品适宜选择航空运输；批量小、运距短的商品适宜选择公路运输。

（3）运输距离。一般情况下，短距离选择公路运输，距离长的可根据时间要求在水路、铁路或者航空运输方式中进行选择。

（4）运输时间。运输时间是指货物从起点运输到终点所耗费的平均时间。不同运输方式提供的货物平均运输时间是不同的，有些能够提供起止点之间的直接运输，而有些则不能。在实际货运过程中，运输时间的长短与交货期有关，所以应该根据交货期来选择适当的运输方式。

在考虑运输时间时，还要注意运输时间的变化。运输时间的变化是指各种运输方式下多次运输出现的时间变化。对于完成一次运输,虽然起止点相同,但使用相同运输方式的每一次运输的在途时间不一定相同,因为天气、交通状况、中途暂停、合并运输等都会影响在途时间。一般情况下,铁路运输的时间变化最大,航空运输的时间变化最小,公路运输介于两者之间。因此,对于一批需要多次运输的货物,运输时间的变化也是运输方式选择时需要考虑的因素。

(5) 运输成本。运输成本实际上是为将货物运输到消费者手中而支付的总费用。它的高低一方面取决于选择的运输方式,另一方面取决于不同承运人的报价。一般是根据运输价格来选择合适的运输方式。应该注意的是,虽然运输成本的高低是选择运输方式时要重点考虑的因素,但在考虑运输成本时,不能仅从运输成本本身出发,而必须从物流总成本的角度,联系物流的其他费用综合考虑。物流总成本除运输成本外,还有包装成本、库存成本及保险费用等。运输成本与其他成本之间存在着效益背反的关系。适宜的运输方式应保证物流总成本最低。

(6) 运输安全。货物在运输过程中可能发生丢失与损坏,这涉及运输的安全性问题。货物运输的安全性既与选择的运输方式有关,也和运输经营者的质量管理水平有关。为了保证运输安全,应对被运货物的特性,如重量、体积、贵重程度、内部结构及理化性质(如是否易碎、易燃、危险程度如何等)作深入了解和分析,从而结合各种情况进行正确决策,以避免选择不当而造成损失。

运输安全还包括在运输过程中应保证准时准点到货,无差错事故,做到准确无误,不错发、不漏交。货物运输的安全很大程度上取决于发送和接收环节,与运输方式也有一定的关系。公路运输可以做到"门到门"运输,中转环节少,不易发生差错事故。铁路运输较少受客观环境因素的影响,容易做到准时准点交货。如果运输的货物不能准时准点送达或者送达的货物有损,就会导致库存成本上升,并影响客户的经济效益,甚至会引起索赔等经济纠纷,而处理经济纠纷又将导致时间和资金成本上升,若寻求法律途径解决,也会发生很高的费用。为了防止货物在运输中发生破损,一般做法是增加保护性包装,这又增加了运输成本。由此可见,运输的安全性直接或间接地影响着物流运输成本。

总之,如何选择适当的运输方式是物流合理化的关键。一般应根据物流系统要求的服务水平和允许的物流成本,充分利用各种运输方式的优势,根据交叉运输条件、运输合理流向、市场供需情况等组织好运输活动。可以使用一种运输方式,也可以使用联运方式,以达到降低运输成本、优化服务水平的目的。

三、不合理运输的几种类型

企业一旦运输方式选择不当,则可能在货物运输过程中造成装载量低、流转环节多、运力浪费和运输成本上涨的情况,常见的不合理运输主要有以下几种类型:

1. 返程或启程空驶

空车无货载行驶,可以说是不合理运输的最严重的形式。在实际运输组织中,有时必须调运空车,从管理上不能将其看成不合理运输。但是,因调运不当,货源计划不周,不采用运输社会化而形成的空驶,是不合理运输的表现。造成空驶的不合理运输主要有以下几个原因:

（1）能利用社会化的运输体系而未利用，却依靠自备车送货提货，往往出现单程实车、单程空驶的不合理运输。

（2）由于工作失误或计划不周，造成货源不实，车辆空去空回，形成双程空驶。

（3）由于车辆过分专用，无法搭运回程货，只能单程实车，单程回空周转。

2. 对流运输

对流运输也称为相向运输、交错运输。凡属同一种货物或彼此间可以相互代用而不影响管理、技术及效益的货物，在同一线路上或平行线路上作相对方向的运输，而与对方运程的全部或一部分发生重叠交错的运输，即为对流运输。已经制定了合理流向图的产品一般必须按合理流向的方向运输，如果与合理流向图指定的方向相反，也属对流运输。

对流运输有两种类型：一种是明显的对流运输，即在同一线路上的对流运输；另一种是隐蔽的对流运输，即同一种货物在违反近产近销的情况下，沿着两条平行的路线向相对方向的运输，它不易被发现，因此被称为隐蔽的对流运输。

3. 重复运输

不合理的重复运输是指同一批货物由产地运抵目的地，没有经过任何加工和必要的作业，也不是为实现联运，又重新装运到别处的现象。它是物资流通过程中多余的中转、倒装，虚耗装卸费用，造成车船非生产性停留，增加了车船、货物作业量，延缓了流通速度，增大了货损，增加了费用。

4. 迂回运输

迂回运输是指货物绕道而行的运输现象，即本可以选择短距离进行运输，却选择路程较长的路线进行运输。迂回运输有一定的复杂性，不能简单处理，只有因计划不周、地理不熟、组织不当而发生的迂回才属于不合理运输。当最短距离有交通堵塞，道路情况不好或有噪声、排气等特殊限制时，所发生的迂回不能称为不合理运输。

5. 倒流运输

倒流运输是指货物从销售地或中转地向产地或起运地回流的一种运输现象。其不合理的程度比对流运输更严重，因为往返两程的运输都是不必要的，形成双程浪费。倒流运输也可以看成是隐蔽对流运输的一种特殊形式。

6. 过远运输

过远运输是指调运物资舍近求远，近处有资源不用而从远处调用，这就造成放弃近程运输和拉长货物运距的浪费现象。过远运输占用运力时间长，运输工具周转慢，物资占压资金时间长；而且远距离自然条件相差大，又易出现货损，增加了费用支出。

7. 无效运输

无效运输是指被运输的货物杂物多，如煤炭中的矿石、原油中的水分等，使运输能力浪费在不必要的物资运输上。例如，我国每年有大批圆木进行远距离的调运，但圆木的使用率在70%左右，30%的边角料的运输基本是无效的。

8. 运力选择不当

运力选择不当是指在没有考虑各种交通运输工具优缺点的情况下，选择了不适当的运输方式，从而导致不合理运输。常见的形式有以下几种：

（1）违反水陆分工合作，弃水走陆的运输。这是指在同时可以利用水运和陆运时，不利用成本较低的水运或水陆联运,而选择成本较高的铁路运输或公路运输,使水运优势得不到发挥。

（2）铁路、大型船舶的过近运输。这是指不在铁路及大型船舶的经济运行里程却选择利用这些运输方式进行运输。火车及大型船舶起运地及到达目的地的准备、装卸时间长,且机动灵活性不足,在过近距离中利用,无法发挥其优势。相反,由于装卸时间长,反而会延长运输时间。另外,与小型运输设备比较,火车及大型船舶的装卸难度大,费用也高。

（3）运输工具承载能力选择不当。这是指不根据承载货物的数量和重量,盲目决定运输工具,造成超载、损坏车辆或车辆不满载、浪费运力的现象。

（4）托运方式不当。这是指没有选择最好的托运方式从而造成运力浪费及费用支出增加。例如,本应该选择整车运输而未选择,反而采用零担托运;应该选择直达,却选择了中转运输。

四、运输方式选择的原则

在进行运输方式选择的决策时,一般会以成本、时间、安全三个方面为主要考虑对象,这就是通常所说的成本优先原则、时间优先原则、安全优先原则。这三个原则不是截然分割的,在实际运用的时候需要综合考虑。

（1）成本优先原则。如果要明白成本优先原则是如何影响运输决策的,首先需要区分运输总成本和运输费用。运输总成本不仅包括运输费用,还同运输管理、维持运输总的包装、保管、库存、装卸费用及保险费用有关,而这些费用又和运输速度有直接关系:运输速度快、运输时间短,这些费用就会随之减少;反之则会增加。这就是说,最低的运输费用并不意味着最低的运输总成本。所以,货物的运输不能单纯考虑运输方式的费用,还要考虑运输速度,这样才能做到使运输总成本最小。

（2）时间优先原则。运输时间是指从货源地发货到目的地接收货物之间的时间。运输时间度量的是"门到门"的时间,因此不能只考虑运输工具如何快速移动,还要考虑交接、转运等问题。一般来说,在没有交汇转运点的情况下,铁路运输比公路运输快,但是在最后交货之前,货物在铁路货场可能需要等待一定的时间才能最后转运到收货人手中,而这个时间通常是较长的;而由于公路运输能实现门到门的运输,所以比较起来,也许比铁路运输花费的时间短。

提高运输速度、缩短运输时间与降低运输总成本是一种此消彼长的关系。要利用快捷的运输方式,就有可能增加运输总成本;反之,运输总成本的下降有可能造成运输速度的减缓、运输时间的延长。所以,选择适当的运输方式,至关重要的问题就是有效地协调两者之间的关系,使其保持一种均衡状态。

（3）安全优先原则。运输的安全性包括所运输货物的安全、运输人员的安全和公共安全。当货物处于运输中时,盗窃和损毁较少发生,货物的损毁主要是由装卸搬运或劣质包装造成的。从整个运输过程来说,与其他运输方式相比,汽车能够实现门到门的服务,且不需要中途装卸。从这一点来看,公路运输能够更好地保护货物。

对运输人员和公共安全的考虑也会影响运输方式的选择。例如,对于危险品运输需要采取更为安全的措施;而在地面运输中采取的安全措施又远没有在空中那样严格,这是因为航空运输不安全可能造成的后果远比其他运输方式严重,对于某些货物,不健全的安全措施也会影响到公共安全,甚至影响到国家安全。所以,不管是从货物的安全性考虑,还是从运输人员的安全或公共安全考虑,都会影响到托运人对运输方式的选择。

五、运输方式选择的方法

从物流运输功能看,速度快是物流运输服务的基本要求。但是,速度快的运输方式往往伴随着较高的费用,同时在考虑运输的经济性时,不能只从运输费用来判断,还要考虑速度加快和缩短物品备用时间等使得物品的必要库存减少,从而减少了物品的保管费用等因素。因此,运输方式和运输工具的选择应该是在综合考虑上述各种因素后,寻求运输费用、保管费用总和最低的运输方式和运输工具。常用的选择运输方式的方法有以下四种。

(一) 直观选择法

直观选择法主要是依据完成运输任务可用的各种运输方式的运营特点及主要功能、货物的特性以及需求方的要求等因素对运输方式进行选择的方法。

(1) 单一运输方式的选择。单一运输就是选择一种运输方式提供运输服务。各种运输方式都有其特定的运输路线、运输工具、运输技术、经济特性及合理的使用范围。只有熟悉各种运输方式的特点,结合货物的特性、运输条件、市场要求,才能合理地选择和使用各种运输方式,从而获得较好的运输绩效。各种运输方式的特性及客观环境和现实情况的复杂性决定了选择运输方式时需要综合考虑、权衡运输系统所要求的运输服务和运输成本。一般情况下,运输费用和运输时间是选择运输方式的重要考虑因素,具体选择时需要从运输的不同角度综合加以权衡。另外,运输服务和运输成本之间、运输成本和其他物流成本之间存在"效益背反"关系。若要保证运输的安全、可靠、迅速,成本就会增多。在选择运输方式时,应以物流总成本为依据,而不是仅仅考虑运输成本。各种运输方式的经济特征和运输定位如表 6-1 所示。

表 6-1　各运输方式的经济特性和运输定位

方式	工具	路线	经济技术特征	运输定位
铁路运输	火车	铁路	优点:速度快、运量大、可靠性强 缺点:投资大、运营成本高	大批量、长距离、较低运费、低风险的货物运输
公路运输	汽车	公路	优点:速度快、机动性强、投资少 缺点:运量小、运营成本高、可靠性一般、环境污染大	小批量、多批次、中短距离、灵活机动性较高的货物运输
水路运输	船舶	河道	优点:运量大、投资少、运营成本低 缺点:速度慢、可靠性极差、可达性差	最低运费的定期货物运输
	海轮	航海线		长或者超长距离、最低运费的定期货物运输
航空运输	飞机	航空线	优点:速度快、机动性强、通达性强 缺点:投资大、运营成本高、可靠性一般、可达性差	小批量、超长距离、时效性强、高运费的货物运输
管道运输	管道	固定管道	优点:连续性强、通达性强、可靠性强、运营成本低、不占土地资源 缺点:投资少、适应性差	固定货种、固定路线、持续性好的货物运输

(2) 多式联运的选择。多式联运是选择使用两种以上的运输方式提供运输服务。它可以把铁路、公路、水路、航空运输等运输方式的优点有机地结合起来,实行多环节、多区段、多工具相互连接的运输。多式联运的运输费用低廉,能实现门到门的运输,具有一次起票、手续简单、全程负责的特点。多式联运的主要形式有:水陆联运,即船舶运输与铁路运输或公路运输相结合的形式;水上联运,即同一水系不同运输路线,或同一水运路线不同类型船舶之间的接力运输形式;陆陆联运,即铁路和公路相互衔接的运输形式;陆空联运,即公路与航空相互衔接的运输形式;一条龙运输,即把产供销运输企业各环节之间及多种运输方式全面贯穿起来,具有供应链管理的表现形式。多式联运的发展增加了系统设计中的可选方案,从而可以降低物流成本、改善运输服务。采取何种联运方式,还要综合考虑运输环境、运输目的地、运输费用和便利性等各方面的因素。

(二) 综合评价法

物流运输的目标是实现物品快速、安全和低成本的运送。然而运输的速度、准确性、安全性同经济性之间是相互制约的。如果重视运输的速度、准确性和安全性,则运输成本会增大。反之,若运输成本降低,运输的其他目标就可能无法实现。因此,要采用定性和定量分析相结合的方法来选择合适的运输方式。运输方式的经济性、迅速性、安全性和便利性被称为运输的功能需求,如果综合考虑这四个指标选择运输方式,就可以得出合理的选择结果。综合评价方法的步骤如下:

(1) 确定运输方法的评价因素。评价运输方式的因素有运输方式的经济性、迅速性、安全性和便利性等。

(2) 确定运输方式的综合评价值。用 F_1、F_2、F_3、F_4 分别表示运输方式的经济性、迅速性、安全性和便利性的值。由于货物的形状、价格、交货日期、运输批量和收货单位的不同,它们对运输方式选择所起的作用也各不相同。我们可以通过给这些评价因素赋予不同的权数加以区别。如这四个评价因素的权数分别为 a_1, a_2, a_3, a_4,则运输方式的综合评价值可表示为:$F = a_1 F_1 + a_2 F_2 + a_3 F_3 + a_4 F_4$。如果可选择的运输方式有铁路、公路、水路,它们的评价值分别为 $F(R), F(T), F(S)$,则有:

$$F(R) = a_1 F_1(R) + a_2 F_2(R) + a_3 F_3(R) + a_4 F_4(R)$$
$$F(T) = a_1 F_1(T) + a_2 F_2(T) + a_3 F_3(T) + a_4 F_4(T)$$
$$F(S) = a_1 F_1(S) + a_2 F_2(S) + a_3 F_3(S) + a_4 F_4(S)$$

显然,其中评价值最大者即为选择对象。

(三) 成本比较法

在运输方式选择时,既要充分考虑运输服务水平与直接运输成本之间的均衡,还要考虑物流服务水平对间接库存成本的影响。一般情况下,运输的速度、可靠性会影响托运人和需求方的库存水平(周转和安全库存)及他们之间的在途库存水平。如果选择速度慢、可靠性差的运输服务,物流渠道中就需要有更多的库存。这样,就需要考虑库存持有成本可能升高,而抵消运输服务成本降低的情况。因此,最合理的方案应该是在能满足客户需求的前提下使总成本最低的服务。

(四) 竞争因素法

良好的运输服务能够以较短的运达时间和较少的运达时间变动来保持用户较低的存货

水平并较好地完成运作计划。物流运输服务和价格一样会影响用户对供应商的选择。同样,供应商会通过优质的运输服务,选择最佳的运输方式争取更大的订单,从而获取更大的经济收益,并弥补选择最佳运输方式而增加的成本。这就说明优质的运输服务意味着最佳的物流服务和更多的经济收益。所以,当一个供应商为了争取用户而选择最佳运输方式时,参与竞争的其他供应商也会作出相应的竞争反应。下面举例说明,两个供应商向同一用户同时供货时,其中一个供应商选用不同运输方式的盈利情况。

例 6-1 某汽车制造厂生产装配件中的某一零件需在外采购,从供应商 A、供应商 B 处共购买 3 000 个零件,每个零件的单价为 100 元。起初,3 000 个零件由两个供应商平均提供,并都采用铁路运输,平均运达时间也相同。制造商提出,供应商零件平均到达时间每缩短 1 天,制造厂将会将总订单量的 5% 即 150 个零件转给这个供应商订购,如果不考虑物流运输成本,供应商每卖出一个零件可获得 20% 的利润。不同运输方式的运费率和运输时间如表 6-1 所示,试分析供应商选择用不同运输方式的盈利情况并作出其他运输方式选择。

表 6-1 不同运输方式的运费率和运输时间

运输方式	运费率(元/件)	运输时间
铁路运输	2.50	7
公路运输	6.00	4
航空运输	10.50	2

解 根据制造厂的提议,供应商 A 考虑,如将运输方式从铁路转到公路运输或航空运输是否可以获得更多的收益。供应商 A 将通过计算可能获得的潜在利润来对运输方式进行选择。供应商 A 使用不同运输方式的利润比较表,如表 6-2 所示。

表 6-2 供应商 A 使用不同运输方式的利润比较表

运输方式	销售量(件)	毛利(元)	运输成本(元)	净利润(元)
铁路运输	1 500	30 000	3 750	26 250
公路运输	1 950	39 000	11 700	27 300
航空运输	2 250	45 000	23 625	21 375

如果制造厂能够恪守承诺,供应商 A 应该转而采用公路运输。当然,供应商 A 应该注意供应商 B 可能采取的竞争手段,一旦采取相应的措施可能会导致其比较优势的消失。综上所述,对于运输方式的选择,不但要考虑运输方式的直接成本,同时,还有必要考虑运输方式对库存成本及运输绩效对运输方式选择的影响。此外,还有一些其他因素需要考虑:一是服务价格的影响,假如供应商提供的运输服务优于竞争对手,其很可能会提高服务价格来补偿增加的成本;二是运输方式的选择对供应商存货有间接作用,供应商也会同用户一样针对运输方式的变化改变运输批量,进而导致库存水平的变化;三是运输费率、产品种类、库存成本的变化和竞争对手可能采取的竞争措施等动态因素,这些都可能影响运输方式的选择。

六、运输路线的选择方法

运输路线的确定是运输决策中的一个重要领域。尽管路线选择问题种类繁多,但可以将其归纳为以下几个基本类型。

1. 起讫点不同的单一路线问题

对单个始发点和终点的网络运输路线的选择问题,最简单和直观的方法是最短路线法。网络由节点和线连接,线代表点与点之间运行的成本(距离、时间或时间和距离加权的组合)。除始发点外,所有节点都被认为是未解的,即均未确定是否在选定的运输路线上。始发点作为已解的点,计算从原点开始。下面通过一个实例对该类问题进行说明。

例 6-2 某运输公司签订了一项运输合同,要把 M 市的一批货物运送到 N 市,该公司根据这两个城市之间可选择的行车路线地图绘制了如图 6-6 所示的公路网络,圆圈也称节点,代表始发点、终点和与行车路线相交的其他城市。链代表两个节点之间的公路,每一条公路都标明运输里程。

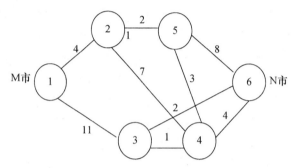

图 6-6　M、N 两地之间的运输路线

从 M 市出发到达 N 市,有很多条路线可以选择。但是如何选择运输路线,才能使总路程最短?

解 最短路径法的计算步骤如表 6-3 所示。

表 6-3　最短路径法的计算步骤

步骤	连接到未解节点的已解节点	直接连接的未解节点	总成本	最近节点	最小成本	最近连接
1	1	2	4	2	4	1—2
	1	3	11			
2	1	3	11			
	2	4	4 + 7 = 11	5	6	2—5
	2	5	4 + 2 = 6			
3	1	3	11			
	2	4	4 + 7 = 11			
	5	4	6 + 3 = 9	4	9	5—4
	5	6	6 + 8 = 14			
4	1	3	11			
	4	3	9 + 1 = 10	3	10	4—3
	4	6	9 + 4 = 13			
	5	6	6 + 8 = 14			
5	3	6	10 + 2 = 12			
	4	6	9 + 4 = 13	6	12	3—6
	5	6	6 + 8 = 14			

通过表 6-3 的计算可知,运输最短路径为 1—2—5—4—3—6,最短距离为 12。

最短路径法适合利用计算机进行求解,把运输网络中的链和节点的资料都输入数据库中,选好始发点和终点后,计算机可以很快地算出最短路径。

2. 多起讫点的路线问题

如果有多个货源地可以服务于多个目的地,那么面临的问题是要指定各目的地的货源地,同时要找到货源地、目的地之间的最佳路线。该问题经常发生在多个供应商、工厂或仓库服务于多个客户的情况。如果各货源地能够满足的需求数据有限,则问题会更加复杂。解决多起讫点的路线问题常常可以运用两类求解方法,一类是单纯形法,另一类是表上作业法。单纯形法相对精确,但是由于运输问题的数学模型具有特殊结构,所以应用单纯形法求解时有许多冗余计算,该方法的详细介绍可以参考相关的运筹学专业书籍。表上作业法适合相对简单问题的求解,求解过程方便直观,而且由于计算量不大,可以手工直接完成。下面运用表上作业法对该类问题的一个实例进行求解。

例 6-3 某公司下属三个仓库,供应四个客户的需求,三个仓库的供应量和四个客户的需求量,以及由各仓库到各客户的运输单价如表 6-4 所示。求使运输费用最少的运输方案。

表 6-4 供求状况及仓库到各客户的运输单价

货源地＼目的地	客户 1	客户 2	客户 3	供应量
仓库 A	8	3	2	600
仓库 B	1	5	6	300
仓库 C	6	4	7	300
需求量	200	900	100	1 200

解 利用表上作业法确定初始方案的方法很多,一般常用的有西北角法、最小元素法等,这些方法在专业的运筹学书籍中都有详细介绍。这里介绍如何用最小元素法确定初始调运方案。

最小元素法是按运价表依次挑选运价低的供—需点组合,尽量优先安排运费最低组合的方法。具体做法是先找出所有运价中最低的。在表 6-4 中,仓库 B 到客户 1 的运价最低,B 先尽可能满足客户 1 的需求,于是在表 6-5 中有(2,1)=200。此时,由于客户 1 的需求已全部满足,不再需要仓库 A、C 供应,运价表中的第一列数字已经不再起作用,因此,将运价表的第一列划去。然后,在运价表尚未划去的行、列中,再选取一个最小值,即(1,3)=2,让仓库 A 尽量满足客户 3 的需求,于是在单元格(1,3)中填入 100,客户 3 的需求已全部满足,不再需要仓库 B、C 供应,运价表中的第三列数字已经不再起作用,所以也将它们划去。以此类推,直至所有的行列全部划去,就得出初始调运方案。

一般情况下,初始方案在产销平衡表方格中填上数字的格子数目是(货源地数＋目的地数－1)。但在按最小元素法制订初始运输方案时,有时会遇到没有需求或不能供给的情况,此时应在填数的单元格内加"0",仍然计数。

表 6-5　初始调运方案

货源地＼目的地	客户 1	客户 2	客户 3	供应量
仓库 A		500	100	600
仓库 B	200	100		300
仓库 C		300		300
需求量	200	900	100	1 200

由表 6-5 可以看出，客户 1 由仓库 B 负责供应、客户 3 由仓库 A 负责供应，客户 2 由仓库 A、B、C 一起负责供货，结合表 6-4 中相应的运价，计算此时运输费用为：$C = 1 \times 200 + 3 \times 500 + 5 \times 100 + 4 \times 300 + 2 \times 100 = 3 600$。

3. 起讫点重合的路线问题

物流管理人员经常遇到的一个路线选择问题是始发点就是终点的路线选择。例如，配送车辆从仓库送货至零售店，然后返回仓库，再重新装货；当地的配送车辆从零售店送货至客户，再返回。这类问题求解的目标是寻求访问各点的次序，以求运输时间或距离的最小化。

当附加了许多约束条件之后，要解决车辆运行路线和时间安排的问题就变得十分复杂，有些约束条件在实际工作中常常会发生，如停留点的工作时间约束、不同载重量和容积的多种类型的车辆、一条路线上允许的最大的运行时间、不同区段的车速限制、运行途中的障碍物（山脉、湖泊等）、司机的短时间休息等。

用扫描法确定车辆运行路线的方法十分简单，甚至可手工计算。它求解所得方案的误差率在 10% 左右，这样的误差率通常是可以接受的，因为调度员往往在接到最后一份订单一小时内就要制定出车辆运行路线。

（1）扫描法的组成阶段。第一阶段是将停留点的货运量分配给送货车，第二阶段是安排停留点在路线上的顺序。由于扫描法是分阶段操作的，所以，有些时间上的问题，如路线上的总的时间和停留点工作时间的约束等难以妥善地处理。

（2）扫描法的进行步骤：① 将仓库和所有的停留点位置画在地图上或坐标图上。② 在图上的仓库位置放置一个直尺，直尺指向任何方向均可，然后顺时针或逆时针转动直尺，直到直尺与一个停留点相交。计算累积的装货量是否超过送货车的载重量或载货容积（首先要使用最大的送货车辆）。按照这种方式，将最后的停留点排除后将路线确定下来，再从这个被排除的停留点开始继续扫描，从而开始一条新的路线。这样扫描下去，直至全部的停留点都被分配到路线上。③ 对每条运行路线安排停留点顺序，以求距离最小化。

第三节　配送及配送模式

一、配送的概念

《中华人民共和国国家标准物流术语》（GB/T18354-2006）中将配送定义为：在经济合理区域范围内，根据客户要求，对物品进行分拣、加工、包装、分割、组配等作业，并按时送达指

定地点的物流活动。概括而言,关于配送的概念反映了以下信息:

(1)配送是接近客户资源配置的全过程。

(2)配送的实质是送货。配送是一种送货,但和一般送货又有区别;一般送货可以是一种偶然的行为,而配送却是一种固定的形态,有确定的组织和渠道,有装备和管理力量、技术力量等。配送是高水平的送货形式。

(3)配送是一种"中转"形式。配送是一种从物流节点至客户的特殊送货形式。从送货功能看,其特殊性表现为:从事送货的是专业流通企业,而配送一般是"中转"型送货,一般送货尤其是从工厂至客户的送货往往是直达型的,且一般送货是生产什么送什么,有什么送什么;配送则是企业需要什么送什么。

(4)配送是"配"和"送"的有机结合。配送与一般送货的重要区别在于配送利用有效的分拣、配货等理货工作,使送货到达一定的规模,以便利用规模优势取得较低的送货成本。如果不进行分拣、配送,有一件送一件,就会大大增加劳动力的消耗。

(5)配送以客户要求为出发点。配送强调"按客户的订货要求",明确了客户的主导地位。配送是从客户利益出发,按客户要求进行的一种活动,因此,在观念上必须明确"客户第一""质量第一",配送企业的地位是服务地位而不是主导地位,因此,不能从本企业的利益出发,而应从客户的利益出发,在满足客户利益的基础上取得本企业的利益。

二、配送的功能

配送是物流中一种特殊的、综合的活动形式,包含了物流中若干功能要素,与商流和物流紧密结合,这就造就了配送具有诸多功能,主要包括:

1. 备货

备货是配送的准备工作,包括筹集货源、订货或购货、集货、进货及有关的质量检查、结算、接待等。配送的优势之一,就是可以集中用户的需求进行一定规模的备货。备货是决定配送成败的前期工作,如果备货成本太高,会大大降低配送的效益。

2. 存储

为了提高配送的客户服务水平,必须尽量减少配送的缺货次数和缺货数量,合理的存储就是满足这一配送要求的重要保证。而配送中的存储有储备及暂存两种形态。储备是按一定时期的配送经营要求,形成对配送资源的保证。这种类型的储备数量较大,储备结构也较完善,视货源及到货情况,可以有计划地确定周转储备及保险储备结构和数量。配送的储备保证有时会在配送中心附近单独设库解决。另一种存储形式是暂存,是在具体执行配送时,按分拣配货要求,在理货场地所作的少量存储准备。由于存储效益取决于存储总量,所以,这部分暂存数量只会对工作方便与否造成影响,而不会影响存储的总效益,因而在数量上控制并不严格。还有一种暂存,即是在分拣、配货之后,形成的发送货载的暂存,这种暂存主要是调节配货与送货的节奏,暂存时间不长。

3. 分拣及配货

分拣是根据需要配送的物品种类和数量,将货物从货垛或货架上拣取出来,搬运到理货场所的活动。配货是根据客户对物品的品种、规格、型号、数量、质量、送货时间和交货地点等的要求不同,将物品按客户的要求进行包装、组配的过程。分拣及配送是不同于其他物流形式的功能要素,也是配送成败的一项重要支持性工作。分拣及配送是完善送货、支持送货的准备工作,是不同企业在送货时进行竞争和提高自身经济效益的必然延伸,也可以说是送货向高级形式发展的必然要求。

4. 配装

当单个用户配送数量不能达到车辆的有效载运负荷时,为了提高送货车辆的运输效率,就存在如何集中不同用户的配送货物,进行搭配装载以充分利用运能、运力问题,这就需要配装。和一般送货的不同之处在于,通过配装可以大大提高送货水平及降低送货成本。所以,配装是配送系统中有现代特点的功能要素,也是现代配送不同于以往送货的重要区别之处。

5. 配送加工

配送加工是指为了扩大经营范围和提高配送服务水平,通过切割、分装和分选等方式,将集货的货物加工成一定的规格、尺寸和形状,从而提高货物价值的一项物流活动。配送加工是流通加工的一种,但配送加工有它不同于一般流通加工的特点,即配送加工一般只取决于用户要求,其加工的目的比较单一。配送加工这一功能要素不具有普遍性,但往往是有重要作用的功能要素。通过配送加工可以大大提高用户的满意程度。

6. 运输送达

配送的最终目的是将货物送达客户的手中,它属于运输中的末端运输、支线运输。和一般运输形态的主要区别在于:配送运输是较短距离、较小规模、额度较高的运输形式,一般使用汽车做运输工具。与干线运输的另一个区别是,配送运输的路线选择问题是一般干线运输没有的,干线运输的干线是唯一的运输线,而配送运输由于配送用户多,一般城市交通路线复杂,因此如何组合成最佳路线,如何使配装和路线有效搭配等是配送运输中难度较大的工作。

配送的货物运输到用户那里还不算配送工作的结束,这是因为送达货物和用户接货往往还会出现不协调,使配送前功尽弃。因此,要圆满实现货物的移交,除有效、方便地处理相关手续并完成结算外,还应处理好卸货点、卸货方式等一系列问题。

三、配送的作用

配送在物流系统中的作用主要体现在以下几个方面:

1. 实现了时间和空间价值

配送活动帮助货物实现了时间和空间价值。配送通过缩短时间、弥补时间差和延长时间差等方式创造了时间价值。企业通过配送活动,能够加快物流速度,缩短物流时间,以在客户规定的时间内将需要的物品及时送达的方式创造价值;同时配送中心具有集货的功能,通过货物的合理聚集和储存,弥补了需求和供给之间存在的时间差异;在某些具体的配送活动中也存在人为地、能动地延长物流时间来创造价值的情况,例如,配合等待时机销售而有意存储物品便是一种有意识地延长物流时间,以延长时间差来创造价值的活动。而配送创造的空间价值则是由于供给和需求之间存在空间差,商品在不同地理位置有不同的价值,通过配送活动将商品由低价值区转到高价值区,便可获得价值差,即创造空间价值。

2. 创造了加工附加价值

在一些配送据点中(仓库、配送中心)往往设置流通加工环节,当市场上现有成品不能满足顾客个性化需求,或是客户根据本身工艺要求需要使用经过某种加工的产品时,将流通加工和配送结合,可以使配送服务更具有针对性,大大提高配送服务质量,提高顾客的满意程度,从而取得更大的经营效益。

知识链接

附加价值是在产品原有价值的基础上,通过生产过程中的有效劳动新创造的价值,即附加在产品原有价值上的新价值;附加价值旨在增加一种产品或者服务在消费者心目中所具有的价值。

---

3. 提高末端物流效益

采用配送方式,通过增大经济批量来达到经济进货,又通过将各地客户集中在一起进行一次性发货来代替分别向不同客户小批量发货,从而达到经济发货,使末端物流的经济效益提高。

4. 实现低库存/零库存

实现了高水平的配送,尤其采取准时配送方式之后,生产企业可以完全依靠配送中心的准时配送而不需要保持自己的库存。或者,生产企业只需要保持少量保险库存而不必留有经常储备,以便尽可能实现"零库存",从而将企业从库存的包袱中解脱出来,解放大量的储备资金,进而改善企业的财务状况。

5. 方便客户

由于配送具有很强的"送"的功能,客户在获得配送服务时,不用考虑运输的路线、方式及装卸货物等问题,就可以在自己的工厂或流水线处收集所需的物品,大大减轻了客户的工作量,节省了开支,便利了客户。

6. 提高供应保证

配送中心依靠自己强大的集货功能,多方组织货源,同时配送中心距离客户比较近,在接到客户的需求后,可以及时将货物送达目的地。若组织的货源不能满足客户的需求,配送中心还可以利用自己的加工能力进行加工,以适应客户的需要并及时将货物送到客户手中,极大地提高供应的保证程度。同时,配送中心通过利用自身的专业优势,以及自身业务的规模经济,能够比其他非专业的企业配送以更低的成本、更高的效率满足客户的需求,从而提高经济效益。

四、配送模式及其特点

配送模式是企业对配送所采取的基本战略和方法,根据我国目前各产业部门、各地区开展配送的实际情况,配送模式可以概括为以下四种:企业自营配送模式、第三方配送模式、共同配送模式、互用配送模式。

1. 企业自营配送模式

企业自营配送模式是指企业物流配送的各个环节之间自身筹建并组织管理,实现对企业内部及外部货物配送的模式。一般而言,采取自营性配送模式的企业大都是规模较大的集团公司。有代表性的是连锁企业的配送,基本上都是通过组建自己的配送系统来完成企业的配送业务,包括对内部各场、店的配送和企业外部顾客的配送。

(1) 自营配送模式的优点。① 反应快速、灵活。企业自营配送属于企业内部物流体系的一个组成部分,与企业经营部门关系密切,以服务于本企业的生产经营为主要目标,能够更好地满足企业在物流业务上的时间、空间要求;特别是物流配送比较频繁的企业,自建物流能够更快速、灵活地满足企业要求。② 可以使零配件和原材料采购、配送以及生产支持实现一体化,有利于实施准时采购、增加批次、减少批量、调控库存、减少资金占用,从而实现零库存、零距离和零运营资本。③ 自营配送企业对供应链各个环节有较强的控制能力,易于与生产和其他业务环节密切配合,全力服务于本企业的经营管理,确保企业能够获得长期稳定的利润。④ 可以合理地规划管理流程,提高物流作业效率,减少流通费用。对于规模较大、产品单一的企业而言,自营物流可以使物流与资金流、信息流、商流结合得更加紧密,从而大大提高物流作业乃至全方位的工作效率。

(2) 自营配送模式的缺点。① 一次性投资大,成本高。虽然企业自营物流配送模式具有自身的优势,但由于配送物流体系涉及运输、仓储、包装等多个环节,建立物流系统的一次性投资大,占用资金较多,因此对于资金有限的企业来说,物流系统建设投资是一个很大的负担。企业自营物流配送模式一般只服务于自身,依据企业自身物流量的大小而建立。而单个企业的物流量一般较小,企业物流系统的规模也较小,这就导致物流成本较高。② 规模较小的企业所开展的自营物流规模有限,物流配送的专业化程度低。对于规模不大的企业而言,其产品数量有限,采用自营物流,不能形成规模效应,一方面导致物流成本过高,产品在市场上的竞争能力下降;另一方面,由于规模有限,物流配送的专业化程度低,不能满足企业的需要。③ 企业配送效率低,管理难以控制。对于绝大多数企业而言,物流部门只是企业的一个后勤部门,物流活动也并非企业所擅长。在这种情况下,企业自营物流就等于迫使企业从事自己不擅长的业务活动,企业的管理人员往往需要花费过多的时间、精力和资源去从事辅助性工作,结果有可能是辅助性的工作没有抓起来,关键性业务也无法发挥出其核心作用。

2. 第三方物流配送模式

随着现代物流配送理念在中国企业内逐步被认知,第三方物流配送模式正在蓬勃发展。第三方物流配送模式是指供给方与需求方以外的物流企业提供物流服务的业务模式。第三方通过与交易双方的合作来提供其专业化的物流服务,它不拥有商品,不参与商品买卖,而是为客户提供以合同契约约束、以结盟为基础的,系列化、个性化、信息化的物流配送代理服务。

(1) 第三方物流配送模式的好处。任何企业的资源都是有限的,很难成为业务上面面俱到的专家,第三方物流配送模式能起到资源优化配置的作用,可以使供给方将有限的人力、物力、财力集中于核心业务。此外,第三方物流企业的专业特性使其有能力制订出以客户为导向,低成本、高效率的物流方案,为客户提供更多的附加值,使客户满意度提升,进而改进企业服务、提升企业形象。

(2) 第三方物流配送模式的不利影响。第三方物流配送模式也会给企业带来不利影响,主要是与自营物流配送模式相比,存在以下不足:① 企业不能直接控制物流职能;② 不能保证供货的准确性和及时性;③ 不能保证客户服务的质量与维护同客户的长期关系。

3. 共同配送模式

共同配送是物流配送企业之间为了提高配送效率以及实现合理化所建立的一种功能互补的配送联合体。进行共同配送的核心在于充实和强化配送的功能。共同配送有利于实现配送资源的有效配置,弥补配送企业能力的不足,促使企业的配送能力得到提高、配送规模得以扩大,从而更好地满足客户需求,提高配送效率,降低配送成本。共同配送模式的一般流程如图 6-7 所示。

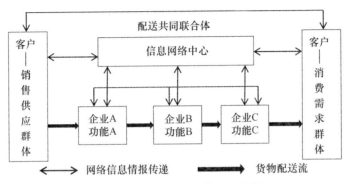

图 6-7　共同配送模式的一般流程

共同配送能够提高物流作业的效率,降低企业运营成本;由于不需要投入大量资金、设备、土地、人力等,可以节省企业的资源,从而实现"最小风险、最大柔性"。

不同产业共同配送的缺点在于配送商品的物理、化学特性不同,不易于组织进行混载配送,配送成本核算也很困难;各企业的规模、商圈、客户、经营意识等方面也存在差距,管理、控制、协调较难。同产业共同配送的缺点在于容易造成商业信息的泄露。

4. 互用配送模式

互用配送模式是几个企业为了各自的利益,以契约的方式达成某种协议,互用对方配送系统的配送模式。其优点在于企业不需要投入较多的资金和人力,就可以扩大自身的配送规模和范围,但需要企业有较高的管理水平及较强的协调能力。互用配送模式的基本形式如图 6-8 所示。

图 6-8　互用配送模式

本章小结

1. 运输是用设备和工具,将物品从一地点向另一地点运送的物流活动,其中包括集货、分配、搬运、中转、装入、卸下和分散等一系列操作。

2. 目前比较常见的运输方式有五种：水路运输、公路运输、铁路运输、航空运输和管道运输。

3. 运输方式的选择受运输物品的种类、运输量、运输距离、运输时间、运输成本、运输安全等六方面因素的影响。

4. 常用的选择运输方式的方法有：直观选择法、综合评价法、成本比较法、竞争因素法等。

5. 配送是在经济合理区域范围内，根据客户要求，对物品进行分拣、加工、包装、分割、组配等作业，并按时送达指定地点的物流活动。

6. 配送模式可以概括为：企业自营物流配送模式、第三方物流配送模式、共同配送模式和互用配送模式四种。

练习题

1．名词解释

运输　　对流运输　　多式联运　　配送模式　　共同配送

2．简答题

（1）运输的功能有哪些？

（2）运输方式选择的影响因素有哪些？

（3）不合理运输的类型有哪些？

（4）运输方式选择的原则有哪些？

（5）配送的功能主要有哪些？

3．论述题

（1）试比较论述五种运输方式的优缺点。

（2）试举例阐述配送模式的主要类型有哪些。

4．计算题

某公司下属三个仓库，供应三个客户的需求，三个仓库的供给量和三个客户的需求量，以及由各仓库到各客户的运输单价如表 6-6 所示。请运用表上作业法求出运输费用最少的运输方案。

表 6-6　供求状况及运输单价

	客户 1	客户 2	客户 3	供给量
仓库 A	8	3	5	600
仓库 B	6	1	2	600
仓库 C	7	4	3	300
需求量	400	300	800	1 500

扩展阅读　　　　　　　　　　**海福发展有限公司的配送体系**

　　海福发展有限公司坐落于深圳福田保税区,是一家为高科技电子产品生产企业提供物流配送服务的第三方物流企业。

　　该公司承接了国际著名企业 IBM 在我国境内生产厂的电子料件的配送业务,为此,他们按 IBM 的要求开发了一套严密控制作业流程和管理物流信息的电子网络系统。在这个网络系统的支持下,IBM 分布在全球各地共 140 余家供应商的料件通过海、路、空物流网络有机地联系在一起。料件集装箱运达香港机场或码头后,由公司配送中心进行报关、接运,并负责质检、分拆、选货、配套、集成、结算、制单、信息传递、运输、装卸等作业,使上千种电子料件在 24 小时内完成从"香港—保税区—IBM 工厂生产线"的物流过程,保证 IBM 生产厂在料件零库存状态下生产。另外,还要把不合格的料件在规定时间内准确无误地退还给 IBM 的各供应商,与此同时还要完成 IBM、海福、供应商三者之间的费用结算。海福的物流业务主要有两种形式:一是 IBM 式,完成多个供应商对一个需求方生产线的配送活动,即"多对一"物流;二是美能达式,承担多个供应商对一个需求方的多个供应点的配送业务,即"多对多"物流。

　　近年来,海福以年均 30% 以上的发展速度增长,获得了良好的经济效益。总结其成功的经验,首先应归功于精明强干熟悉业务的管理团队和一套科学的管理制度。其次,公司选拔人才不按资排辈,而是特别注重人的品德和专业能力,许多 20 岁出头的年轻人已经在业务部门担任主管。海福公司以其严格管理通过 ISO9002 认证,在客户中有可靠的信誉。最后,公司重视依靠先进技术,尤其是信息技术。公司从业务需求和发展出发,自行研制开发了一套物流管理信息系统,这套系统使大量的进出口业务、繁杂的料件品种配送能够顺利进行,海关与厂商的各种严格要求也能得到满足。

　　(资料来源:http://www.doc88.com/p-6394706318268.html)

第七章

物流辅助作业管理

教学要点

知识要点	掌握程度	相关内容
物流包装作业管理	了解	包装的概念 包装的基本功能 常用包装技术 包装合理化
装卸搬运作业管理	了解	装卸搬运的概念 装卸搬运的特点 装卸搬运的方式 装卸搬运的原则 装卸搬运设备 装卸搬运合理化
流通加工作业管理	了解	流通加工的概念 与生产加工的联系与区别 流通加工的地位与作用 流通加工合理化

导入案例

一个价值600万美元的玻璃瓶

说起可口可乐的玻璃瓶包装,人们至今仍广泛称道。1898年,鲁特玻璃公司一位年轻的工人亚历山大·山姆森在同女友的约会时,发现女友穿的筒形连衣裙非常好看。约会结束后,他突发灵感,根据女友的这套裙子设计了一个玻璃瓶。经过反复的修改,亚历山大·山姆森将瓶子设计得非常美观,如同一位亭亭玉立的少女,他还把瓶子的容量设计成刚好能盛装一杯水。瓶子试制出来之后,获得大家的交口称赞。有市场意识的亚历山大·山姆森立即到专利局申请专利。

当时,可口可乐的决策者坎德勒在市场上看到了山姆森设计的玻璃瓶后,认为其非常适合作为可口可乐的包装。于是他主动向山姆森提出购买这个瓶子的专利。经过一番讨价还价,最后可口可乐公司以600万美元的价格买下了这个专利。要知道在100多年前,600万美元可是一项巨大的投资。然而实践证明,可口可乐的公司这一决策是非常正确的。亚历山大·山姆森设计的瓶子不仅美观,而且使用非常安全,易握且不易滑落。此外,由于瓶子的结构为中大下小,当用它盛装可口可乐时,给人分量很多的感觉。采用亚历山大·山姆森设计的玻璃瓶作为可口可乐的包装以后,可口可乐的销售量飞速增长,在两年的时间内,销量翻了一番。

从此,使用山姆森玻璃瓶作为包装的可口可乐开始畅销美国,并迅速风靡全球,600万美元的包装投入为可口可乐公司带来了数以亿计的回报。

(资料来源:http://www.gjart.cn/htm/viewnews35338.htm)

第一节 物流包装作业管理

一、包装的概念

包装既是构成商品本身的重要部分,又是物流活动的重要职能,也是实现商品价值和使用价值的手段之一,它与整个社会生产过程和人们的日常生活有着密切的联系。

包装的含义是一个随着社会发展而不断延伸的动态概念。《中华人民共和国国家标准物流术语》(GB/T18354-2006)中将包装定义为:"在流通过程中保护产品、方便储运、促进销售,按一定技术方法而采用的容器、材料以及辅助物等的总称。"美国包装协会对包装的定义为:"包装是使用适当的材料、容器,而施于技术,使其能将产品安全运达目的地,即在产品运输过程中的每一个阶段,不论遇到怎样的外来影响,皆能保护其内装物,而不影响产品价值。"而日本作为最早实现包装标准化的国家之一,其工业标准对包装所下的定义为:"为便于物品的运输及保管,并维护商品之价值,保持其状态,而以适当的材料或容器对物品所实施的技术及其实施后的状态。"

随着经济的发展,以及市场竞争的日益激烈,包装已经成为刺激消费者、扩大销售、增加产品附加值的秘密武器。包装的优劣关系到商品能否完好无损地送达消费者手中,包装的外观也影响到商品的竞争力。

二、包装的基本功能

包装的功能是指包装与产品组合时所具有的作用。一般来说,包装的功能主要有以下几个方面。

1. 防护功能

有些产品离开生产线到消费者手中需要几个月,乃至几年。在储运零售的过程中,要经历不同的人(包括消费者在内)的搬运。若要保证产品完好地送达消费者手中,通常要做到防潮、防挥发、防污染与防变质和腐烂。在有些地方,还要防热、防冷、防曝光和防氧化。产品的流通必须符合法律规定的标准,包装必须起到它应有的作用,如食品包装必须保证其原有成分稳定及质量安全等特征。

知识链接

食品包装是食品商品的组成部分,它使食品在离开工厂到消费者手中的流通过程中,免受生物的、化学的、物理的外来因素的损害,同时也具有保持食品本身稳定质量的功能。另外它方便食品的食用,又可以通过食品外观来吸引消费者,具有多方面价值。

包装还必须有防震和防挤压的功能设计,以使产品的损坏率降到最低。还有很多产品需要"双重标准"包装,如香水、高级糖果等,为了防止阳光照射导致的变质,必须附加外层包装。对于那些易燃、易爆、易挥发、易腐蚀、易氧化的产品,特别是对人体有害、对环境造成污染的产品,应该进行特殊包装,并打上危险标志、加上说明性文字,这样才有利于储运、装卸、使用和保护环境。

包装的防护功能主要实现以下目的:

(1) 防止产品的破损变形。为了防止产品的破损变形,产品包装必须能承受在装卸、运输、保管等过程中的各种冲击、振动、颠簸、压缩、摩擦等外力的作用,形成对外力的防护。在装卸搬运作业中,由于操作不慎,包装跌落,造成落下冲击,仓库储存堆码,使最底层货物承受强大的压力,由于运输和其他物流环节的冲击振动,这些都要求包装具有足够的强度。

(2) 防止产品发生化学变化。为防止发生物资受潮、发霉、变质、生锈等化学变化,产品包装必须能在一定程度上起到阻隔水分、潮气、光线及空中各种有害气体的作用,避免外界不良因素的影响。

(3) 防止有害生物对产品的影响。鼠、虫及其他有害生物对产品有很大的破坏性。包装封闭不严,会给细菌造成侵入之机,导致食品变质、腐败。

(4) 防止异物混入、污物污染、丢失、散失和盗失等。

2. 方便功能

现代产品包装能为物流和日常生活带来许多便利,这对于提高工作效率和生活质量都有重要作用。包装的方便功能体现在以下几个方面:

(1) 方便生产。对于不同批量生产的产品,包装能适应不同类型的生产企业机械化、专业化、自动化的生产需要,以最适宜的包装单位,兼顾资源能力和生产成本,尽可能地促进生产效率的提高。

(2) 方便储运。在包装的规格、质量、形态上适合仓储作业,包装物上的标志、条形码便于识别、存取、盘点、验收及分类等作业,包装的尺寸与运输车辆(船、飞机)等运输工具的容积相吻合,这些均能提高装载能力及运输效率。

（3）方便装卸搬运。适宜的包装便于装卸搬运，便于使用装卸搬运机械提高效率。标准化的包装为集装提供了条件，并且能够极大地提高装卸搬运工具的装载能力。同时，包装容器的质量、体积、尺寸、形态等适宜运输工具的装卸，方便堆码和人工装卸货物。

（4）方便使用。合适的包装应使消费者在开启、使用、保管、收藏时感到方便。

（5）方便处理。部分包装功能具有重复使用的功能。例如，各种材料的周转箱、装啤酒或饮料的玻璃瓶，还有包装废弃物（纸包装、木包装、金属包装等）都可以回收再利用，一方面有利于保护环境，另一方面有利于节省资源。

3. 促销功能

包装是无声的推销员，良好的包装能引起消费者的注意，激发消费者的购买欲望。包装的销售功能是通过包装设计来实现的。优秀的包装设计，以其精巧的造型、合理的结构、醒目的商标、得体的文字和明快的色彩等艺术语言，直接刺激消费者的购买欲望，并导致购买行为。有些包装还具有潜在价值，如美观实用的包装容器，在内装物用完后还可以用来盛装其他物品。造型别致的容器、印刷精美的装饰，不但能提高产品售价，促进产品销售，同时还可以作为艺术鉴赏品收藏。

综上所述，包装的防护功能、方便功能和促销功能是与物流活动关系非常密切的。充分发挥包装的作用是促进物流合理化、快速发展的重要方面。

案例 7-1　　　　　　　香奈尔 5 号香水的包装设计

1921 年 5 月，当香水创作师恩尼斯·鲍将他发明的多款香水呈现在香奈尔夫人面前让她选择时，香奈尔夫人毫不犹豫地选出了第五款，即现在誉满全球的香奈尔 5 号香水。然而，除了那独特的香味以外，真正让香奈尔 5 号香水成为"香水贵族中的贵族"却是那个看起来不像香水瓶，更像药瓶的创意包装。

服装设计师出身的香奈尔夫人，在设计香奈尔 5 号香水的瓶型上别出心裁。"我的美学观点跟别人不同：别人唯恐不足地往上加，而我一项项地减除。"这一设计理念，让香奈尔 5 号香水瓶简单的包装设计在众多繁复华美的香水瓶中脱颖而出，成为最怪异、最另类，也是最为成功的一款造型。香奈尔 5 号以其宝石切割般形态的瓶盖、透明水晶的方形瓶身造型、简单明了的线条，成为一股新的美学观念，并迅速俘获了消费者的心，它以其所表现出来的独有的现代美荣获"当代杰出艺术品"称号，跻身于纽约现代艺术博物馆的展品行列。从此，香奈尔 5 号香水在全世界畅销 90 多年，至今仍然长盛不衰。

（资料来源：http://www.doc88.com/p-994284944001.html）

三、常用包装技术

1. 通用包装技术

通用包装技术是指充填技术、装箱技术、裹包技术、封口技术和捆扎技术等，包括所用的容器、材料和辅助物及所使用的操作技术方法。

2. 防震包装技术

防震包装技术是指为了缓冲内装物品在搬运过程中所受到的振动和冲击,保护内装物免受损坏而采取的保护措施。该技术的重点是包装材料的选取和包装结构的科学设计。

3. 集装单元化技术

使用不同的方法和器具把有包装或者无包装的物品整齐地汇集成为一个扩大的、便于装卸搬运的、能够在整个物流过程中保持一定形状的作业单元的技术,称为集装单元化技术,简称集装技术。

四、包装合理化

好的包装能够给产品增加附加价值,不恰当、不合理的包装则会起到相反的作用。物流活动中的包装管理追求的最终目标就是包装合理化。所谓包装合理化是指在包装过程中使用适当的材料和适当的技术,制成与产品相适应的容器,节约包装费用,降低包装成本,既满足包装保护产品、方便储运、促进销售的要求,又要提高包装经济效益的综合管理活动。

1. 包装的不合理表现

物流包装的不合理表现主要体现在包装的不足和包装过剩方面。

(1) 包装不足:① 物流包装强度不足。物流包装强度与包装堆码、装卸搬运有密切关系,强度不足,使其在物流中的性能不足,导致包装物在物流环节中的破损。② 物流包装材料不能承担防护作用。③ 物流包装容器的层次及容积不足。④ 物流包装成本过低,不能有效包装。

(2) 包装过剩:① 包装物强度设计过大,如包装材料的截面过大等,从而使包装防护性过强。② 包装材料选择不当,材料质量过高,如可以使用纸板却采用镀锌、镀锡材料等,造成浪费。③ 包装技术过高,包装层次过多,包装体积过大。④ 包装成本过高,一方面可能使包装成本支出大大超过减少损失可能获得的效益;另一方面,包装成本在商品成本中的比例过大,损害了消费者的利益。

2. 包装合理化的主要措施

为了能够更好地实现包装在物流中的各项功能,满足物流主要环节对包装的要求,同时又能使包装成本最低,必须使包装合理化。包装合理化一般可以采用以下措施:

(1) 根据物流实况设计包装。物流包装的保护功能应使物品在物流过程中能承受各种环境的考验,只有确切地掌握运输、储存、装卸、搬运等物流活动的实际情况,才能合理选用包装技术和包装材料进行有效设计,发挥最经济的保护功能。

(2) 包装设计标准化。对于物流包装设计必须采用标准规格尺寸。按照硬质直方体运输包装尺寸系列选用合适的长、宽尺寸,这样同托盘、集装箱及运输车(船)、装卸搬运器械相匹配,能够在物流包装中获得最大载重量,提高装载率,降低物流成本。

> **知识链接**
>
> 包装标准化是指在生产技术活动中,对所有制作的运输包装和销售包装的品种、规格、尺寸、参数、工艺、成分、性能等所作的统一规定,并且按照统一的技术标准对包装过程进行管理。

(3) 材料减量化、轻薄化。物流包装对商品主要起保护作用,因此,在强度、寿命等因素相同的条件下,尽量减少材料用量,使其轻薄化,不仅能降低物流包装成本,而且也可以减少废弃物数量,从而提高物流效率。

(4) 注重作业的方便性。物品在物流过程中需要多次装卸搬运,因此物流包装设计必须重视作业的方便性。凡手工作业必须使人的疲劳程度降到最低;机械作业则应使其重量及体积与作业机械程度相适应。同时,还应该注重开箱的方便性。

(5) 包装费用与内装物价值相适应。无论商业包装还是物流包装,杜绝过度包装、欺骗包装。

(6) 包装方式集装化。物流包装方式集装化是通过集合包装技术方法来实现的。集装化有利于降低物流作业的劳动强度,缩短物流时间,加速车船周转,提高物流效率与效益,有利于多式联运,保证物品在物流过程中的安全,降低物流费用,促使物流包装系列化、标准化、规格化的实现。

(7) 强化环保意识,减少包装污染。"绿色环保"已经成为当今社会的一个热点话题,发展无公害的绿色物流包装也是必然趋势。发展绿色包装主要有两条途径:一是研发绿色包装材料;二是物流包装废弃物的回收及综合利用。

第二节 装卸搬运作业管理

一、装卸搬运的概念

在整个物流过程中,商品装卸搬运是发生频率最高的一项作业,当商品运输或商品储存等作业发生的时候,商品装卸和搬运作业就会发生。它出现的频率远高于其他各项物流活动,每次装卸活动都要花费很长的时间,因此,装卸费用在物流成本中所占的比例也较高,为此装卸搬运往往成为决定物流速度的关键。

装卸是指物品在指定地点进行的以垂直移动为主的物流作业,即在一定范围内(工厂范围、仓库内部等)以改变"物"的存放、支撑状态的活动称为装卸。搬运是指在同一场所内对物品进行以水平移动为主的物流作业,即以改变"物"的空间位置的活动称为搬运。所以,装卸搬运是在某一物流节点范围内进行的,以改变物料的存放状态、空间位置为主要内容和目的的活动。

二、装卸搬运的特点

装卸搬运有以下六个特点:

第一,装卸搬运是附属性、伴生性活动。装卸搬运是伴随生产与流通的其他环节发生的,是物流每一项活动开始及结束时必然发生的活动。无论是生产领域的加工、组装、检测,还是流通领域的包装、运输、储存,一般都以装卸搬运作为起始和终结。所以说,无论在生产领域还是流通领域,装卸搬运环节既是必不可少的,又与其他环节密不可分。因而,装卸搬运具有"伴生"和"起讫"的特点。

第二,装卸搬运是支持、保障性活动。装卸搬运对其他物流活动具有一定的决定性影响。装卸搬运会影响其他物流活动的质量和速度。例如,装卸出现问题,会引起货物在运输过程中的损失,还会引起货物转换到下一节点的不便。因此,许多物流活动在有效的装卸搬运支持下才能实现高水平的运转。

第三,装卸搬运是衔接性活动。在任何其他物流活动互相过渡时,都是以装卸搬运来实现的。因此,装卸搬运往往成为整个物流过程的衔接点,是物流各个过程之间能够形成有机联系和紧密衔接的关键,也是整个物流系统的关键。建立一个有效的物流系统,关键看这一衔接是否有效。比较先进的物流系统要着力解决装卸搬运与运输等其他活动之间的无缝衔接问题。

第四,装卸搬运是服务性活动。装卸搬运既不改变作业对象的物理、化学等方面的性质,也不改变作业对象的相互关系;不消耗作业对象,不占用大量流动资金,不产生有形的产品,而是提供劳动服务,是生产领域和流通领域其他环节的配套服务性作业。

第五,装卸搬运作业对象繁多。在生产领域和流通领域的装卸搬运作业过程中,接触的物品多种多样,包括原材料、零部件、半成品、成品等。它们在性质、形态、重量和体积上及包装上都有很大的区别。即使是同一种货物在装卸搬运前的处理方法不同,也有可能产生完全不同的装卸搬运作业。另外,不同的运输方式、不同的存储方法在装卸搬运设备运用、装卸搬运方式的选择上都提出了不同的要求。

第六,作业安全性要求高。装卸搬运作业需要人和机械、货物、其他劳动工具相结合,工作量大,情况多变,作业环境复杂,这些都导致装卸搬运作业中存在着不安全的因素和隐患。装卸搬运的安全性,一方面直接涉及人身,另一方面涉及物资。应创造适宜的装卸搬运的作业环境,加强劳动保护,对任何可能导致不安全的因素都应设法消除,防患于未然。

三、装卸搬运的方式

1. 单件装卸

单件装卸指的是非集装按件计的货物逐个进行装卸操作的作业方法。单件装卸对机械、装备及装卸条件的要求不高,因而机动性较强,可在很广泛的地域内进行而不受固定设施、设备的地域局限。

单件装卸可采取人力装卸、半机械化装卸和机械装卸。由于逐件处理装卸速度慢,且装卸要接触货体,因而容易出现货损,反复作业次数较多,也容易出现货差。单件装卸的对象主要是多种类、少批量货物及单件大型、笨重货物。

2. 集装作业

集装作业是对集装货载进行装卸搬运作业的方法。每装卸一次是一个经组合之后集装货载,在装卸时对集装体进行逐个装卸操作。和单件装卸相比,其主要不同在于均按件处理,但集装作业的"件"的单位大大高于单件装卸。集装作业一次作业装卸量大、装卸速度快,且在装卸时并不逐个接触货体,而仅对集装货体进行作业,因而货损较小,货差也小。

集装作业的对象范围较广,一般除特大、重、长的货物和粉、粒、液、气状货物外,都可进行集装。特大、重、长的货物,经适当分解处置后,也可采用集装方式进行装卸;粉、粒、液、气状货物经一定包装后,也可集合成大的集装货载。集装作业有托盘装卸、集装箱装卸、货捆装卸等。

3. 散装作业

散装作业指对大批量粉、粒状货物进行无包装散装、散卸的装卸方法。装卸可连续进行,也可采取间断的装卸方式。但是都需采用机械化设施和设备。在特定情况下,批量不大时也可采用人力装卸。散装作业方法主要有气力输送装卸、重力装卸、机械装卸等。

四、装卸搬运的原则

由于装卸搬运作业仅是衔接运输、保管、包装、配送、流通加工等各物流环节的活动,本身不创造价值,所以应尽量节约时间和费用,装卸搬运一般应遵循以下原则:

1. 有效作业原则

从物流过程分析,装卸作业环节不仅不增加货物的价值和使用价值,而且,每装卸一次,就会增加一次装卸费用,同时增大商品污损、破坏、丢失、消耗的机会。系统地研究分析物流过程各个装卸作业环节的必要性,取消、合并装卸作业次数,避免进行重复的或可进行也可不进行的装卸作业,这是减少不必要装卸环节的重要保证。

2. 集装原则

集中作业是提高装卸搬运效率的一个重要方法。集中作业既包括装卸搬运场地的集中,也包括作业对象的集中。搬运场地的集中在条件允许的情况下才能进行,而日常物流活动中的集中作业一般指作业对象的集装。把零星的、散装的货物汇集成较大的集装单元,如托盘、集装箱等,通过整体作业提高作业效率。

3. 活性化原则

物品所处的状态会直接影响到装卸搬运的效率,在整个物流过程中物品要经过多次装卸和搬运,前道的卸货作业与后道的装载或搬运作业关系密切。如果卸下来的物品零散地码放在地上,在搬运时就要一个一个地搬运或重新码放在托盘上,就会增加装卸的次数,降低搬运效率;如果卸货时直接将物品放在托盘上,或者运输过程中就是以托盘为一个包装单位,那么就可以直接利用叉车进行装卸或搬运作业,实现装卸搬运作业的省力化和效率化;同样,在进出库作业中,利用传送带、货物装载机装卸货物也可以达到省力和高效的目的。因此,在组织装卸搬运作业时,应该灵活运用各种装卸搬运工具和设备。前道作业要为后道作业服务,从物流包装开始,应以装卸搬运的灵活性指数最大化为目标。

4. 单元化原则

所谓单元化原则是指将物品集中成一个单位进行装卸搬运的原则。单元化是实现装卸合理化的重要手段。通过单元化不仅可以提高作业效率,而且还可以防止损坏和丢失,数量的确定也变得更加容易。

5. 安全作业原则

由于装卸搬运作业对象繁多、辅助设备多样,作业过程中的不安全因素较多,因此要组织文明装卸,避免发生重大事故,尽量减少一般事故,努力保证货物、人身及设备的安全。

6. 系统化原则

组织装卸搬运的出发点是实现装卸搬运的合理化,而其合理化的目的是实现系统的整体优化。要充分发挥系统中各要素的功能,从作业数量、效率、安全、经济各方面对装卸搬运系统进行评价。同样,也要考虑装卸搬运系统与其他物流子系统的衔接和整体优化。

案例 7-2

云南双鹤医药有限公司是北京双鹤这艘"医药航母"部署在西南"战区"的一艘"战舰",是一个以市场为核心、现代医药科技为先导、金融支持为框架的新型公司,是西南地区经营药品品种较多、较全的医药专业公司。

虽然云南双鹤已形成规模化的产品生产和网络化的市场销售,但其流通过程中物流管理严重滞后,造成物流成本居高不下,未能形成价格优势。这又进一步严重阻碍了物流服务的开拓与发展,成为公司业务发展的"瓶颈"。

装卸搬运活动是衔接物流各环节活动正常进行的关键,而云南双鹤恰好忽视了这一点,搬运设备的现代化程度低,只有几个小型货架和手推车,大多数作业仍处于以人工作业为主的原始状态,工作效率低,且易损坏物品。另外,仓库设计得不合理,造成长距离地搬运,并且库内作业流程混乱,形成重复搬运,大约有70%的无效搬运,搬运次数过多,损坏了物品,也浪费了时间。

(资料来源:http://www.chinawuliu.com.cn/information/200407/21/150370.shtml)

五、装卸搬运设备

按照主要用途和结构特征分类,装卸搬运设备可以分为起重设备、连续输送设备、装卸搬运车辆、专用装卸搬运设备等。其中,专用装卸搬运设备包括托盘装卸搬运设备、集装箱装卸搬运设备、船舶装卸搬运设备和分拣设备等。按照货物种类分类,装卸搬运设备分为长、大、笨重货物的装卸搬运设备,散装物料的装卸搬运设备,成件物品装卸搬运设备,以及集装箱装卸搬运设备等。下面将分别介绍各种常见的装卸搬运设备。

(一)起重设备

起重机是一种能把货物垂直吊起,并且在有限的距离内水平搬运货物的机械设备。按其结构特点,起重机可以分为门式起重机、岸壁起重机、电动葫芦、桥式起重机、轮胎起重机等。图7-1和图7-2分别为门式起重机和岸壁起重机的实物图。

图 7-1　门式起重机

图 7-2　岸壁起重机

（二）连续输送设备

连续输送设备是以连续的方式沿着一定的路线从装货点到卸货点均匀输送货物和成件包装货物的机械设备。常见的输送机有带式输送机、斗式提升机、链式输送机、悬挂输送机、棍子输送机、气力输送机、震动输送机等。按不同的安装方式分类，输送机可分为固定式和移动式两大类。固定式输送机（如图 7-3 所示）是指整个设备固定安装在一个地方，不能再移动，主要用于固定输送的场合，如专用码头、仓库中货物的移动，以及工厂工序之间的原材料、半成品和成品的输送。它具有输送量大、能耗低、效率高等特点。移动式输送机（如图 7-4 所示）是指整个设备安装在车轮上，可以移动，具有机动性强、利用率高等特点，适用于中小仓库。

图 7-3 固定式输送机

图 7-4 移动式输送机

带式输送机(如图 7-5 所示)由金属结构机架,装在头部的驱动滚筒和装在尾部的张紧滚筒,绕过头尾滚筒和沿输送机全长上安装的上支承托辊、下支承托辊的无端输送带,以及包括电动机、减速器等在内的驱动装置、装载装置、卸载装置和清扫装置等组成。

图 7-5 带式输送机

（三）装卸搬运车辆

1. 托盘搬运车

托盘搬运车又称托盘式叉车，它是以搬运托盘为主的搬运车辆。托盘搬运车包括手动托盘搬运车和电动托盘搬运车。托盘搬运车体形小，重量轻，主要用于区域内的装卸作业。托盘搬运车有两个货叉似的插腿，可插入托盘底部。插腿的前端有两个小直径的行走轮，用来支撑托盘货物的重量。图 7-6 为手动托盘搬运车。

图 7-6　手动托盘搬运车

2. 平台搬运车

平台搬运车是室内经常使用的短距离的搬运车辆（如图 7-7 所示），一般情况下，采用蓄电池或者电动机作为驱动力。

图 7-7　平台搬运车

3. 牵引车

牵引车是指具有牵引装置，专门用于牵引载货挂车进行水平搬运的车辆。牵引车按动力的不同，可以分为内燃牵引车和电动牵引车两种。如果按照动力大小则可以划分为普通牵引车和集装箱牵引车两种。牵引车实物如图 7-8 所示。

4. 自动导引搬运车

自动导引搬运车（Automated Guided Vehicle，AGV）是指具有电磁或者光学导引装置（如图 7-9 所示），能够按照预定的导引路线行走，具有小车的运行和停车装置、安全保护装置，以及具有各种移载功能的运输小车。

图 7-8　牵引车

图 7-9　自动导引搬运车

六、装卸搬运合理化

在装卸搬运活动中，除了合理选用装卸搬运方法和设备外，还应采取相应措施，科学、合理地组织装卸搬运过程，尽量减少用于装卸搬运的劳动消耗。装卸搬运合理化应该把握以下要点：

1. 防止和消除无效作业

无效作业是指在装卸作业活动中超出必要的装卸搬运量的作业。显然，防止和消除无效作业对装卸搬运的经济效益有重要作用。防止和消除无效作业可以从以下几个方面入手：

（1）尽量减少装卸次数。在整个物流过程中，装卸作业是反复进行的，从发生的频率来看，其超过了任何其他活动。装卸搬运次数的减少意味着物流作业量的减少，也就意味着劳动消耗的节约和物流费用的节省。

（2）提高被装卸物的纯度。进入物流过程的货物，有时混杂着没有使用价值的各种杂物，在反复装卸时，这些无效物质会反复消耗劳动，形成无效的装卸，所以要尽量减少物流过程中的无效物质，从而减少无效的装卸搬运。

（3）包装适宜。包装过大、过重会造成在装卸时消耗在包装上的劳动较多，这一消耗不是必需的,因而形成无效劳动。因此,消除多余包装或者包装适宜化可以减少无效的物流消耗,降低物流总成本。

(4) 缩短搬运作业距离。物料在搬运当中,要实现水平和垂直两个方向的位移,选择最短的路线完成这一活动,就可避免超过这一最短路线,从而形成的无效劳动。

2. 充分利用重力

在进行装卸搬运活动时,要充分考虑重力因素,可以利用货物本身的重量,将重力势能转变为促使物料移动的动能。

3. 提高装卸搬运的灵活性

被装卸搬运物料的放置处于什么状态关系着装卸搬运作业的效率。为便于装卸搬运,我们总是期望物料处于最容易被移动的状态。物料放置被移动的难易程度称为活载程度,也称为活性指数。日本物流专家远藤健儿教授把物料放置的活载程度分为0、1、2、3、4共5个等级。各个等级物料放置状态和活性等级如表7-1所示。

表 7-1 物料的活性级别与状态

活性等级	物料状态
0级	物品杂乱堆放在地面上
1级	物品装箱或被捆扎
2级	箱子或被捆扎后的物料,下面放油枕木、垫板或托盘,便于叉车或其他机械作业
3级	物品被放于台车上或用起重机吊钩钩住,即可以移动的状态
4级	待装卸搬运的物品已经处于可直接作业的状态

从理论上说,活性指数级别越高越好,但也必须考虑实施的可能性。例如,物料在储存阶段,活性指数为4级的输送带和活性指数为3级的车辆,在一般的仓库中很少被采用,这是因为大批量的物料不可能长期存放在输送带或车辆上。

4. 实现装卸作业机械化、自动化

随着生产力的发展和科学技术的不断进步,装卸搬运的机械化程度在不断提高,此外,由于装卸搬运的机械化能把员工从繁重的体力中解放出来,尤其对于危险品的装卸作业,机械化能保证人和货物的安全,这也是装卸搬运机械化程度得以不断提高的动力。

5. 组合化装卸

在装卸搬运过程中,根据不同物品的种类、性质、形状、重量的不同来确定不同的装卸方式。处理物料装卸搬运的方法有三种:一是分块处理,普通包装的物料逐个进行装卸;二是散装处理,将颗粒状物品不加小包装而原样装卸;三是集装处理,将物料以托盘、集装箱、集装袋为单位进行组合后进行装卸。

6. 合理规划装卸搬运方式和作业过程

装卸搬运环节是各作业线环节的有机组成,只有各环节相互协调,才能使整条作业线产生预期的效果。应使装卸搬运各环节的生产效率协调一致,相互适应。因此,要针对薄弱环节,采取措施,提高能力,使装卸搬运的综合效率不断提高。

第三节 流通加工作业管理

一、流通加工的概念

流通加工是一种特殊的物流功能要素,属于物流的辅助功能,是在物品从生产领域向消费领域流动的过程中,为了促进销售、维护产品质量和提高物流效率,对物品进行的加工,使物品发生物理变化、化学变化,以满足消费者的多样化需求和提高服务水平的需要。

《中华人民共和国国家标准物流术语》(GB/T18354-2006)对流通加工的定义是:物品在从生产地到使用地的过程中,根据需要施加包装、分割、计量、分拣、刷标志、栓标签、组装等简单作业的总称。

流通加工为流通部门增加收益,弥补生产加工的不足,更好地衔接生产和需求环节,能更有效地满足用户和本企业的需要,是物流配送的组成部分,是物流活动中的一项重要增值服务。

二、与生产加工的区别

流通加工和一般生产制造在加工方法、加工组织、生产管理方面无明显区别,但在加工对象、加工程度方面差别较大。流通加工和生产加工合理配合,可以节约运输和配送成本,更好地满足客户需求。流通加工和生产加工的区别主要体现在以下几个方面:

(1) 加工对象不同。流通加工的对象是进入流通过程的商品,具有商品的属性;生产加工的对象不是最终产品,而是原材料、零配件和半成品。

(2) 加工程度不同。流通加工大多是简单加工,如解包分包、裁剪分割、组配集合等。而生产加工一般是复杂加工。一般来说,如果必须进行复杂加工才能形成人们所需的商品,那么这种加工应专设生产加工过程,生产制造理应完成大部分加工活动。流通加工对生产加工只是一种辅助及补充,而绝对不是生产制造的替代。

(3) 加工目的不同。生产加工的目的在于创造物资的价值和使用价值,使它们能成为人们所需的商品;流通加工的目的则在于完善其使用价值,主要是为了方便流通、运输、储存、销售、用户和物资充分利用。生产加工以交换和消费为目的,流通加工有时以自身流通为目的。

(4) 加工实施的主体不同。从加工实施的主体来看,流通加工处在流通领域,由商业或物流企业完成;生产加工处在生产领域,由生产企业完成。流通加工与生产加工的区别和联系综合可如表7-2所示。

表7-2 流通加工与生产加工的区别和联系

	加工方式	流通加工	生产加工
区别	加工对象	商品	原材料、零配件及半成品
	加工程度	简单加工	复杂加工
	加工目的	完善物资的使用价值	创造物资的价值和使用价值
	加工主体	商业或物流企业	生产企业
联系		加工方法、加工组织、生产管理	

三、流通加工的地位与作用

1. 流通加工在物流中的地位

流通加工是国民经济中的重要加工形式。流通加工是整个国民经济的组织和运行中的一种重要的加工形态,对推动国民经济的发展、完善国民经济的产业结构和生产分工有一定的意义。

流通加工是物流业的重要利润来源。与生产型加工相比,流通加工是一种低投入、高产出的加工方式,往往以简单加工解决大问题。有的流通加工通过改变商品包装,使商品档次提升而充分实现其价值;有的流通加工将产品利用率一次性提高20%—50%,这是采取一般方法提高生产率所难以做到的。实践证明,由流通加工提供的利润并不亚于从运输和保管中挖掘到的利润,因此,流通加工是物流业的重要利润来源。

流通加工为配送创造条件,是物流配送的先导环节。物流配送是流通加工、整理、拣选、分类、配货、末端运输等一系列活动的集合。物流配送活动的开展依赖于流通加工;流通加工是配送的前沿,它是衔接储存与末端运输的关键。从开展配送活动的配送中心看,它们把加工设备的种类、加工能力看作对物资配送影响最大的因素。随着我国物资配送工作的广泛开展,流通加工也必然会得到深入的发展。

流通加工在实现时间和空间两个重要效用方面虽然都不及运输与仓储,但这不代表流通加工不重要,它起着运输、储存等其他功能要素无法起到的补充、完善和提高等作用。它是提高物流水平、促进物流业向现代化发展不可缺少的形态。

2. 流通加工的作用

流通加工的作用可以概括为以下六点:

(1) 方便用户进行初级加工。用量小或临时需要的使用单位,缺乏进行高效率初级加工的能力,依靠流通加工可使使用单位省去进行初级加工的设备和人力,从而方便了用户。

(2) 弥补生产领域的加工不足。流通加工实际是生产的延续,是生产加工的深化,对弥补生产领域加工不足具有重要的意义。有许多产品由于存在许多限制因素,在生产领域的加工只能到一定程度,这导致生产领域不能实现最终的加工。例如,钢铁厂的大规模生产只能按标准规定的规格生产,以使产品有较强的通用性,使生产能有较高的效率和效益。

(3) 提高原料利用率。由于流通加工属于深加工,直接面对终端用户,因此,将生产厂商直接运来的简单规格的产品,综合多方需求,按用户的要求集中下料、合理套裁、充分利用边角料,能够做到最大限度地"物尽其用",减少浪费。

(4) 创造产品附加值。商品生产的目的是创造价值,而流通加工是在此基础上增加商品的价值。在生产和消费之间,由于存在着生产的集中、大批量和消费者的分散、小批量之间的不匹配,形成规模化大生产与消费者之间的时间和空间间隔。流通加工在生产和消费者之间起着承上启下的作用,它把分散的用户需求集中起来,使零星的作业集约化,为广大终端用户提供更多的附加值,使客户的个性化需要得到更好的满足。

(5) 充分发挥各种运输手段的最高效率。流通加工环节将实物的流通分成两个阶段:第一阶段是在数量有限的生产厂商和流通加工点之间进行定点、直达、大批量的远距离输送,可以采用船舶、火车等运量大的运输手段;第二阶段则是利用汽车或其他小型车辆来输送经过流通加工后的多规格、小批量的产品。这样可以充分发挥各种运输手段的作用,加快运输速度,节省运费运力。

（6）改变功能、提高收益。在流通加工过程中可以进行一些改变产品某些功能的简单加工。其目的除上述几点外,还在于提高产品销售的经济效益。例如,内地的许多制成品（如玩具、时装、工艺品等）在深圳进行简单的加工,提升了产品外观功能,仅此一项,就可使产品售价提高 20% 以上。

四、流通加工合理化

流通加工是在流通领域对生产的辅助性加工,从某种意义上讲它不仅是生产过程的延续,而且是生产本身或生产工艺在流通领域的延续。这个延续可能有正反两方面的作用,一方面可能有效地起到补充完善的作用,另一方面可能对整个过程产生负效应。流通加工作业管理就是要做到流通加工合理化,实现流通加工的最优配置。

1. 不合理流通加工的形式

不合理流通加工的形式主要有以下四种：

（1）流通加工地点设置得不合理。流通加工地点设置即布局状况是使整个流通加工有效的重要因素。一般而言,为衔接单品种大批量生产与多样化需求的加工,加工地点设置在需求区,才能实现大批量的干线运输与多品种末端配送的物流优势。而如果将流通加工地设置在生产地区,则客户的多样化需求会造成产品多品种、小批量由产地向需求地的长距离运输的现象,提高了运输成本。同时还在生产地增加了一个加工环节,增加了近距离运输、装卸、储存等一系列物流活动。另外,即使在产地或需求地设置流通加工的选择是正确的,还有流通加工在小地域范围内的正确选址问题,如果处理不善,仍然会有不合理的情况出现。这种不合理主要表现在交通不便,流通加工与生产企业或用户之间的距离较远,流通加工点的投资过高,加工点周围社会、环境条件不良等。

（2）流通加工方式选择不当。流通加工方式包括流通加工对象、流通加工工艺、流通加工技术、流通加工程度等。流通加工方式的确定实际上是与生产加工的合理分工。分工不合理,本应由生产加工完成的,却错误地由流通加工完成；本应由流通加工完成的,却错误地由生产过程去完成,都会造成不合理性。流通加工不是对生产加工的代替,而是一种补充和完善。所以,一般而言,如果工艺复杂,技术装备要求较高,或加工可以由生产过程延续或轻易解决,都不宜再设置流通加工,尤其不宜与生产过程争夺技术要求过高、效益较高的最终生产环节,更不宜利用一个时期市场的压迫力使生产者变成初级加工或前期加工,而流通企业完成装配或最终形成产品的加工。如果流通加工方式选择不当,就会出现与生产夺利的恶果。

（3）流通加工作用不大,形成多余环节。有的流通加工过于简单,对生产者或消费者的作用都不大,甚至有时流通加工的盲目性同样未能解决品种、规格、质量、包装等问题,相反却实际增加了一个环节,这也是流通加工不合理的重要形式。

（4）流通加工成本过高,效益不好。流通加工之所以能够有生命力,重要优势之一是有较大的产出投入比,因而能有效地起到补充完善的作用。如果流通加工成本过高,则不能达到以低投入实现更高产出的目的。除了一些必要的、出于政策要求即使亏损也应进行的加工外,其他加工都应看成是不合理的。

2. 流通加工合理化措施

目前,国内在流通加工合理化的探索中已积累了一些经验,取得了一定的成果。现实中的流通加工合理化主要需要考虑以下五点:

(1) 加工和配送相结合。将流通加工设置在配送点中,一方面按配送的需要进行加工,另一方面加工又是配送业务流程中分货、拣货、配货的一环,加工后的产品直接投入配货作业,这就无须单独设置一个加工的中间环节,使流通加工既有别于独立的生产,又能使流通加工与中转流通巧妙结合在一起。同时,由于配送之前有加工,可使配送服务水平大大提高。这是当前合理流通加工的重要形式,在煤炭、水泥等产品的流通中已表现出较大的优势。

(2) 加工和配套相结合。在对配套要求较高的流通中,配套的主体来自各个生产单位,但是完全配套有时无法全部依靠现有的生产单位进行适当的流通加工,可以有效促成配套,大大提高流通的"桥梁和纽带"的能力。

(3) 加工和合理运输相结合。通过流通加工,使得干线运输与支线运输实现了有效衔接,促进了两种运输形式的合理化。利用流通加工,使两者互相转换时本来就必须停顿的环节,不进行一般的支转干或干转支,而是按照相关要求,进行适当加工,从而大大提高运输及运载水平。

(4) 加工与合理商流相结合。通过加工有效促进销售,使商流合理化,也是流通加工合理化的考虑方向之一。加工和配送的结合,通过加工提高了配送水平,强化了销售,是加工与合理商流相结合的一个成功的例证。此外,通过简单地改变包装加工,形成方便购买的数量,通过组装加工解除用户使用前进行组装、调试的困难,都是有效促进商流的例子。

(5) 加工和节约相结合。节约能源、节约设备、节约人力、节约耗费是流通加工合理化的重要考虑因素,也是目前我国设置流通加工时考虑其合理化的普遍形式。

对于流通加工合理化的最终判断,是看其能否实现社会的和企业本身的效益,而且是否取得了最优效益。对流通加工企业而言,与一般生产企业的一个重要不同之处是,流通加工企业更应树立社会效益第一的观念。如果只是片面追求企业的微观利益,不适当地进行流通加工,甚至与生产企业争利,这就有悖于流通加工的初衷,而且本身已不属于流通加工的范畴。

本章小结

1. 包装是在流通过程中保护产品、方便储运、促进销售,按一定技术方法而采用的容器、材料以及辅助物等的总称。

2. 包装合理化是指在包装过程中使用适当的材料和适当的技术,制成与物品相适应的容器,节约包装费用,降低包装成本,既满足包装保护商品、方便储运、有利销售的要求,又能提高包装经济效益的综合管理活动。

3. 装卸搬运是在某一物流节点范围内进行的,以改变物料的存放状态、空间位置为主要内容和目的的活动。

4. 在装卸搬运活动中,除了合理选用装卸搬运方法和设备外,还应采取相应合理化的措施,科学、合理地组织装卸搬运过程,尽量减少用于装卸搬运的劳动消耗。

5. 流通加工是物品在从生产地到使用地的过程中，根据需要施加包装、分割、计量、分拣、刷标志、栓标签、组装等简单作业的总称。

练习题

1. 名词解释

包装　　包装合理化　　装卸搬运　　活性指数　　流通加工

2. 简答题

（1）请简述包装的作用。
（2）包装合理化的措施有哪些？
（3）装卸搬运的原则有哪些？
（4）装卸搬运合理化的策略有哪些？
（5）流通加工的作用有哪些？

3. 论述题

（1）请举例论述生产加工与流通加工的区别和联系。
（2）请论述流通加工合理化的措施有哪些。

扩展阅读　　我国企业物流设备的应用情况分析

自20世纪70年代末以来，我国物流设备有了较快的发展，各种物流运输设备数量迅速增加，技术性能日趋现代化，集装箱运输得到了快速发展。随着计算机网络技术在物流活动中的应用，先进的物流设备系统不断涌现，我国已具备开发研制大型装卸设备和自动化物流系统的能力。总体而言，我国物流设备的发展现状包括以下几个方面：

（1）物流设备总体数量迅速增加。近年来，我国物流产业发展很快，受到各级政府的极大重视，在这种背景下，物流设备的总体数量迅速增加，如运输设备、仓储设备、配送设备、包装设备、搬运装卸设备（如叉车、起重机等）、物流信息设备等。

（2）物流设备的自动化水平和信息化程度得到了一定的提高。以往我国的物流设备基本上是以手工或半机械化为主，工作效率较低。但是，近年来，物流设备在其自动化水平和信息化程度上有了一定的提高，工作效率得到了较大的提高。

（3）基本形成了物流设备生产、销售和消费系统。以前，经常发生有物流设备需求，但很难找到相应生产企业，或有物流设备生产却因销售系统不完善、需求不足，导致物流设备生产无法持续完成等现象。目前，物流设备的生产、销售、消费系统已经基本形成，国内拥有一批物流设备的专业生产厂家、物流设备销售的专业公司和物流设备的消费群体，从而物流设备能够在生产、销售、消费的系统中逐步得到改进和发展。

（4）物流设备在物流的各个环节都得到了一定的应用。目前，无论是在生产企业的生产、仓储环节，还是流通过程的运输、配送环节，物流中心的包装加工、搬运装卸等物流设备都得到了一定的应用。

（5）专业化的新型物流设备和新技术物流设备不断涌现。随着物流各环节分工的不断细化,随着以满足客户需求为宗旨的物流服务需求的增加,新型的物流设备和新技术物流设备不断涌现。这些设备多是专门为某一物流环节的物流作业,或某一专门商品、某一专门顾客提供的设备,其专业化程度很高。

（资料来源:http://www.chinairn.com/doc/70300/7344.html）

第三篇
物流与供应链运作管理

第八章

物流运作管理

教学要点

知识要点	掌握程度	相关内容
物流运作流程	掌握	物流运作流程的概念 物流运作流程的特性 物流运作流程的分类 常见物流作业流程
物流运作模式	掌握	物流运作模式的含义 物流运作模式的种类 影响物流运作模式选择的因素 物流运作模式的趋势

导入案例

日本资生堂赤羽物流中心的运作管理

资生堂是日本著名的化妆品生产企业,该企业创办于明治五年四月,昭和二年正式成立资生堂株式会社,主要经营范围包括化妆品、卫生用品、健康美容品,其中化妆品业务占全部经营业务的85%,在日本共有8个生产工厂。

20世纪70年代初期,资生堂生产与销售的矛盾越来越大,库存压力急剧增加。1973年,资生堂企划部提出了"物流改进计划",通过物流信息的集约化,实现从产销调整到销售预测整个过程的一体化。1976年3月,赤羽物流中心正式成立。当时主要统管东京都内9大销售公司中4个公司的物流管理业务,取得了巨大的成功。

> 从商品集中处理的效率来看,资生堂原来的物流运作流程是:各销售公司以箱式集中装货的形式进货,然后通过手工作业进行开包、分类,运到指定地点保管,在接受零售店的订货后,作业人员按照各店铺订单取货,将商品置入拣货箱中,再发货。
> 　　建立赤羽物流中心后,物流活动大大发挥了规模效益,在进货管理上,主要的A类产品以托盘为单位进货,B类和C类产品以小型货箱为单位进货。托盘商品以堆叠式货架形式报关(4层),小型货箱商品则按产品类别进行货架保管(3层),并实行代码管理。在接到各零售店的订货时,各销售公司将本区域内的订单在计算机中进行汇总,并按产品类别发出具体发货指令。物流中心据此通过手工作业发货,一般发货时通过双层传送带进行,并以邮递方式按店铺分拣,即将所需商品放入各店铺的箱中发货,然后按店铺订单进行商品检验。
> 　　通过上述作业流程,不仅原来的物流服务水准得以维持,而且大大削减了销售公司的各种运作成本,削减幅度达20%。
>
> (资料来源:http://www.doc88.com/p-7846801302927.html)

第一节　物流运作流程

一、物流运作流程的概念

物流运作流程是指企业物流活动过程中完成物流目标的所有产生物流价值的行为集合和工作程序。依据哈默和钱比的观点,对企业物流运作流程冲击最大的主要有三个要素:顾客、竞争和变化。

1. 客户

20世纪80年代以来,企业与客户的关系发生了变化,客户运用对商品和服务的选择权,决定着企业的兴衰。一方面,客户日益明晰自己的权利,另一方面,企业不断提供同类差异化商品,使客户的权利进一步增加,在企业的活动中处于主导地位,从而对企业物流运作流程设计产生影响。

2. 竞争

当前市场竞争日益激烈并呈现出新的特点:竞争的理念、方式和范围已经发生变化,企业与企业间的竞争已经变成供应链体系的竞争;在市场更为开放和世界统一市场形成的条件下,任何一个行业都能找到极具竞争优势的现代企业;随着竞争要素的改变,企业物流运作流程设计需要进行有针对性的调整。

3. 变化

所谓变化,就是指企业本身在变、企业的外部环境在变、客户与竞争也在变。因此,企业物流运作流程必须以变化适应变化才能发展并取得成功。

二、物流运作流程的特性

1. 逻辑性

逻辑性是指流程包含着很多工作环节和工作步骤的全过程。任何流程都需要按照特定环节和步骤的顺序进行,具有较强的逻辑性。企业物流运作流程中存在的经验和行为习惯,在与企业物流目标完成的效率要求、费用要求和时间要求相吻合时,就成了普遍规范。

2. 变动性

当企业物流运作目标、战略、组织机构发生变动时,相关的物流运作流程自然要发生变化,否则新的目标与战略就不可能实现。同时,物流运作流程内部的工作环节、工作步骤的变动也是经常发生的。

3. 可分解性

任何流程都可以按照工作环节、工作步骤进行分解,如何分解则视专业化要求及技术的可行性而定。当专业化要求和技术条件不一样时,同样一个企业物流运作流程分解的方法和结果是不同的。

三、物流运作流程的分类

企业物流运作流程基本上分为横向结构和纵向结构,如图 8-1 所示。

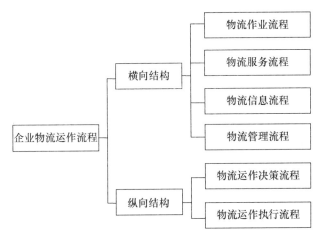

图 8-1　企业物流运作流程分类

1. 横向结构

企业物流运作流程的横向结构是指与企业物流运作从投入到产出总过程相关的一系列基本流程,主要包括:

(1) 物流作业流程。主要是指由接单、采购、运输、库存、检验配送等组成的基本流程。

(2) 物流服务流程。主要是指由为客户提供物流需求分析、系统设计、管理咨询等系统物流服务组成的基本流程。

(3) 物流信息流程。主要是指由从各部门各方面收集、处理、汇总、传递、共享信息以及创造信息价值等活动组成的基本流程。

(4) 物流管理流程。主要是指由对物流运作过程实施计划、组织、控制、协调以优化资源配置,提高管理效率的活动组成的基本流程。

2. 纵向结构

企业物流运作流程的纵向结构是指从企业物流运作决策到物流运作执行的过程。主要包括:

（1）物流运作决策流程。主要指企业从最高层到基层员工形成物流运作决策的基本过程，目标是实现企业物流的有效运作。

（2）物流运作执行流程。主要指企业物流运作的实施流程，包括执行方法、执行监督等。

四、常见物流作业流程

运输与仓储是物流活动中最基础的两大重要作业。运输与仓储作业流程在不同的企业有所区别，但基本过程是一致的。

运输作业流程主要包括：接收订单、运输计划、车辆调度、调整确认、安全装车、启运、网上发送货讯、送达确认、签收回单等步骤。图8-2为运输作业基本流程。

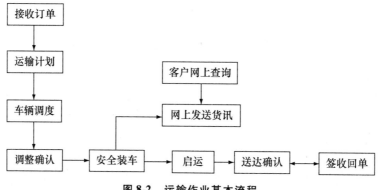

图8-2　运输作业基本流程

仓储作业基本流程主要包括入库、保管、出库三大部分。入库由进货运输、卸货搬运、暂存、验收及办理入库等部分构成；出库由分拣、检验、办理出库、装货搬运及发货运输等构成。图8-3为仓储作业基本流程。

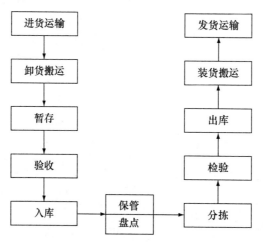

图8-3　仓储作业基本流程

每一项作业根据发生场地的不同、对应的物品种类的不同，以及使用的设施设备的不同，具体的出入库细节操作会有所不同，因而流程也会略有不同。以托盘区与自动立体库的入库为例,图 8-4 为托盘区入库流程,图 8-5 为自动立体库入库流程。

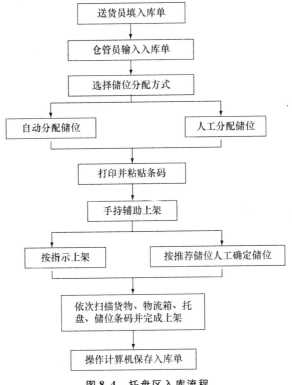

图 8-4 托盘区入库流程

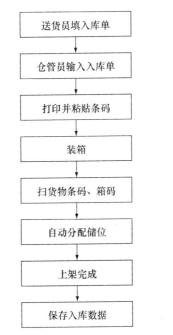

图 8-5 自动立体库入库流程

案例 8-1　　希捷物流运作流程的改进

希捷之所以在硬盘行业占据首位,很大程度上要归功于其出色的供应链管理与强大的物流运作能力。在整个供应链管理中,希捷非常注重物流的平稳性,即首先要保障整个业务流程的平稳运行。

谈及希捷的物流管理,其最大的特色就是速度极快。这本是IT产品生产企业普遍追求的目标,而希捷表现得更加突出。众所周知,IT产品的价值高,降价速度快,因此库存管理相当严格,库存水平非常低,甚至是零库存。而库存水平与物流速度直接相关,物流速度慢,库存必然升高;要实现低库存则必然对物流速度提出极高的要求。

在希捷的整个物流运作中,牵一发而动全身的关键环节是运输。作为江苏省的出口冠军,希捷的货运量相当大,平均每天都有几百批货要运送。希捷出口量最大的时候,通常也是其他IT产品供应商的出口高峰期,这就进一步加大了航班运力紧张的程度。而影响运输的因素有很多,如航班晚点、航班取消、货物未装载完毕等。所以,为了保证运输准时、顺畅,无锡希捷物流部会收集一条航线上所有航班的信息,包括时间安排与货物运输量,并定期核实舱位供应计划,每天对航班进行再次确认。由于希捷与航空公司签订了长期合同,并且直接沟通,希捷得以获得最低货运价格,同时按照运输货物的实际数量付费。希捷还通过调整航空货运路线降低运输成本,例如,从上海走国内航线运输到深圳,而后再转运到香港,这样与原来直接将货物从上海运到香港相比,运输成本降低了至少一半。此外,希捷还充分考虑空运与海运的结合,选择最合适的运输方式。

总之,希捷改进物流运作流程始终把握住以下两点:一是提高整个流程的效率,二是在保证第一个条件实现的前提下降低成本。

(资料来源:http://www.vsharing.com/k/SCM/2006-3/A522626.html)

第二节　物流运作模式

一、物流运作模式的含义

随着中国经济的快速发展和全球化步伐的加快,商品贸易的规模迅速扩大,物资空间移动的广度和深度也随之扩展,这些对于物流活动的效率、物流的快速反应能力及信息化程度都提出了更高的要求。同时,物流需求的个性化、多样化,要求物流服务企业必须不断改进和优化企业的运作模式,有针对性地开发新型物流服务,以适应物流市场的变化,提高企业的竞争力。

物流运作模式是指企业在其生产经营过程中所涉及的物流活动的管理方式和操作标准。

二、物流运作模式的种类

企业常见的物流运作模式主要包括自营模式、外包模式、混合模式、联盟模式等。

1. 自营物流模式

自营物流是指企业自己从事物流经营管理的行为。最典型的自营物流如海尔集团物流模式,海尔集团最初从实施物流业务流程重组开始,到成立统一的物流推进部,再到后来成立海尔物流有限公司都是利用集团自身的资源与力量来完成相关的企业物流活动,实现了以订单信息流为中心,带动物流、商流、资金流的共同运作。目前,很多有实力的制造企业都是自己出资成立专门的物流公司,如宝钢集团成立宝铁储运公司,成立的物流公司作为制造企业的子公司实行独立经营、自负盈亏,主要专注于服务母公司的物流业务。

自营物流模式的优点主要有:① 控制力强。自营物流可使企业对供应、生产及销售中的物流进行较为全面的控制。② 服务性强。它能有效地为企业的生产经营活动提供物流服务支持,保证生产经营活动对物流的需求。③ 协调性强。它可根据企业生产经营的需要而建立起来,能合理规划物流作业流程。④ 专业性强。它主要为企业自身的经营活动提供物流服务,具有较强的专业性。

自营物流模式的缺点主要有:① 增加了企业的投资负担,可能削弱了企业抵御市场风险的能力。企业为了实现对物流的直接组织和管理,就需要投入较多的资金,配备相应的物流人员,削弱企业的市场竞争力。② 规模化程度较低。③ 不利于核心竞争力的提高。对于非物流企业来说,尽管在有的条件下,物流对自身的活动有着重要的影响,但物流并非企业自身的核心业务,也非自身最擅长的业务。如果采取自营物流,在企业总资源一定的情况下,相对减少了对核心业务的投入,另外,企业管理人员需花费过多的时间、精力和资源去从事物流工作,这样也会削弱企业的核心竞争力。

2. 外包物流模式

物流外包是企业业务外包的一种主要形式,也是供应链管理环境下企业物流资源配置的一种新形式。物流外包即企业为了集中资源、节省管理费用,增强核心竞争能力,将其物流业务以合同的方式委托给专业的物流公司(第三方物流)运作的行为。现在许多公司开始将自己的货物或产品的储存和配送完全外包给专业性的货物配送公司来完成。物流外包不仅降低了企业的整体运作成本,更重要的是使企业摆脱了物流过程及现存物流操作模式和操作能力的束缚,充分利用社会资源的外生力量来辅助完成自身价值链的优化,从而实现持续稳定的发展。伊莱克斯将物流完全外包给第三方物流企业,由其为他们提供整个或部分供应链的物流服务,以获取一定的利润。

物流外包的优点主要有:① 企业将有限的资源集中用于发展核心业务。制造企业将物流业务外包给第三方物流企业,可以使企业实现资源的优化配置,减少用于物流业务方面的车辆、仓库和人力的投入,将有限的人力、财力集中于核心业务。② 为企业节省费用,增加盈利。从事物流外包业务运作的第三方物流企业利用规模经营的专业优势和成本优势,通过提高各环节能力的利用率,实现费用节省,使企业获益。③ 加速企业商品周转、减少库存、降低经营风险。第三方物流服务提供者借助精心制订的物流计划和适时的运送手段,最大限度地加速库存商品周转、减少库存、为企业降低经营风险。④ 可以提升企业形象。第三方物流提供者利用完备的设施和训练有素的员工对整个供应链实现完全的控制,帮助客户改进服务,树立自己的品牌形象。同时,制造企业也可以借助第三方物流企业的品牌形象,提升自己的企业形象。⑤ 降低管理难度,提升管理效率。物流业务外包既能使制造企业享受专业管理带来的效率和效益,又可将内部管理活动变为外部合同关系,把内部承担的管理职责变为外部承担的法律责任,有利于简化管理工作。

物流外包的缺点主要有:① 可能会有企业秘密泄露的风险;② 丧失一部分内部就业机会;③ 对物流活动失去直接控制。

为了防止物流外包流于形式或失败,需要注意以下几点:

(1)划定具体的、详细的、具有可操作性的工作范围。工作范围即物流服务要求明细,它对服务的环节、作业方式、作业时间、服务费用等细节作出明确的规定,工作范围的划定是物流外包最重要的一个环节,也是决定物流外包成败的关键要素之一。

(2)协助第三方物流服务供应商认识企业。视第三方物流服务供应商的人员为内部人员,一般需要与第三方物流服务供应商分享公司的业务计划,让其了解公司的目标及任务,通过紧密友好的合作实现更好的效果。

(3)建立冲突处理方案。为避免与第三方物流服务供应商发生冲突,事前就应该拟订出当冲突发生时双方如何处理的方案,一旦有一方的需求不能得到满足,即可采取适当的措施以改进彼此的关系。

(4)不断进行调整。市场如战场,形势千变万化,所以在采用外包模式后,仍需亲自视察和监督,不断了解问题所在并进行及时调整与纠正。

(5)保持弹性。物流外包项目应该是慢慢扩展的,要注意第三方物流服务供应商所能提供服务的宽度,使其保持一定的弹性,以最灵活的方式为公司提供最佳的服务。

案例 8-2　　一个整体物流外包案例——上海家化

从1898年清末的香港广生行到今天的现代化化妆品公司,上海家化历经数代人的努力,走过了百余年的历史。上海家化以自行开发、生产、销售化妆品、个人护理用品、家庭保护用品及洗涤类清洁用品为主营业务,拥有六神、美加净、清妃、佰草集、家安、舒欣、梦巴黎等诸多中国驰名品牌,占有很高的市场份额,营销网络遍及全国,是中国最早、最大的民族化妆品企业。

惠尔物流同上海家化合作五年,双方成为战略合作伙伴,开创了整体物流外包的先河。惠尔物流有限公司是一家专业的第三方物流供应商,为企业客户提供个性化物流解决方案。它利用遍布全国的区域分发中心(RDC)在24小时之内把企业客户产品送到其销售终端或最终客户手中(新疆、西藏除外),公司业务范围涉及运输、仓储、拆零、分拣、包装、配送和整体物流方案设计。

惠尔物流在对上海家化的物流运作系统各个环节进行全面考察的基础上,分析了上海家化物流运作中的各种问题,确定了家化物流系统中继续维持、可以改善、必须放弃的部分,然后对整体的物流系统从人员、管理、设施和流程方面进行全面整合,并分四个阶段加以实施:

第一阶段:承接上海地区成品物流

(1)上海地区成品发往全国各地的运输和终端配送;

(2)全国性运输网络的优化和管理。

第二阶段:接管全国各地 RDC
(1) 全国各中转仓的仓储和分拨业务;
(2) 全国各地销售公司的终端配送管理(包括仓储管理、终端配送、促销品赠品配送、退货管理、二次包装、产品拆零分拣等)。

第三阶段:强化中央分发中心(CDC)的管理
(1) 上海家化中央工厂及6个联营厂产成品的集中仓储管理及对外分拨业务;
(2) CDC 至全国各中转仓、销售公司及直供商等一级客户的区域运输配送、产品拆零分拣等。

第四阶段:提升原材料物流管理
(1) 对生产线物料实施及时配送;
(2) 上线前预先组装;
(3) 原材料采购和库存的集约化管理。

惠尔物流承担的业务有:负责每年数万吨且价值20亿元的货物运输与中转;在数万平方米的仓库内管理着四五千种产品和数万个批次的家化产品;准确地根据家化的订单及时发往全国数千个目的地。

最终,上海家化物流得到改善:其库存大幅度下降,资金周转速度更快,两年降低成本25%;物流人员大幅度精简;加强了对销售和市场的规范;市场反应也更加迅速,生产和销售的力量更加集中,市场竞争力加强。

(资料来源:http://www.56135.com/56135/info/infoview/44554.html)

3. 混合物流模式

混合物流模式既包括自营模式又包括外包模式,沃尔玛的物流模式就属于这种类型。沃尔玛日常类别的产品大都是经过自己的配送中心完成的自营物流配送,而生鲜食品类的产品大都是借助社会资源的第三方专业物流企业来完成的,这种模式更有利于企业发挥自己的长板,同时也可借助别人的长板来弥补自己的短板,从而能更有效地降低物流成本。

4. 联盟物流模式

企业整合内部的物流资源,与有意合作的其他企业法人开展联盟物流模式,如共同出资组建合资或股份制物流公司,实行共同经营、共负盈亏、共担风险。通过合资,原企业可以获得长期高效的服务,合作企业也可以获得可靠的客户源,通过达成一定的契约开展业务并进行利润分配。联盟物流模式可以使原企业与合作企业在物流设施、运输能力、物流管理技术等方面实现优势互补,从而实现整个联盟的效益最大化。美的与新加坡吉宝物流合资控股的安得物流公司就属于这种类型。安得物流除了满足美的集团的物流需求外,作为独立的第三方物流企业同样可以服务于其他企业。如果说海尔是把物流作为降低成本的机器,美的集团则把物流作为一个赚钱的机器。

三、影响物流运作模式选择的因素

企业在进行运作模式选择时,应从物流在企业中的战略地位出发,根据自己的物流能力和资源条件,综合考虑各种因素慎重选择,以提高企业的市场竞争力。

1. 物流对企业成功的影响度和企业对物流的管理能力

物流对企业成功的影响度和企业对物流的管理能力是影响企业物流采取自营物流还是外包模式的最重要的因素,决策矩阵如图 8-6 所示。

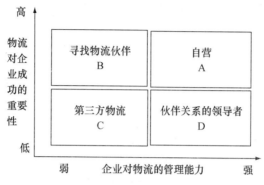

图 8-6　物流模式决策矩阵

如果物流在企业战略中起关键作用,但自身物流管理能力却较弱,对这类企业(处于 B 区间)来讲,寻找物流伙伴来组建物流联盟将会在物流设施、运输能力、专业管理技巧上收益较大。对于物流在企业战略中不占关键地位,但物流管理能力很强的企业(处于 D 区间)来讲,可以寻找伙伴共享物流资源,通过增大物流量获得规模效益,降低成本。

如果企业有很高的客户服务需求标准,物流成本占总成本的比重较大,且自身物流管理能力强的企业(处于 A 区间),一般不会选择外包物流服务,而是采取自营的方式;对于那些物流在其战略中地位并不太重要,自身物流管理能力也比较欠缺的企业(处于 C 区间),采用第三方物流是最佳选择,因为这样能大幅降低物流成本,提高物流服务。

2. 企业对物流控制力的要求

企业如要加强对供应和分销渠道的控制,应选自营物流。一般来说,主机厂或最终产品制造商对渠道或供应链过程的控制力比较强,往往选择自营物流,即作为龙头企业来组织全过程的物流活动和指定物流服务标准。

3. 企业产品自身的物流特点

对于大宗工业品原料的回运或鲜活产品的分销,应采用相对固定的专业物流服务供应商;对于全球市场的分销,宜采用地区性的专业物流公司提供支援;对于产品线单一或为主机厂做配套的企业,则应在龙头企业的统一领导下采取自营物流;对于技术性较强的物流服务如口岸物流服务,企业应采用委托代理的方式;对于非标准规格设备的供应商来说,虽然企业自营有利可图,但还是应该交给专业的物流服务公司去做。

4. 企业规模和实力

一般来说,大中型企业由于实力较雄厚,有能力建立自己的物流系统,制订合适的物流需求计划,保证物流服务的质量。另外还可以利用过剩的物流网络资源拓展外部业务,为其他企业提供物流服务;而小企业则受人员、资金和管理等资源的限制,难以提高物流管理效率。此时,企业为把资源集中用于主要的核心业务,就应选择把物流管理交给第三方专业物流公司。

5. 物流系统的总成本

在选择自营或外包物流时，必须弄清楚两种模式下物流系统的总成本，其表达方式为：

$$D = T + S + L + FW + VW + P + C$$

式中，D 为物流系统总成本；T 为该系统的总运输成本；S 为库存维持费用，包括库存管理费用、包装费用及返工费用；L 为批量成本，包括物料加工费和采购费；FW 为总固定仓储费用；VW 为总变动仓储费用；P 为订单处理和信息费用，指处理订单和物流活动中的广泛交流等问题所发生的费用；C 为客户服务费用，包括缺货损失费用、降价损失费用和丧失现有客户的机会成本。

这些成本之间存在着二律背反现象：减少库存数量时，可以降低保管费用，但会带来运输距离和次数的增加，从而导致运输费用增加。如果运输费用的增加部分超过了保管费用的减少部分，总的物流成本反而会增大。所以，在选择和设计物流模式时，要对物流系统的总成本加以论证，最后选择成本较小的物流模式。

知识链接

二律背反是18世纪德国古典哲学家康德提出的哲学基本概念，指双方各自依据普遍承认的原则建立起来的、公认为正确的两个命题之间的矛盾冲突。

四、物流运作模式的趋势

1. 集成物流

集成物流通过对现实中分散的、隔离的物流资源重新优化配置，实现物流系统的本来联系，按照物流系统的内在要求来重新规划物流系统，加强各要素之间的协同作用，实现物流集成的总体效益。要实现完全意义上的集成化物流管理，必须经过两个阶段，即内部集成和外部集成。

（1）内部集成管理。内部集成的第一步任务目标是实现相关功能的集成化管理，即用实体供应管理、制造支持管理和实体分销管理的统一管理来替代各单个物流活动如采购、运输、仓储等的分散管理：① 实体供应管理包括采购管理与物料控制，需要制订物料需求计划，优选供货渠道，并实现订货、购进运输、收货、验收、仓储、搬运的集成化管理。② 制造支持管理包括生产计划与在制品库存控制，需要制订主生产计划，实现在制品搬运、储存、厂内运输的集成化管理。③ 实体分销管理包括产成品销售与配送管理，需要进行需求预测，实现订单处理、成品库存控制、保护性包装、搬运、配送、客户服务改善的集成化管理。内部集成的第二步任务目标是将实体供应、制造支持、实体分销作为总体物流过程，实现其集成化管理，以便其余库存或缓冲库存减少到最低程度，使企业的总库存水平得到更有效的控制。一般地，在此阶段，企业运用 MRP II 等时段计划方法或采用 JIT 技术，基本可以解决企业物流管理问题，但仍不能解决来源于传统职能运作中的组织结构、绩效衡量和奖励机制、库存的调节作用、信息技术和知识储备等因素对集成管理的影响,企业必须向一体化整合方向发展。

(2) 外部集成管理。企业物流外部集成的出发点是将企业视为包含一系列增值活动的供应链的一部分。外部集成特别注重建立企业与外部供应商、客户之间的战略合作伙伴关系,管理的焦点是要以面向供应商与顾客取代面向产品,通过加强相互间的协调与合作,进一步降低成本、减少风险、优化配置总体资源,提高整个集成化系统的运作效率,以获取更大的整体竞争优势。

实现企业集成化物流管理的关键在于两个阶段的整合,即在内部集成的基础上,将集成范围扩展到企业外,实现企业与供应商、顾客的集成化管理。

2. E 物流

E 物流是电子商务物流的一种简称,也是电子商务物流成熟化的标志。E 物流即一整套的电子物流解决方案,其主要特点包括:

(1) 全球化。由于电子商务的出现,全球经济一体化进程加快,企业的发展趋向多国化、全球化的模式。面对全球化激烈竞争的趋势,企业的战略对策之一是专注于自己所擅长的经营领域,使物流业务与生产企业分离,为物流企业带来良好的机遇;而本企业不擅长的业务则分离出去,委托给在该领域有特长的、可信赖的合作伙伴。

(2) 简约化。互联网技术为供应链所有环节提供了强大的信息支持,也就是说供应链具有了更好的透明度。在供应链中,任何多余的环节、任何不合理的流程与作业都能被及时发现并消除。因此,供应链将变得更为紧凑,供应链的这种变化将直接影响到企业的经营与发展战略。

(3) 规模化。由于在电子商务时代,物流的小批量、多品种及快速性的特征更为显著,配送的难度更大,必须达到一定规模才能产生相应的经济效益。为了更快地在规模效益方面领先,企业的兼并、联合趋势加强。物流企业需要在竞争中求联合,依据双赢战略选择战略伙伴,以图结成联盟创造规模效益。

(4) 信息化。电子商务时代,物流信息化是电子商务的必然要求。物流信息化表现为物流信息的商品化、物流信息搜集的数据库化和代码化、物流信息处理的电子化和计算机化、物流信息传递的标准化和实时化、物流信息存储的数字化等。因此,条码技术、数据库技术、电子订货系统、电子数据交换、快速反应及有效的客户反应、企业资源计划等技术与观念在物流领域将会得到普遍的应用。

(5) 智能化。为了提高物流现代化的水平,物流的智能化已成为电子商务下物流发展的一个新趋势。智能化是物流自动化、信息化的一种高层次应用,物流作业过程大量的运筹和决策,如库存水平的确定、运输(搬运)路径的选择、自动导向车的运行轨迹和作业控制、自动分拣机的运行、物流配送中心经营管理的决策支持等问题都需要借助于大量的知识才能解决。在物流自动化的进程中,物流智能化是不可回避的技术难题。

此外,柔性化,网络化,物流设施、商品包装的标准化,以及物流的社会化、共同化也都是电子商务下物流模式的新特点。

本章小结

1. 物流运作流程是指企业物流活动过程中完成物流目标的所有产生物流价值的行为集合和工作程序。

2. 物流运作流程的横向结构是指与企业物流运作从投入到产出总过程相关的一系列基本流程,主要包括物流作业流程、物流服务流程、物流信息流程和物流管理流程。

3. 物流运作流程的纵向结构是指从企业物流运作决策到物流运作执行的过程,主要包括物流运作决策流程和物流运作执行流程。

4. 物流运作模式是指企业在其生产经营过程中所涉及的物流活动的管理方式和操作标准。

5. 企业常见的物流运作模式主要包括自营模式、外包模式、混合模式、联盟模式等。

练习题

1. 名词解释

物流运作流程　　　横向结构　　　　纵向结构　　　　物流运作模式
外包物流模式　　　联盟物流模式　　集成物流　　　　E物流

2. 简答题

（1）物流运作流程分为哪几类？
（2）常见的物流运作模式有哪些？
（3）影响物流运作模式选择的因素有哪些？

3. 论述题

（1）试举例对物流运作流程进行具体分析。
（2）试分析物流运作模式的趋势。

扩展阅读　　　　　　　　　　　**超市的物流运作流程**

众所周知,超市是消费领域的一种业态,超市的发展与物流的完善和发展密不可分。对于超市而言,与之密切相关的主要有销售物流、采购物流和回收物流。物流活动又可细分为采购、包装、保管、装卸、运输、配送、信息处理及流通加工等,其中采购、保管、装卸和运输是最基本的物流活动。

当前,国内中小型超市通用的采购方式是就近本地化采购。这主要是受中小型超市的销售量及相应的库存管理条件的制约。对采购环节的控制应注意以下几点:① 商品品类的确定。中小型超市以往追求的是系列化经营,其所追求的是客户最好能在本店实现一次性购物,但往往忽略了资金周转及货架空间的合理利用。经过长期的经营运作,从信息中心的数据分析情况看,超市80%的利润点主要集中在20%的商品上。因此应最大限度地组织采购人员利用信息中心的信息组织采购产生80%利润的商品,并利用腾出的空间引进一些新的有吸引力的产品,以吸引客流。② 商品引进后的跟踪管理。这一环节是商品购进后最重要的环节。商场销售的好坏、利润的高低、采购人员效益的评估都是从这一环节中得以体现的。③ 为供应商提供尽可能的服务。要想在经营上实现长期利益,与协作伙伴共同发展是关键,而令其得到合理的利润并及时结款是保证长久合作的基础。与供应商保持信息共享对供应商的货物提供及本公司的货物采购有相当好的效果。

对于中小型连锁超市而言,保管主要是仓库(物流中心或配送中心)及各分店在商品到达消费者手中之前的一种职责。仓库要对所购商品进行暂时保存,备齐商品,并对商品进行定价、贴标价签、包装或简单加工(如对生鲜食品的分割、清洗、包装,对某些商品进行拆分或打包等),促使物流的进程加快。装卸是保管和运输过程中必然发生的作业。在装车时应对商品分性质堆放,如重的商品(如饮料、调味品)不能全部装在车厢的尾部,易碎品周围应用软性商品(如针织品、纸品)填实空隙,防止在运输途中发生破碎现象。

目前国内中小型超市,主要以公路运输为主,铁路运输在许多地方并不实用。使用何种运输工具应视具体的商品予以合理选择。在运送生鲜食品时,必须使用冷冻车或保鲜车对商品进行特殊处理。不管采用何种运输方式,最重要的是考虑商品价格中运输成本的比重。

国内中小型超市目前基本上都以发展连锁店为战略目标,配送中心的形式大致可分为公司内部配送中心、社会配送中心和加工型配送中心,其中以公司内部配送为主。配送中心的发展趋势是:① 公司内部配送中心将走向优胜劣汰,少量大型的、有较高组织化和现代化程度的配送中心将最终走向社会化;② 专业的配送中心将通过扩大代理权、实现契约化配送,逐步走向规范化和专业化,这也是中小型超市能与大型超市进行竞争的条件之一;③ 多个系统、企业乃至地区各自的商品配送中心,突破自身制约条件,开展交叉配送,或联合起来共建配送中心,实现集约配送。

(资料来源:http://www.docin.com/p-675165865.html)

第九章

供应链运作管理

教学要点

知识要点	掌握程度	相关内容
供应链运作流程	了解	供应链运作流程概述 企业间供应链流程管理 企业内部供应链流程管理
供应链运作模式	掌握	供应链运作模式概述 常见的供应链运作模式 供应链 SCOR 模型 供应链集成模式
供应链风险管理	了解	供应链风险管理的含义 供应链风险管理的基本环节

导入案例

戴尔公司的供应链运作管理

1984年,美国得克萨斯大学的一年级学生迈克尔·戴尔在自己的大学宿舍里以1 000美元起家,创立了戴尔计算机公司的雏形。在不足两年的时间里,戴尔公司的销售额突破了7 000万美元。1988年,戴尔公司股票上市;1999年,戴尔公司在美国计算机制造市场的占有率达16%,名列全美第一;2002年,戴尔公司的年税后收入达383亿美元,在全球个人电脑市场上,戴尔公司的占有率上升到15.2%,成为当年该行业的世界第二大公司。与其他计算机厂商不同,戴尔公司并不生产任何计算机配件,只从事个性化的整机组装。

然而,它却战胜了IBM、惠普等众多技术实力雄厚的公司。戴尔公司是如何创造出这一系列的世界奇迹的呢？其成功的关键在于戴尔公司的供应链管理模式。戴尔公司在收到客户个性化需求的订单后,立即向不同的供应商采购材料,迅速转入生产,再交给快递公司分发货物。整个过程,戴尔公司能保证公司的实际材料库存量始终保持在较低水平,从而使产品的价格更具有竞争力。戴尔公司供应链管理的成功经验就像一座醒目的灯塔,成为企业更好地"降低成本""增加利润"的典范,引起了广泛关注。近年来,企业纷纷掀起流程再造运动,其实质就是企业对自身供应链的调整与完善。

(资料来源:http://www.docin.com/p-305750946.html)

第一节 供应链运作流程

一、供应链运作流程概述

供应链运作流程实际上是节点企业业务流程的集成,在某种意义上也可以看成是核心企业业务流程的扩展。供应链的绩效在很大程度上取决于其业务流程的设计和运作,就像企业的经营绩效在很大程度上取决于其业务流程的设计一样,成功来自优异的流程运营。

企业选定自己的合作伙伴,确定合作对象、合作内容以及彼此的权利和义务。接着制订日常的运作计划(这里所说的运作计划是面向整个供应链系统的),制造企业根据客户的订单,配置本企业内部供应链流程。供应链系统能否协调运行,很大程度上取决于是否有一个合理的、指导全局的整体运作流程计划。供应链运作流程旨在安排预期资源,平衡一个计划期的需求和供应,以满足订单需求。

二、企业间供应链流程管理

在供应链环境下,企业间的信息可通过Internet传递,上、下游企业间的供、需信息可以直接从不同企业的网站上获得,这样可以简化商业企业的业务流程。与一般情况下的企业和用户方的业务交往不同,处于供应链上的企业(如某供应商)不是被动地等待需求方(如用户和供应链下游的企业)提出订货要求再来安排生产,而是可以主动地通过Internet了解下游企业的需求信息,提前获取它们的零部件消耗速度,这样就可以主动安排好要投入生产的资源。在这种情况下,生产管理部门具有一定的主动权,销售部门不是生产部门的上游环节,而是和生产部门处于同一流程的并行环节上。这种流程模式减少了信息流经的部门,因而减少了时间消耗。采用这种模式的企业提高了对需求方的响应速度,因此比潜在的竞争对手更有竞争力。

在供应链环境下,企业间完成供需业务的流程也同样发生了变化,制造商和供应商之间通过Internet实现信息共享,双方已建立了战略合作伙伴关系。每个企业在整个供应链中承担不同的职责,开展各自的核心业务。

三、企业内部供应链流程管理

在供应链管理环境下,企业之间通过 Internet 实现信息共享,企业内部通过内部网并采用 MRP 或 ERP 等管理软件,借助计算机辅助管理,实现信息共享,如图 9-1 所示。

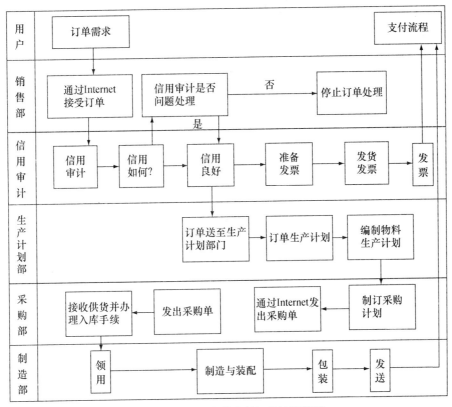

图 9-1　企业内部供应链运作流程模型

知识链接

ERP 是企业资源计划(Enterprise Resource Planning)的简称,是由美国计算机技术咨询和评估集团 Gartner Group Inc. 提出的一种供应链的管理思想,是指建立在信息技术基础上,以系统化的管理思想,为企业决策层及员工提供决策运行手段的管理平台。

图 9-1 可以看出,在生产计划部门生成对原材料、外购零部件等的需求计划后,由管理软件直接编制采购计划。这个过程由计算机自动完成,期间可由人工干预进行必要的调整。采购计划生成后,通过 Internet 向供应商发布。供应商从网上得到需求信息后,即可进行生产或包装,然后将货物运到制造商的生产现场。为了之后有据可查,在发出电子订货令后,可随附相同的纸质文件。双方根据事先签订的合作协议定期进行结算。从这一流程可以明显看出,企业内部原来需经过多个业务部门的流程简化了很多,制造商与供应商之间的环节

减少了,运行机制也发生了变化。这种新的流程极大地提高了整个供应链的竞争力。

案例 9-1　　　**小米的供应链:雷军如何掌控全局?**

大约是 2011 年 6 月,雷军到访英华达,希望能够让对方为自己代工小米手机。按照行业惯例,代工厂一定会对小米科技公司进行调查,主要包括公司背景、资金状况、管理能力等,令人窘迫的地方在于,整个手机上游供应链包括英华达,没有人知道雷军是何许人也。

从常理说,没有人会愿意为一款尚未面世、销量未知的手机产品及一个圈内人从未听说过的人做代工生产,英华达自然也是半信半疑。对于这种状况,雷军也不是第一次遇到了,除了代工厂的存疑,上游供货商更不可能对小米有额外的优待,大部分情况下会要求小米提前三个月订货,并现付定金。

接下来的故事就更有趣了,雷军竟然可以一一将整个环节走通,并完成了一项庞大的系统工程。下面是小米及整个电子产品生产链条的一些故事:

(1) 供应链有两种心态,一是做生意,二是一起做事业。互联网公司要做好上游供应链,必须得有共同成长的心态,随意更换供应商、加工厂及恶意欺诈、拖欠等都是大忌。从代工厂来说,行业竞争越来越激烈,一方面生意就是生意,一旦对方出现违约行为,就必须停产;而另一方面,它们很希望找到可以一起成长的品牌商,一起做事业。

(2) 公众对"产能不足"一词其实存在误解。已经有无数次,小米被抨击是饥渴营销,而根源在于其产能不足。实际上,从上游供应链来说,几乎每一家供应商或代工商都存在产能过剩的问题,而绝非是产能不足。那么,为何还出现供应不上的局面?这是因为制造手机是一项庞大而复杂的系统工程。2011 年 10 月,泰国发生洪灾,导致小米手机的电芯元器件缺货,最终小米多用了两个星期来完成 30 万台预定手机的生产。另外一个情况在于,手机的大部分元器件都是需要定制的,这需要小米与供货商进行较长时间的模具研发与调试。比如说,仅仅是一个看似简单的手机后壳,要做到无缝合拢,需要富士康为其先生产出十几套模具来,之后挨个调试,选出合格的那个模具,然后还要与其他手机配件搭配,没有几个月是完不成的。

(3) 小米的快资金周转率是一个奇迹。创业初期小米的资金周转压力极大,大部分的供应商都要求提前订货和先交钱再办事,整个链条的任何一个环节出了纰漏,都会导致资金流转的停滞,而停滞太久几乎就意味着失败。那么,小米为何能够快速转起来?小米在产业链运转的资金周期分为三个部分:一是给上游供应商的押款账期,尽管在芯片和内存等核心器件方面,小米依然还需要先交订金,但现在它在一些周边元器件上已经争取到了一部分的账期;二是库存周期,小米在五月份做到了 150 万台,其中电商渠道约 100 多万台,小米每周的仓库只需要 25 万—30 万台的库存,仓库完全周转一次大约是 10 天,而且没有库存积压;三是销售的回款周期,因为小米不提供货到付款,运营渠道也是要先付款后拿货,线上渠道则是网上支付,也使得小米几乎在短短几天内就能拿到回款。

这三个关键节点的健康、快速运转,叠加起来就造就了一个快速发展的小米。

(资料来源:http://it.sohu.com/20130525/n377039053.shtml)

第二节 供应链运作模式

一、供应链运作模式概述

供应链运作模式是协调供应链物流过程中人的组织、物的配置和信息传递的方式。采取什么样的供应链运作模式,是由产品市场的需求特征、企业的组织管理水平和市场竞争状况共同决定的。

供应链运作的目标是以一种尽可能好的方式来实施供应链策略,实现资源由企业集成到社会集成。

二、常见的供应链运作模式

传统的供应链运作模式通常被划分为推动式和拉动式两种。这种划分来自20世纪80年代的制造革命。从那时起系统运作模式就被划分为推动式和拉动式两种类型。在最近几年里,相当一部分企业开始实行这两种形式的混合模式:推—拉式的供应链运作模式。

1. 推动式供应链模式

推动式供应链模式是以制造企业的生产为中心,以制造商为驱动源点,通过尽可能提高运作效率,来降低产品的成本而获得利润的。在推动式供应链运作模式下,制造企业一般根据自己的MRP-Ⅱ/ERP计划管理系统,通过对下级用户的历次订单信息进行需求预测来安排其生产计划;再根据产品物料清单将生产计划展开,计算物料需求计划,向供应商发出订货,购买原材料;最后从原料仓库领取物料,生产出产品,并将产品通过其分销渠道,如分销商、批发商、零售商等,逐级向供应链的下级推移,直至零售商。在推动式供应链中,客户处于被动接受的末端。传统的供应链几乎都属于推动式的供应链,侧重于供应链的效率,强调供应链各成员企业按基于预测的预先制订的计划运行,如图9-2所示。

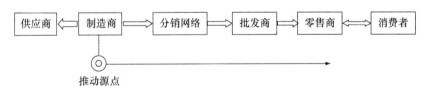

图9-2 推动式供应链

2. 拉动式供应链模式

拉动式供应链模式是以消费端的客户需求为中心,以销售商为驱动源点的。通过尽可能提高生产效率和市场需求的协调一致性,来减少供应链上的库存积压,从而降低单件产品成本而获利。在拉动式供应链管理模式下,依据消费市场或消费者当期的实际需求沿供应链向上游层拉动产品的生产和服务,如图9-3所示。

在拉动式供应链模式中,生产和分销是由当期需求驱动的,驱动力直接来自最终用户的当期需求。产品生产和交货是根据当期订单的实际客户需求而不是基于历次订单预测需求进行协调的。这样生产和分销就能与真正的市场需求而不是预测需求进行协调。

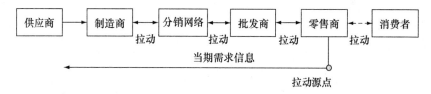

图 9-3　拉动式供应链

3．推—拉式供应链模式

推动式或拉动式供应链运作具有各自的优势和局限,其运作方式的比较如表 9-1 所示。

表 9-1　推动式运作和拉动式运作的比较

	推动式运作	拉动式运作
反应能力	较差	较好
库存过时的风险	较大	较小
库存水平	较大	较小
订货提前期	一般较长	一般较短
服务水平	一般较低	一般较高
对提前期长的产品支持	好	差
运输和制造的规模经济	较高	较低

在现实中,许多企业都采用推—拉并举的供应链运作方式。推—拉结合的供应链运作综合了推动式和拉动式供应链运作的优点,既可以为客户提供定制化产品和服务,又可以实现规模经济。其具体优势主要体现在以下几个方面:

(1) 降低库存和物流成本。推—拉结合的供应链运作模式在中间通用件生产出来后,以规格、体积和价位有限的通用半成品形式存放,直到收到用户订单后,才进行组装成型作业,降低了成品的库存积压。

(2) 满足客户差异化需求。在推—拉结合的供应链中,无差异产品是基于标准化的设计方式的,属于预测驱动。在此基础上发展变型产品,属于需求驱动,形成差异化产品,以此扩大基础产品的适用范围,用较少品种规格的零部件组装成满足客户需求的多样化的产品。

(3) 实现规模生产和运输。在推动阶段,制造商根据预测,大量生产半成品或通用化的各种模块,形成规模生产和运输,降低了生产成本和运输成本。在拉动阶段,根据客户个性化需求将各种半成品或通用化模块进行定制化生产,并以快速的物流服务交付客户使用。

(4) 缩短订货提前期和交货期。运用推—拉结合的供应链时,根据市场需求的不断变化,生产过程可分为"变"与"不变"两个阶段。根据预测事先生产出基础产品,以不变的通用化生产过程实现规模经济,一旦接到订单,立即快速、高效地完成产品的差异化生产过程,及时交付定制产品,增强快速反应能力。

供应链不同的运作方式适用于不同的环境。企业必须根据自身的实际情况,选择相应的供应链运作方式。

三、供应链 SCOR 模型

1. SCOR 模型的基本含义及应用

SCOR(Supply Chain Operations Reference,SCOR)模型即供应链运作参考模型,是经国际供应链委员会(Supply Chain Council,SCC)认可,适合于不同工业领域的供应链运作参考模型。SCOR 将供应链定义为:从供应商的供应商到客户的顾客,集成了计划、资源、制造、配送和反向物流的流程。它包括经营战略、物料、工作流和信息流。SCOR 模型通过定义普遍的供应链管理流程,配以最优的实践、基准绩效数据和优化软件应用程序,为制造业提供了一套强有力的改善供应链绩效的工具。

SCOR 将供应链分解为五个流程:计划、物料获取、制造、交付和反向物流。

(1) 计划:平衡需求和供应,制作一系列行动方案以更好地为其余四个流程服务。

(2) 物料获取:按计划或需求进行物料和需求的获取。

(3) 制造:按库存制造、按订单制造、按订单设计的生产实施。

(4) 交付:为库存生产、按订单制造、按订单定制的产品进行订单、仓储、运输和装配的管理。

(5) 反向物流:该流程与任何原因的退货和交付后的客户支持相联系,包括将原材料返回给供应商和客户的退货。返回的产品则包括次品,用于维护、维修和运行设备的物料产品和多余产品。

2. SCOR 模型的三个层次

SCOR 模型的第一层描述了五个基本流程:计划、物料获取、制造、交付和反向物流。它定义了供应链运作参考模型的范围和内容,并确定了企业竞争性目标的基础,这是企业建立竞争目标的关键。

SCOR 模型的第二层是配置层,由可能构成供应链的 30 个核心流程范畴组成。企业可选用该层中定义的标准流程单元构建它们的供应链。每一种产品或产品型号都可以有它自己的供应链。

SCOR 模型的第三层是流程分解层,它给出第二层每个流程分类中流程元素的细节,为企业提供成功计划和设定其改进供应链的目标所需的信息。

SCOR 模型的第三层,以下还可能有第四层或者更多层次,这些层次都是实施层,它们不属于 SCOR 模型的范畴。因为当企业提出特殊的供应链改进要求时,每一个企业在第四层的具体定义都是根据企业自身情况决定的,具有特殊性,所以没有在行业标准模式中定义特殊的元素的可能和必要。在实施层中,各个企业根据自身供应链管理的实际将第三层中分解出的流程元素进行再分解,从而获得竞争优势并适应商业流程的变化。

SCOR 为供应链改进提供了一个集成的、启发式的方法模型,它的主要功能是提供一组理解供应链和快速建模的工具,提供一组评价供应链的工具,发布供应链的最佳实践典范及其指标;并作为跟随目标,提供评价企业外部供应链性能的手段,提供实现最佳实践的软件工具。SCOR 本身就是一种先进的管理改进方法论。该模型可以用于建立 ERP、CRM、精益制造或其他管理思想的标准模型、实施方法和评估标准。企业的当务之急应该是构建科学的供应链,逐步实现管理的规范化、计划的正规化,通过供应链整合资源,理顺渠道,实现流程优化。在供应链初步成型后,伴随供应链的完善和深化管理,同步引入 SCOR 模型,使供应链运转之初就实现科学测评、高效监控,对流程绩效进行实时测评,为企业核心竞争力的培育提供依据。

> **知识链接**
>
> CRM 是客户关系管理(Customer Relationship Management)的简称,是企业用来管理客户关系的工具。客户关系管理是一个不断加强与客户交流,不断了解客户需求,并不断对产品及服务进行改进和提高以满足客户的需求的连续的过程。

四、供应链集成模式

在新的经济全球化的竞争环境下,供应链业务运作也在不断地发展与成熟,利润源泉已经转移到企业与外部交易成本的节约、库存的控制和内部物流的梳理上。为了进一步挖掘降低产品成本和满足客户需求的潜力,各行业的领先企业均开始认识到,如果要尽可能地提高效益,需要将预测、供应链计划和生产调度作为一个集成的业务流程来看待。因此,企业开始将目光从管理企业内部生产过程转向全生命周期中的供应链环节和整个供应链系统。同时,随着市场环境逐步向需求品种多、需求变动大转变,集成化的供应链运作应运而生。

集成管理运作模式将供应链、制造商、分销商、零售商及最终用户整合到一个统一的、无缝化程度较高的功能网络链条上,以形成一个极具竞争力的战略联盟。集成供应链模式的实质是在优化整个企业内、外资源的基础上,快速响应多样化的客户需求。集成化的供应链运作如图 9-4 所示。

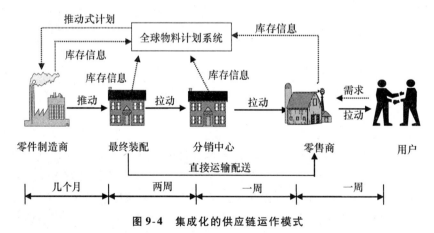

图 9-4 集成化的供应链运作模式

集成化的供应链运作是建立在管理技术和信息技术基础之上的。自 20 世纪 90 年代以来,ERP 系统迅速传播和广泛应用,使企业的信息和业务都实现了高度的集成,使企业管理层逐渐认识到把企业的组织结构与主管人员的相关业务目标、绩效激励机制结合起来,能获得更高的效益。随后,高级计划排程系统、CRM 系统、物流信息系统、知识管理、数据仓库/

数据挖掘、供应链决策等管理技术竞相问世,这使得企业在内部管理上从计划、执行到优化和决策都更上一层楼,能够在有限的资源基础上合理、有效、及时地开展业务;在企业外部的供应链上,也能更好地采用 CRM 的理念和技术,以市场和客户的满意度为企业经营的中心,共同挖掘和分享知识与价值,将企业的资源紧密地与客户的需求相匹配,并快速响应和满足这些需求。特别是在 20 世纪 90 年代末,强调建立合作伙伴关系和协调供应链运作的理论,以及 Internet、电子商务及其相关技术的出现和发展,更为供应链运作提供了指导和支持,使供应链运作再一次发生重大的变化,实现了新的飞跃。

第三节　供应链风险管理

一、供应链风险管理的含义

供应链风险管理是通过识别、度量供应链风险、有效控制供应链风险,用最经济合理的方法来综合处理供应链风险,并对供应链风险的处理建立监控与反馈机制的一整套系统而科学的管理方法。其目标包括损失前的管理目标和损失后的管理目标。损失前的管理目标是避免或减少损失的发生,损失后的管理目标则是尽快恢复到损失前的状态,两者结合在一起,就构成了供应链风险管理的完整目标。

二、供应链风险管理的基本环节

1. 供应链风险识别

风险识别是供应链风险管理的首要步骤,它是指供应链风险管理主体在各类风险事件发生之前运用各种方法系统地认识所面临的各种风险并分析风险事件发生的潜在原因。通过调查与分析来识别供应链面临的风险;通过归类来掌握风险产生的原因、条件及风险具有的性质。

对存在风险的认识是第一步,也可能是有效进行风险管理最重要的一步。没有风险识别,就没有风险评估、风险控制和管理,就不会有预防和保险。供应链风险因素识别是供应链风险管理的前提,具有非常重要的意义。风险存在的客观性、普遍性与风险识别的主观性之间的差异,使正确识别风险成为风险管理中最重要也是最困难的工作。

2. 供应链风险度量

供应链风险度量是指对风险发生的可能性或损失的范围与程度进行估计和度量。仅仅通过识别风险和了解灾害的损失,对实施风险管理来说远远不够,还必须对实际可能出现的损失结果、损失的严重程度予以充分的估计和衡量。只有准确地度量风险,才有助于选择有效的工具处置风险,并实现用最少费用支出获得最佳风险管理的目的。

在评估供应链风险时不仅要考虑风险对某个供应链企业的影响,还要考虑其对供应链整体造成的后果;不仅要考虑供应链风险带来的经济损失,还要考虑其带来的非经济损失,如信任危机、企业的声誉下降等非经济损失。这些非经济损失有时是很难用金钱来估量的。

3. 供应链风险处理

供应链风险处理是供应链风险管理的核心。识别和度量供应链风险都是为了有效地处理供应链风险,减少供应链风险发生的概率和造成的损失。处理供应链风险的方法包括供应链风险回避、供应链风险控制、供应链风险转移和供应链风险自担。

(1) 供应链风险回避是彻底规避供应链风险的一种做法,即断绝风险的来源。供应链风险回避的方法是放弃或终止某项供应链合作,或改变供应链合作环境,尽量避开一些外部事件对企业造成的影响。当然,回避供应链风险在某种程度上可能意味着丧失其他获利的机会。

(2) 供应链风险控制是在对供应链风险进行识别和评估的基础上,有针对性地采取积极防范和控制措施的行为。供应链风险控制的目标是在风险发生之前,降低风险发生的概率;风险发生之后,减少风险发生造成的损失,从而使风险造成的损失降到最低。这是一种积极主动的风险管理方法,但供应链风险控制受到技术条件、成本费用、管理水平等的限制,并非所有的供应链风险控制都能采用。

(3) 供应链风险转移是将供应链中可能发生风险的一部分转移出去的风险防范方式。风险转移可分为保险转移和非保险转移两种。保险转移是向保险公司投保,将供应链中部分风险损失转移给保险公司承担;非保险转移是将供应链中的一部分风险转移给供应链以外的企业,或风险由整个供应链企业来共同承担。

(4) 供应链风险自担是供应链中企业将可能的风险损失留给自己承担,是被动的措施。对于企业而言,可能已知风险的存在,但因为可能获得高回报而甘愿冒险。另一种可能是因为供应链系统风险无法回避,各供应链企业只能通过系统吸纳来接受风险。

4. 供应链风险监控与反馈

制订出风险处理方案后,要在实践中进行检验,一旦发现其中可能存在的缺陷,应及时进行反馈和修正。供应链风险的监控与反馈就是将在危险识别、风险分析及风险处理中得到的经验或新知识,或者是从损失或接近损失中获取的有价值的经验教训,集中起来加以分析并反馈到供应链相关经营活动中,从而避免犯同样错误的过程。供应链风险管理是一项长期的、艰巨的工作,不是一蹴而就的事情,必须动态地重复实施风险管理的各个步骤,以使这一过程融入到供应链管理运作中,才能真正做到长期有效地管理风险。

本章小结

1. 供应链的运作流程实际上是节点企业业务流程的集成,在某种意义上也可以看成是核心企业业务流程的扩展。

2. 供应链的运作模式是协调供应链物流过程中人的组织、物的配置和信息传递的方式。采取什么样的供应链运作模式,是由产品市场的需求特征、企业的组织管理水平和市场竞争状况共同决定的。

3. 常见的供应链运作模式包括:推动式供应链模式、拉动式供应链模式和推—拉式供应链模式。

4. SCOR 模型涉及从供应商的供应商到客户的客户,集成了计划、资源、制造、配送和反向物流的流程。它包括经营战略、物料、工作流和信息流。

5. 集成化运作模式将供应链、制造商、分销商、零售商以及最终用户整合到一个统一的功能网络链条中,以形成一个极具竞争力的战略联盟。

6. 供应链风险管理是通过识别、度量供应链风险有效控制供应链风险,用最经济合理的方法来综合处理供应链风险,并对供应链风险的处理建立监控与反馈机制的一整套系统而科学的管理方法。

练习题

1. 名词解释

推动式供应链　　　拉动式供应链　　　推-拉式供应链
SCOR 模型　　　供应链风险管理

2. 简答题

(1) 常见的供应链运作模式有哪些?
(2) 推动式供应链与拉动式供应链的区别何在?
(3) 供应链风险管理的基本环节有哪些?

3. 论述题

(1) 请分析企业该如何合理选择推动式供应链与拉动式供应链。
(2) 请分析全球化供应链的风险与防范。

扩展阅读　　　　　　　　浅析供应链管理中的冲突及其对策

随着供应链管理思想逐渐深入到现代供应链企业管理中,在供应链管理的实施过程中,供应链节点企业内部或企业之间存在着各式各样的冲突,如何认识分析冲突并解决冲突就成为供应链管理中必不可少的重要环节。

1. 分析供应链中的冲突

(1) 利益冲突。每个企业都想在激烈的供应链竞争中起核心作用,有些强势的节点企业(如零售商)上抬消费者的购买价格,下压上游供应商的进货价格,获取高额的利润。长此以往,整条供应链将处于恶性循环发展中,"争风吃醋"的场面屡见不鲜,最终导致合作伙伴关系"紧张"或"中断"。

(2) 价值文化冲突。在某条供应链形成之初,都有着本企业的价值观,但是在供应链管理实施过程中,不同的企业一般具有不同的价值观,从而使企业目标、远景规划及道德标准等存在差异。

(3) 信息传递冲突。常见的供应链会涉及制造商、分销商、批发商、零售商和消费者等不同主体,随着信息传递链的增加,信息传递时间会增加,因此信息的失真度和透明度将会明显降低。信息不对称或者存在严重偏差将会影响整条供应链的最终利润,最终会引起争论和冲突。

(4) 供应链相关法律法规冲突。供应链中的企业也许来自不同国家或地区,不同地域的企业对本地法律、政治、制度等的认识和理解会有一定的偏差,甚至连文字表述、表达方式不同都会引起麻烦和问题,事态严重的甚至导致经济损失。

2. 解决供应链中的冲突

（1）建立战略联盟共享利益。现代企业之间在交往中应秉持正视竞争、强调合作的理念，这样才能做到即使遇到冲突，也能在群力之下一一化解，整条供应链在竞争商战中获得动态、持久的竞争优势，才能获得丰厚的报酬，最终使供应链实现利益共享、供应链企业良性发展。

（2）梳理企业文化脉络，共享创新机制。经济全球化带来了全球制造，来自不同国家、不同文化背景的企业之间合作、交往及发生的关联越来越多。因此，要相互了解企业的结构和文化，创新文化机制，解决业务流程和结构上的障碍，加强文化交流，理清企业文化在企业战略发展中的重要地位，促进文化的融合。

（3）实施 ERP 共享信息成果。ERP 主要是面向事务的处理，可以利用有效的数据来传递更有价值的信息和优化业务。ERP 会驱动上游企业的一系列计划，如配送计划、发货计划、装运运输等计划，甚至在某些企业中能够直接驱动生产计划。

（4）完善物流法律法规，共享合作契机。国际或国内物流行业协会应结合全球物流发展现状和当地实际，有目的地协助当地政府完善物流法律法规。只有较为完善的立法才能规范交易双方的行为，才能使供应链内部节点企业及外部供应链合作伙伴的正当利益不受侵害。

综上，供应链管理中的冲突普遍存在于企业的运作过程中，供应链企业成员应该在交易过程中倡导合作精神，用协作、合作的思想化解来自企业内部或外部的冲突，只有这样才能营造一种和谐的工作环境和多赢的局面。

（资料来源：万强.浅析供应链管理中的冲突及其对策[J].经营管理者,2013.10）

第四篇
物流与供应链技术方法

第十章

物流与供应链信息管理

教学要点

知识要点	掌握程度	相关内容
物流信息技术	了解	物流信息技术的定义 物流信息技术的种类
物流与供应链信息系统	掌握	物流与供应链信息系统的类型 各类信息系统的运作模式
物流与供应链信息集成	了解	供应链信息类型 供应链信息集成的必要性 供应链信息共享 基于EDI的供应链信息集成 基于Internet/Intranet的供应链信息集成

导入案例

TCL物流一体化信息平台的设计

TCL销售公司作为TCL集团的下属公司,负责成品下线后到营销网点之间的仓储、配送等相关物流运作。

TCL的物流一体化信息平台的设计和实施,对于其销售公司来说,不仅是物流信息化的过程,更是物流战略的目标模式设计、物流运作模式的变革,以及物流水平和竞争力提高的过程。物流一体化信息平台建设方案主要包括以下几个方面:

(1) 完整的物流战略和目标模式设计:一体化物流信息平台可以服务于多元化的、面向全国分销网络的成品及备件的分销运作和管理。

(2) 信息平台设计与业务流程改造紧密结合:重新设计新的订单流程、补货流程、预测流程和计划流程。

(3) 系统分布与企业组织结构的关系:系统分布设计要解决的问题是按照既定的战略性的解决方案,对企业内部的职能部门和信息系统的功能进行匹配。

(4) 系统主要包括五大功能模块:订单管理、库存管理、运输管理、计划管理和基础数据管理。

总之,TCL 销售公司的物流一体化信息平台,以流程、信息和 KPI 为三条主线,成功地解决了订单、补货、预测、计划等一系列流程的设计,并体现了系统整合优化的要求,这是一个创新的实践。在实施过程中,该平台把信息化与流程改造、管理体制改革、营销物流网络重组紧密地结合起来,分步进行,比较好地解决了大型物流信息系统中数据管理的集中与分散的矛盾,最终达到降低库存总量、提高服务水平的目标。此外,该平台建设在系统的标准化方面也积累了丰富的经验,有助于促进我国物流信息化上一个新的台阶。

(资料来源:http://www.chinawuliu.com.cn/xsyj/200407/16/131381.shtml)

第一节 物流信息技术

一、概述

物流信息技术是现代信息技术在物流各个作业环节中的综合应用,是现代物流区别于传统物流的根本标志,也是物流技术中发展最快的领域,尤其是计算机网络技术的广泛应用使物流信息技术达到了较高的应用水平。

物流信息技术主要包括电子标签、条码技术、物流空间信息技术、电子数据交换、计算机电信集成技术、物流信息无线传输技术、数据仓库等。在这些信息技术的支撑下,形成了以移动通信、资源管理、监控调度管理、自动化仓储管理、业务管理、客户服务管理、财务管理等多种业务集成的一体化现代物流信息系统。将这些信息技术融合在物流管理过程中,能带来以下四个方面的好处:

(1) 建立新型的客户关系。现代信息技术能够让物流管理者与客户之间建立信息流和知识流,方便与客户交流,有利于构建新型的客户关系。

(2) 改变产品和服务的存在形式及流通方式。产品和服务的实用化趋势正在改变他们的流通、使用方式。许多软件产品通过 Internet 直接与客户进行沟通,省去了许多中间环节,提高了服务质量。

(3) 了解物流信息需求的新途径。用网络等信息技术来交换有关物流信息,成为企业获得物流活动所需要的信息的有效途径。例如,物流活动的各参与方通过信息网络交换库存、运输、配送等信息,使各参与方一起改进物流活动效率,提高客户满意度。对于全球经营的跨国企业来说,信息技术的发展可以使它们的业务延伸到世界的各个角落。

(4) 具有及时决策和模拟结果的能力。信息技术的发展使得物流管理者在进行决策时可以利用大量有效的信息,基于这些信息,他们可以对物流活动进行有效的管理。

二、电子标签

射频识别(Radio Frequency Identification,RFID)技术是 20 世纪 90 年代开始兴起的一种非接触式的自动识别技术。最基本的 RFID 系统由标签、阅读器和天线三个部分组成。每个标签都具有唯一的电子编码,一般保存有约定格式的电子数据,在实际中一般附着在物体表面以标示和识别目标对象。阅读器可无接触地读取并识别电子标签中所保存的电子数据,以达到自动识别的目的。阅读器可设计为固定式或手持式,与标签之间采用无线通信方式传递信息,通常与电脑相连,将所读取的标签信息传送到电脑上进行下一步处理。天线则是用来在标签和阅读器之间传递射频信号的。

RFID 技术的优点是可识别高速运动的物体并可同时识别多个标签,识别距离比光学系统远,可工作于各种恶劣环境等。RFID 技术广泛应用于物流业,RFID 可以进行标签跟踪和财产保护。如给物流环节中的货柜车和货舱贴上标签,结合 GPS 系统,便可以有效地实现对货柜车和货舱的跟踪与保护。在仓储管理中,RFID 能有效解决与货物流动有关的信息管理,大大加快了货物处理速度,方便了对货物的管理。

三、条码技术

条码技术作为物流信息系统中的数据自动采集单元技术,是实现物流信息自动采集与输入的重要技术。它是计算机技术在现代化生产和管理领域中广泛应用并发展起来的一门实用的数据输入技术。

条码是由一组规则排列的宽度、反射率不同的条、空及字符组成的,用以表示一定信息的代码。条码技术是研究如何把计算机所需要的数据用一种条形码来表示,以及如何将条形码表示的数据转变为计算机可以自动采集的数据。其工作原理如图 10-1 所示。

图 10-1 条码系统的工作原理

四、空间信息技术

1. 全球定位技术

全球定位系统(Global Positioning System,GPS)是利用通信卫星、地面监控部分和信号接收机对对象进行动态定位的系统。GPS 系统由 GPS 卫星组成的空间部分、若干地面站组成的地面监控部分和接收机为主体的用户部分组成。

GPS 系统通过与各种现代物流信息技术的结合,给现代物流提供了大量的技术支持。它帮助物流管理实现对运输设备及货物的实时定位、跟踪、监测、运输调度、辅助管理等。

2. 地理信息系统

地理信息系统（Geographic Information System，GIS）是多种学科交叉的产物，是一种为地理研究和地理决策服务的计算机技术系统。GIS 主要用于存储、管理、分析与位置有关的信息，基本功能是将表格型地理数据转化为地理图形显示，然后对显示结果进行浏览、操作和分析。在物流中，GIS 凭借其强大的地理数据功能帮助完善物流分析技术。

五、电子数据交换技术

电子数据交换（Electronic Date Interchange，EDI）技术是供应链管理的主要信息手段之一，特别是在国际贸易中有大量文件传输的条件下。EDI 技术可大大降低贸易文件处理成本，因而得到普遍重视和迅速发展。EDI 可自动进行数据发送、传送及处理，不需要人工介入，实现事务处理或贸易自动化。

知识链接

随着电脑的普及，许多企业或组织内部均以电脑来储存、处理资料。然而，由于不同组织使用的应用系统不一，所产生的资料格式并不相同，当不同组织因业务需要必须进行资料交换时，通常还需要经过人工作业重复键入资料，转至己方的系统中，成为作业流程中的一大障碍。实施电脑化最早的美国发现此瓶颈，为了解决这个问题，便有部分企业与其交易往来之对象约定，以特定的标准格式传送表单，这可视为 EDI 应用观念的起源。

第二节　物流与供应链信息系统

物流与供应链管理信息系统通常由采购管理子系统、生产管理子系统、销售管理子系统、物流管理子系统及决策支持系统等构成。各个子系统分别管理不同的供应链活动，相互协作，共同构成供应链管理系统。

一、采购管理子系统

采购管理子系统主要包括采购计划及决策的制订和采购业务的处理，负责与采购工作相关的规划、请购、审核、收料追踪、历史记录、结账应付和采购订单取消，协助采购部门有效地掌控各采购活动。采购管理子系统的总体目标可分为两个方面：一方面，以最低的总成本为企业的生产经营提供物资供应和服务；另一方面，协调企业内部及企业与供应商的物资供应关系，实现物资采购从申请采购、计划审批、选择供应商到最后物资入库交付生产的全程控制，加强物资采购的综合管理能力。采购管理子系统的职能同样可分为两个方面：对内，控制与保证采购流程的实施，保证采购质量、交货期能够满足企业生产和市场的需求；对外，选择和管理供应商，控制并保证价格优势。

采购管理子系统在企业内部的运作模式如图 10-2 所示。计划员将企业所编制的物资需求计划录入系统，进行采购申请，等待申请通过之后，将该计划上报给采购中心；采购中心负责对采购需求计划进行拆分或合并,进行采购备料计划的处理;采购备料计划经审核之后,需要库存平衡,最终生成采购计划,为下一步的采购合同做准备;采购人员进行采购合同的处理,最终选定合格的供应商签订合同,采购订单开始执行;在供应商合同执行的过程中,发生的需求变更、合同变更或是供应商生产进度的反馈等业务将在生产协调用例中体现;最后完成采购物资入库及采购结算等处理。

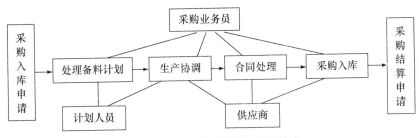

图 10-2 采购管理子系统运作模式

二、生产管理子系统

供应链中各个企业并不是独立进行生产运作的,在生产计划制订过程中,上游企业承接订单的能力和意愿都将影响到下游企业的生产计划,上游企业的生产进度也需要和下游企业同步进行。供应链环境下的企业生产控制需要更多的协调机制,体现了供应链的战略伙伴关系原则。

生产管理子系统的主要参与角色包括计划人员、决策人员、监控人员、核心企业和财务人员,其运作模式如图 10-3 所示。

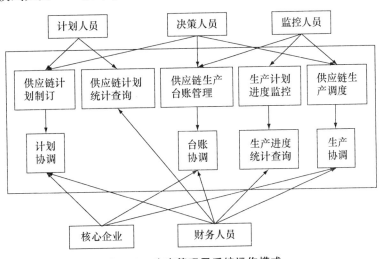

图 10-3 生产管理子系统运作模式

(1) 供应链计划制订:根据生产需求的不同,供应链计划制订主要包括主生产计划、独立生产计划和零部件生产计划的制订。计划人员负责制订各供应链计划,待协调人员与成员企业对相关计划进行协调后,由决策人员确认最终的供应链计划。

(2) 供应链计划统计查询:计划人员、决策人员和各成员企业根据各自不同的需求以多种形式对供应链计划进行统计查询。

（3）供应链生产台账管理：监控人员为每个零部件生产计划建立台账。核心企业与相应的成员企业进行台账协调。决策人员发布最终的供应链生产台账。成员企业将自己的生产状况及时反馈到台账信息中，以此作为生产过程监控的数据基础。

（4）生产计划进度监控：监控人员监督各成员企业的生产情况，查看缺件情况，并作出相应处理，对生产可能缺件的情况发出警告。

（5）供应链生产调度：协调人员根据监控的信息对各成员企业生产中的异常进行处理，与成员企业及时进行沟通和协调，决策人员对调度信息进行发布。

三、销售管理子系统

销售管理子系统的功能主要包括：对内能够快速准确查询出本企业的采购及库存信息，保障各项销售业务顺利进行；对外能够及时发布本企业销售的相关信息，快速准确地查询出客户采购和库存信息及供应商销售和库存信息，及时掌握企业外部动态信息并快速作出响应，使供应链能够良性协同运作。

销售管理的主要参与者有管理者、业务员和系统管理员。管理者对整个销售业务进行管理，具体包括销售市场预测、销售报价、销售订单管理、销售发货和销售退货。业务员包括销售员，主要负责联系销售业务，具体包括客户采购订单查询、客户库存情况查询和客户信息管理，基于业务员对销售情况的了解，也可以给出销售报价及对销售市场进行合理预测。系统管理员主要管理系统的运行和维护状况，包括系统权限管理和系统参数设置，如图10-4所示。

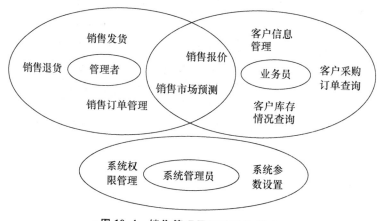

图 10-4　销售管理子系统运作模式

四、物流管理子系统

物流是供应链中必不可少的一部分，主要负责对供应链上的各种物料（包括原材料、零部件、产成品）、服务及信息从起始点到终点流动过程的计划、组织和控制活动。供应链中各个环节货物的运输、仓储、包装、装卸搬运、订单处理、库存控制、客户服务、退货处理及其他活动等都需要物流管理系统来完成。

物流管理子系统的运作关系如图10-5所示。物流管理子系统的主要参与者包括操作员、系统管理员、企业管理者和财务人员。操作员处理维护物流管理的活动，包括仓储、配送、运输和订单，同时也管理基本客户信息等；系统管理员管理系统的基本信息，包括系统维护、系统用户管理、系统权限管理等；企业管理者管理经营业绩和负责制定物流决策；财务人员负责业务间的财务结算。

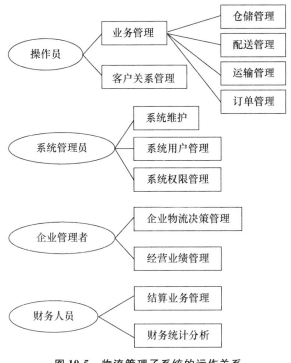

图 10-5　物流管理子系统的运作关系

五、决策支持系统

决策支持系统（Decision Support System，DSS）主要为决策者提供决策所需要的数据、信息和其他需要的资料，帮助明确决策目标和进行问题的识别，建立或修改决策模型，提供各种备选方案，并对各个方案进行综合评价和择优，通过人机交互进行分析、比较和判断，最终得出最优决策。在供应链管理信息系统中，决策支持系统在供应链流程作业、供应链关系、供应链物流管理等方面都起着十分重要的作用。

第三节　物流与供应链信息集成

一、供应链信息类型

在供应链中流动的信息可以分为两类：一类是需求信息，如预测、销售合同、主生产计划、物料需求计划、加工单、采购订单等，它与物料流动方向相反，从需求方向供给方流动；另一类是由需求信息引发的供给信息，如收货入库单、完工报告、可供销售量、提货发送单等，同物料一起沿供应链从供应方向需求方流动。在信息的流动过程中，供应链信息系统及时准确地将信息传达到供应链的各个环节,不仅加强了供应链节点企业间的联系与合作,实现良好协调,还能有效消除供应链上的不确定性及"牛鞭效应",降低整个供应链的成本,缩短各环节的时间延迟,从而提高供应链运作的效率。

> **知识链接**
>
> 主生产计划(Master Production Schedule,MPS)是确定每一具体的最终产品在每一具体时间段内生产数量的计划。主生产计划说明在可用资源条件下,企业在一定时间内生产什么、生产多少及什么时间生产。

二、供应链信息集成的必要性

供应链信息集成是指将供应链上各个节点企业的信息集合起来,对不同的数据信息进行数据转换,以统一的数据格式和交换方式将分散的数据信息通过网络连接起来,进行数据的传输与交换,实现供应链信息的集成共享。

在供应链管理中,信息的流动与物料流动是相反的。信息流始于消费者,终结于生产商或供应商,属于拉动式的。实际上,在现在的买方市场中,消费者就是一切信息的源泉,没有拉动式的信息,就不可能有推动式物流。所以,从根本上说,物流又从属于信息流。在供应链管理中,信息系统则是供应链体系的神经系统,信息阻塞和隔断是影响供应链运作的关键。所以,建立分布的、透明的信息集成系统,保持信息沟通渠道的畅通和透明性,对一个供应链的形成和发展有着重大的意义。

> **案例 10-1**　　　　　　　　　　**ZARA 的供应链信息管理**
>
> ZARA 是西班牙 INDITEX 集团旗下的一个子公司,它既是服装品牌,也是专营 ZARA 品牌服装的连锁零售品牌。INDITEX 是西班牙排名第一,并于近年超越了美国的 GAP、瑞典的 H&M 成为全球排名第一的服装零售集团。ZARA 的成功离不开支撑其供应链的精确的 IT 系统。
>
> 在时尚信息的搜集和汇总完成之后,ZARA 调控中心的办公人员们通过对这些时尚信息的萃取、分类、归档,将它们以标准化的格式录入总部的数据库之中,实现对时尚信息的标准化。
>
> 在 ZARA 服装生产的过程中,每件衣物在进行裁剪之后,都会有其相应的条形码与之相匹配,并伴随着这些配套的布料,经历缝合、装箱、分拣、配送和销售的全过程。这说明在 ZARA 的这些环节中,对衣物的识别都使用统一的标准。因此,在整个供应链的运作过程中,关于同一款式服装的信息之间绝对不会存在任何的不匹配现象,从而保证了信息传递的流畅,进而确保了供应链的快速响应。
>
> ZARA 拥有一套完整的计划、采购、库存、生产、配送、营销和客户关系管理的平台,以及

在这个平台基础上的供应链协同系统。而其遍布全球的营销网络则通过它们的终端系统与总部保持紧密的连接,力求在最短的时间内将信息传回总部,并完成信息流、资金流及物流的流转。ZARA 全球各专卖店都通过信息系统反馈销售和库存信息给总部进行计划分析。总部系统可以统一分析热销或滞销产品的特征,供完善或设计新款服装时参考。

ZARA 精准的 IT 系统保证了整条供应链顺利且精确的运行,保障了其供应链的快速。

(资料来源:http://www.docin.com/p-236745187.html)

三、供应链信息共享

物流与供应链的信息集成本质是实现有效的信息共享。供应链各节点的需求信息、库存信息、生产计划、促销计划、需求预测和运输计划等都被信息集成中心收集,形成信息共享源;同时,信息中心还负责对收集到的信息进行加工,并把加工后的信息发送到需要这些信息的节点企业。此外,供应链中的所有节点与信息中心建立高速的信息通道,这个信息通道保证各节点与信息集成中心的信息实时互通,实现所有信息在整个供应链上的实时共享。通过信息集成中心,有效促进供应链信息的共享。这种模式的主要优点是:① 实现供应链上的所有节点之间的信息实时共享;② 当供应链局部节点出现意外或外部市场需求发生变化时,信息的实时共享保证这种信息可被瞬间传送到整个供应链,提高了供应链快速反应的能力;③ 信息集成中心为所有企业提供了一个信息交流的场所,使供应链由原先的分散决策的分散系统转变为一个集中决策的集中系统,从而大大提高了供应链的整体协调能力;④ 信息集成中心是独立于供应链外的一个节点,不受某一节点企业的控制,具有一定的独立性,这保证了信息的透明度和信息运行的稳定性;⑤ 这种模式增强了供应链的开放性和伸缩性,同时,这种模式可方便地实现信息外包。

传统的物流信息传递属于直链式信息流,如图 10-6 所示。每一个节点企业只能通过上下游企业提供的信息制订生产计划和销售计划等,不仅信息传递不及时,而且容易产生"牛鞭效应",使信息失真。想要实现供应链各个企业之间信息的充分共享,离不开以下几个方面的要求:

(1) 技术基础。实现供应链各节点之间的信息共享,离不开网络技术和信息技术,从技术上实现物流信息网络的集成也是信息共享的技术基础。随着信息技术的不断发展,目前的信息技术已经能够实现供应链上不同节点企业之间的电子链接,通过它能够进行各种电子信息的交换、传递和查询,是一个理想的信息共享平台。

(2) 功能强大的数据库。供应链上的信息交换都需要在不同节点企业的数据库中进行,因此必须具有功能强大的数据库,为供应链中的信息共享提供良好的操作环境。

(3) 建立合作机制,保持彼此信任。供应链节点企业之间要建立合作机制,彼此之间应保持高度信任与良好的合作,这样才能保证信息的真实性和透明度。假如供应链企业只是实现了信息的集成,却没有建立确保相互信任的合作机制,那么势必会影响整个供应链运作的效率和效果。

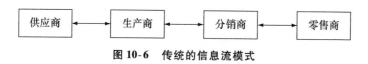

图 10-6　传统的信息流模式

在进行供应链信息集成时,要正确处理各种关系,充分考虑各种可能的影响因素及影响程度,根据企业自身所处的环境、自身条件和营销策略,构建契合供应链的物流信息系统。供应链中信息集成的数据系统的运作模式大体如图 10-7 所示。

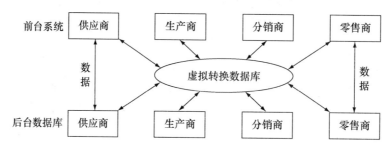

图 10-7　供应链中信息集成的数据系统的运作模式

四、基于 EDI 的供应链信息集成

在供应链管理中,合作伙伴之间的信息交互,特别是在进行全球合作贸易时,EDI 往往作为重要的连接节点企业商业应用系统的媒介,是供应链信息集成的一种重要工具。利用 EDI 可以更好地对市场需求进行预测,减少供应链系统的冗余性,使得用户和供应商共同缩短订单周期。EDI 帮助供应链各节点企业快速地获得信息,减少纸面作业,方便了沟通和通信,同时帮助企业提高生产率、降低成本,为企业提供实质性的、战略性的好处,如改善运作管理和客户关系、提高客户响应速度、缩短事务处理时间、减少订货周期、消除订货周期中的不确定性、增强整个供应链的国际竞争力等。基于 EDI 的供应链信息集成模式如图 10-8 所示。

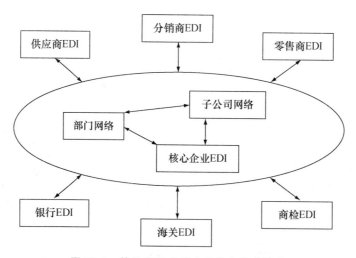

图 10-8　基于 EDI 的供应链信息集成模式

由于 EDI 集成的供应链信息系统投资大，缺乏开放性等，导致其发展缓慢，在美国仅有 5% 左右的少数大公司有能力建立，且只能在大公司之间使用专用数据交换网。我国 EDI 的应用起步较晚，目前主要在北京、天津、上海、广州一些沿海城市的大企业中应用。

五、基于 Internet/Intranet 的供应链信息集成

企业内部各部门并非直接从中央数据库中读取数据，一般企业通过建立高速数据专用线连接到 Internet 骨干网，经路由器与自己的 Intranet 相连，再由 Intranet 内主机或服务器为其内部各部门提供存取服务。为实现基于 Internet/Intranet 的供应链信息集成，需要供应链企业充分利用 Internet 和 Intranet 建立三个层次的管理信息系统。

1. 外部信息交换

企业首先应当建立一个 Web 服务器（Internet 和 Intranet 软件的主要部分）。通过 Internet，一方面完成对企业在不同地域的分销商、分支机构、合作伙伴的信息沟通与控制，实现对重要客户的及时访问与信息收集；另一方面可以实现企业的电子贸易，在网上进行售前、售中、售后服务和金融交易。这一层的工作主要由企业外部的 Internet 信息交换来完成。企业需要与交换对象签订协议，规定信息交换的种类、格式和标准。

2. 内部信息交换

企业的 Intranet 是管理信息系统的核心。一个企业的 Intranet 既要与外部交换信息，又要处理企业事务、共享信息、协同计算等。信息处理系统主要完成数据处理、状态统计、趋势分析等任务，主要涉及企业内部所有部门的业务流程。它们所处理的信息是企业内部 Intranet 信息共享的主要对象。

3. 信息系统集成

传统的信息系统之间往往由于系统结构、网络通信协议、文件标准等环节的不统一而呈现分离的局面，而通过 Internet 的"标准化"技术，Intranet 将以更方便、更低成本的方式来集成各类信息系统，更容易达到数据库的无缝连接，从而使企业通过供应链管理软件将内、外部信息集成为一个统一平台。

本章小结

1. 物流信息技术是现代信息技术在物流各个作业环节中的综合应用，是现代物流区别于传统物流的根本标志，也是物流技术中发展最快的领域，尤其是计算机网络技术的广泛应用使物流信息技术达到了较高的应用水平。

2. 物流信息技术主要包括电子标签、条码技术、物流空间信息技术、电子数据交换、计算机电信集成技术、物流信息无线传输技术、数据仓库等。

3. 物流与供应链管理信息系统通常由采购管理子系统、生产管理子系统、销售管理子系统、物流管理子系统以及决策支持系统等构成。各个子系统分别管理不同的供应链活动，相互协作，共同构成供应链管理系统。

4. 供应链信息集成是指将供应链上各个节点企业的信息集合起来，对不同的数据信息进行数据转换，以统一的数据格式和交换方式将分散的数据信息通过网络连接起来，进行数

据的传输与交换,实现供应链信息的集成共享。

练习题

1. 名词解释

条码　　　　　　　射频识别　　　　　全球定位系统　　　　地理信息系统
电子数据交换　　　信息系统　　　　　供应链信息集成

2. 不定项选择题

(1) 射频识别属于(　　)技术。
A. 电子标签　　　B. 条码技术　　　C. 物流空间信息　　　D. 电子数据交换

(2) 物流与供应链信息系统包括(　　)。
A. 采购管理系统　　　　　　　　　B. 物流管理系统
C. 生产管理系统　　　　　　　　　D. 决策支持系统

(3) 关于现代的供应链信息共享,下列描述正确的是(　　)。
A. 信息传递方式属于直链式信息流。
B. 信息的实时共享可实现信息的快速传递,提高了供应链的快速反应能力。
C. 信息集成中心是独立于供应链外的一个节点,不受某一节点企业的控制,具有一定的独立性。
D. 要实现企业之间充分的信息共享,需要一定的技术基础和功能强大的数据库做支撑。

3. 简答题

(1) 物流与供应链常见的信息技术有哪些?
(2) 物流与供应链信息系统主要包括哪些子系统?

4. 论述题

(1) 试举例说明物流信息集成能为企业带来哪些好处。
(2) 试论述如何实现供应链企业间信息的充分共享。

扩展阅读　信息技术在企业供应链信息共享中的应用

供应链的协调运行建立在各个节点企业高质量的信息传递、共享基础之上,因此,有效的供应链管理离不开信息技术,信息技术的应用能够有效地推动供应链管理的发展。

(1) 减少信息的不确定性。企业通常面临两种不确定性:因缺乏对目前所发生事件的了解而导致的不确定性;当事件发生时,不知道如何应对而产生的不确定性。具体来说,这些不确定性主要包括:客户提交订单的时间和数量的不确定;供应商交货提前期、交货数量、货物质量的不确定;货物运输时间和运输状况的不确定。究其原因,是由于供应链上的各节点企业间无法进行有效的信息沟通或实现有效的信息共享,从而削弱了以信息作为沟通载体的作用,导致整条供应链的效率下降。若能在供应链中实现信息共享,此问题将迎刃而解。

（2）降低委托—代理机制带来的信息风险。供应链的各节点企业间是相互合作的关系，主要表现为委托—代理关系。在此关系中，代理人往往会通过增加信息的不对称性，以从合作伙伴那里获取最大利益。由于两个企业都是独立的利益主体，相互之间缺乏信任，因此在委托—代理关系中，会出现两种代理问题：一是逆向选择。在制造商（委托人）选择供应商（代理人）时，供应商掌握了一些制造商所不知道的信息，而这些信息可能对制造商不利，供应商因此与制造商签订了对自己有利的契约，致使制造商蒙受损失，从而出现逆向选择——制造商误选了不适合自身实际情况的供应商。二是道德风险。假设供应商与制造商在签订契约时各自拥有的信息是对称的，但签约后，制造商无法观察到供应商的某些行为，或者外部环境的变化仅为供应商所了解。在这种情况下，有些供应商会在有契约保障之后，采取不利于制造商的行为，进而损害制造商的利益，这就出现了"败德行为"。

（3）缓解牛鞭效应。牛鞭效应是供应链本身固有的特性，它非常不利于供应链的协调运作，会造成分销商、零售商的订货量和生产商的产量远远高于客户的需求量，进而积压产品，占用资金，降低整条供应链的运作效率。随着供应链节点企业的增多，此效应愈发明显，整条供应链的管理将变得十分复杂和困难。对企业而言，以 Internet 技术为支撑在供应链上实现信息共享就是有效减少"牛鞭效应"的根本途径。因为归根结底"牛鞭效应"是由信息传递过程中的信息扭曲造成的，而供应链信息共享恰恰可以减少信息传递过程中的信息时延和信息失真。

（4）协调供应链的目标冲突。供应链是由相互之间存在供需关系的企业组成的。而这些企业是参与市场竞争的利益主体，其目标是追求自身利益的最大化。因此，在供应链管理中，要满足某些目标就必须牺牲其他目标。

（资料来源：贾燕.信息技术在企业供应链信息共享中的应用[J].商业科技，2008.5）

第十一章

物流网络规划

教学要点

知识要点	掌握程度	相关内容
物流网络概述	了解	物流网络的概念 物流网络的功能 物流网络节点的种类
物流网络设计的程序	了解	物流网络设计的五步骤
物流设施选址	掌握	物流设施选址的意义 物流设施选址的影响因素 物流设施选址的步骤
物流设施选址方法	了解	重心法 分级加权评分法

导入案例

顺丰快递网络规划

1993年,22岁的王卫在广东顺德创办顺丰速运。当时,这家公司算上王卫本人也只有6个人。目前,顺丰的经营规模、网点覆盖和市场份额仅次于中国邮政集团公司(EMS),在中国快递企业中排名第二,在中国民营快递企业中则排名第一。

顺丰经营本部包括华南、华东、华北、华中、东南和海外经营本部等。每个大区都有若干个区部,每个区部有一个副总裁,下面有若干个总经理和职能总监。区部再往下就是各个城市的分公司和分点部。

顺丰在全国拥有38家直属分公司、3个分拨中心、近100个中转场、2 500多个基层营业网点，覆盖31个省、近250个大中城市及1 300多个县级市或城镇。以北京为例，整个北京区部分成26个分部，望京是其中之一。每个分部下面又分成若干个点部，望京有3个这样的点部。整个北京有136个这样的点部。每个点部有10—100名收派员和仓管，再搭配组长和经理。他们每天完成的收派件量超过15万。同时，为了确保一线收递员能在1小时内到达所属区域内的任何地点，公司规划部会根据数学模型计算出不同客户数量与不同商业流通频率下的服务半径，如二线城市市区的服务半径一般是7公里。也就是说，一般城市市区点部的分布以约7公里为单位，按照最优网络结构，结合街区的房租成本，进行合理选址。有些CBD区域的点部布局稍微密集，而在郊区则可能远远大于7公里的服务半径。

除了点部的分布要满足"1小时交通圈"要求，在上一级中转站，也按照时效要求，设置"2小时交通圈"。这样，只要是在同一个区部，也就是说同一个电话区号范围内，就能做到4小时到达。

(资料来源：http://www.docin.com/p-662063352.html)

第一节　物流网络概述

一、物流网络的概念

物流网络是指物流过程中相互联系的组织与设施的集合。物流网络规划的主要任务是确定产品从原材料起点到市场需求终点的整个流通渠道的结构，包括物流设施的类型、数量与位置，物流设施所服务的客户群体与产品类别，以及产品在设施之间的运输方式等。网络设计必须充分考虑空间和时间两方面的因素。空间方面是指工厂、仓库、零售点等设施的选址，时间方面是指商品的可获得性要迎合客户的服务目标。

二、物流网络的功能

1．衔接功能

物流节点将各条物流线路连接起来，使之成为一个网络系统。物流网络的衔接作用主要可通过以下几种方法得以体现：① 通过转换运输方式衔接不同运输手段；② 通过加工衔接干线物流和配送物流；③ 通过储存衔接不同时间的供应物流和需求物流；④ 通过集装箱、托盘等集装处理衔接整个"门到门"运输，使其成为一体。

2．信息功能

物流线路负责信息的传递，物流节点则是物流信息的集中点。信息作用是物流系统正常运作的保证，物流网络帮助物流系统顺利完成对信息的管理，这是一个物流系统建立的前提。

3．管理功能

物流节点大都是集管理、指挥、调度、信息、衔接及货物处理于一体的物流综合设施。为了使整个物流系统的运转有序化和正常化,其效率和水平取决于物流节点管理功能的实现情况。

三、物流网络节点的种类

1. 物流集货中心

物流集货中心的主要功能是将零星货物集中成批量货物的物流中心。这类中心所进的货物多为包装程度低,甚至完全不包装的小批量货物,而且一般进货距离短、运输方式简单、进货成本低。这些货物一般都需经中心简单加工或较复杂的加工,如进行批量包装,使零星货物形成大包装或集装箱、托盘形式的包装。这类中心广泛适用于外贸、内贸收购部门,供销、粮食系统和商业部门。集货中心的主要装备有进货计量检查设备,加工设备,分类设备,储存设备,包装、捆扎设备等。

2. 物流分货中心

物流分货中心是指专门或主要从事分货业务的物流节点。其主要功能是将大批量运到的货物分成批量较小的货物。这种中心运进的大多是大规模包装、集装或散装的,采用大批量、低成本的运输方式(如轮船、铁路整列或整车方式)运送的货物。分货中心的主要设施和设备有大批量货物的接货及存储设施(如专用线、站台、大型卸车设备、库房等),分货、分装设备,包装、捆扎设备等。

3. 配送中心

配送中心是指专门从事配送业务的物流节点。配送中心的主要业务包括集货、储存、分货和配货及配装送货等。

(1)集货。集货是指根据用户的订货要求,将所需货物集中起来。配送中心必须汇集许多生产企业生产的货物,大批量地进货,以备齐所需货物。一般来说,集货批量远大于配送批量,配送中心才能从差额中获得收益。集货一般采用大批量、低成本的运输手段。

(2)储存。配送中心必须保持足够的储备量,以防止储备告竭缺货,造成所有实现低库存或零库存的企业生产中断。

(3)分货和配货。分货和配货是指将保管的货物按发货要求进行分拣,并放到发货场所的指定位置;由分拣台和自动分货机等专用设备完成分货和配货操作。

(4)配装送货。配装送货是指按配送要求装车送货。配送中心的主要设施和设备有装卸机械(叉车、超重机),储存设施(货架、堆场),主传输装置和分支传输装置,货物识别装置(如光电识别机构、识码器等),暂存及装运设施,棚、厢式配送车辆等。

4. 物流转运中心

物流转运中心是指承担货物中转运输的物流中心,也称转运中心或转运终端、货运站。转运中心通常是大型物流中心,可以是同一运输方式多条行程的转运,也可以是多种运输方式的转运。在运输业,这种运输组织方式称为联运,这类中心称为货运站。综合性转运中心需要设置相应运输工具的线路,如火车轨道、飞机跑道等,而且要求功能齐全,包括集货、分拣、配送等。

5. 物流仓储中心

物流仓储中心是指主要从事储存的物流中心,其目的在于保持对生产、销售、供给等活动的调节。从功能上看,这类中心实际上就是仓库。这类仓库同样具备集货、储存、分货、送货的功能,但以储存功能为主。

6. 物流加工中心

物流加工中心是指以流通加工为主要功能的物流节点。这类物流中心有两种主要形式:① 设在靠近生产区、以实现物流为主要目的的加工中心,经过这类中心加工的货物可以顺利地、低成本地进入运输、储存等物流环节;② 设在靠近消费区以促进销售、强化服务为主要目的的加工中心,做到对市场和客户的快速反应。经过这类物流中心加工的货物,可以更好地适应用户的具体要求,促进销售。

第二节 物流网络设计的程序

物流网络作为物流活动开展的主要形式,受到了越来越多企业组织的关注。网络设计是物流系统设计中的关键问题之一。为了能够设计出一个运行流畅有效的物流网络,往往要作出一些相关决策,如集中程度、系统层次、设施之间的连接等。

物流网络设计的目标在于既要满足客户需求和响应方面的要求,又要追求利润,实现企业价值的最大化。物流网络设计可以通过五个具体步骤来实现,具体包括:评估现有网络的业绩水平、加强网络设计的创新选择、提出网点布局方案、作出网络设计决策、制订实施计划。

1. 评估现有网络的业绩水平

在进行新的供应链物流网络设计时,需要对现有的物流网络进行基本的评估。因此,必须测量并记录现有物流网络中每个网点的位置、运输、存货及仓储成本、设施成本,以及每个活动的反应时间等。

在对关键的物流活动进行考察时,要了解现有网络的基本情况及企业在供应链中所处的地位与位置。如果企业网络中使用第三方物流,应该对现有的第三方服务商进行成本和业绩水平方面的业内比较评估,从而为第三方物流的去留决策做好准备。

2. 加强网络设计的创新选择

在进行供应链物流网络设计时,因其整体的物流网络比以往的物流网络设计面临更多的不确定性和更加复杂的环境,因此必须结合具体的情况,大胆采用一些新方法来解决现有的问题,或者独辟蹊径,如设计中要为每类货物考虑新的物流模式,包括直接送货、越库操作、寄销货品、合并进出货物及合并中转程序等,这样也许会收到意想不到的效果。

3. 提出网点布局方案

首先,要设计和建立网络数据库。在网络设计过程中,最基础的工作就是收集和分析那些由参数、成本计算和约束条件组成的数据信息。其次,要设计网络优化模型。由于每个网络设计的目标都不会相同,其约束条件也有很大的差别,所以要根据具体情况设计网络模型,可以用数学表达方法反映客观条件及期望的结果,其中应该包括目标模块和一系列约束条件。再次是选择网络设计工具。由于有很多备选方案和假定方案要考虑,并且网络优化的约束条件和目标之间互相关联,所以大多数规模较大的网络设计需要使用网络优化工具。最后在以上工作基础上计算得到各种设计方案。

4. 作出网络设计决策

从成本、服务和资产使用率等多方面对这些网络布局备选方案进行比较分析,以最佳方式让管理层看到网络设计决策中物流成本和服务的权衡。同时,还要综合各个方面的影响因素,进而作出最终决定。虽然基于供应链的物流网络设计是为了实现网络总体利益的最大化,但仍然有必要对每个市场的预期边际收益和需求,以及各个网点的设施成本与收益进行衡量,然后逐步筛选从而得到最优设计方案。

5. 制订实施计划

尽管已经作出了网络设计的相关决策,还需要制订一个有效的实施计划将这些纸上的蓝图变成现实,这个计划要能指导企业如何把现有的物流网络成功转变成为预期的物流网络。基于供应链的物流网络设计和实施都离不开全体网络成员的合作与努力,对网络整体性和协作性的要求更高。而设计的实施会给企业的物流现状带来较大的冲击,需要的投入也会很大,因此从一开始就必须做好各个方面的准备工作,从而保证顺利、按时地完成实施工作。

第三节 物流设施选址的意义与影响因素

一、物流设施选址的意义

物流选址是指在一个具有若干供应点及若干需求点的经济区域内,选一个地址设置物流设施的规划过程。物流设施的选址决定了整个物流系统的模式、结构和形状,直接影响物流系统运作的方法及其相关成本。选址决策包括确定所使用设施的数量、位置和规模。物流网络中每一个节点(如制造商、供应商、零售商、仓库、服务中心等)的正确选址对整个供应链有着极其重大的意义。

物流设施的选址会受到很多不确定因素的影响和制约,如所在地的政治、经济、法规、政府的态度等,要在综合考虑各方面的因素后才能找到合适的位置。物流设施选址影响着物流网络的物流能力、实际物流营运效率和成本,对物流系统构建具有非常深远的意义。

案例 11-1 惠普配送中心选址

惠普将业务分为五种不同类型的供应链,每种都具有其独特属性。它们分别是:① 由总部装配好直接运输到客户手中的便携式产品,如笔记本电脑等;② 惠普进行低端接触,在客户所在国家做最终产品配置的个人台式机和桌面打印机等产品;③ 全面的生产到订货,这种情况下供应地被安置在工厂,产品按照客户订货生产,然后直接运输给客户;④ 附加值操作,处理企业服务器和存贮设备以便惠普安装软件,或为公司客户配置高端机;⑤ 支持惠普产品的服务领域供应链。

惠普配送中心的选址能同时适应惠普五种不同供应链的需求。根据产品类型和客户统计的要求,惠普会在这五种供应链中选择最适合客户和自己的模式。例如,在北美,企业服务器要经过惠普在休斯敦的设施;而一个客户订购 10 台个人计算机则要经过惠普在印第安纳波利斯、奥马哈或安大略的配送基地。

惠普需要基础设施随时可以用来支持商务服务,笔记本行业有更大的快递业务压力,因为它容易贬值。而对打印机制造企业来说,费用对消费者极其重要,供应链不仅要保证速度,也必须有可靠的和有效花费的运输。惠普在寻找新物流园区地点时就会考虑几个主要问题:① 商业的来源点在哪里? 越来越多的回答是在中国、马来西亚、墨西哥或东欧;② 在供应链过程中什么是最佳的、高效费用的商品运输方式? 并且商品流向何处? 是直接运输到客户还是支持惠普制造点? ③ 在物流园区中,惠普计划支持哪一部分客户,中小企业、消费者还是国有企业? 企业客户可能想要所有商品都在特定的时间和日期中进行交付,如何最好地兼顾?

这些问题的考虑也最终确定了惠普在离客户最近的地点设置配送中心。随着惠普业务范围的日趋全球化,其构造设施网络的方式也在不断调整。

(资料来源:http//www.ne56.com/experiential/H5FK5.html)

二、物流设施选址的影响因素

物流设施选址是物流网络设计中的一项复杂工程,需要考虑众多因素,包括销售目标市场及客户分布、资源市场及供应商分布条件、交通条件、土地条件、自然条件、人力资源条件、社会环境及政策条件等。

(1) 销售目标市场及客户分布。在进行选址之前,必须明确目标市场所服务客户的分布情况。设施的地理位置离消费者越近越好,因为这样越有利于企业对消费群体的快速反应。产销两地越接近,运输成本越少,将会大大降低总成本,从而提高企业利润。如零售商型配送中心,其主要客户是超市和零售店,这些客户大部分分布在人口密集的地方或大城市,配送中心为了提高服务水平、降低配送成本,多建在城市边缘靠近客户分布的地区。

(2) 资源市场及供应商分布条件。在工厂设施选址时,应注意考虑原材料、燃料、动力、水资源等资源条件,如纺织厂应建立在棉花产区,发电、酿酒都需要大量用水,必须建立在水资源有保障的地区。对供应型配送中心而言,应该考虑的因素是供货资源分布,即供应商的分布情况。如果商品物流全部是由供应商提供的,则配送中心越接近供应商,商品的安全库存就越能控制在较低的水平。

(3) 交通条件。交通运输是影响选址决策的重要因素之一。交通不便直接影响着车辆的配送,因此必须考虑对外交通运输的条件及所选地区未来交通的发展状况。选址时应尽量紧邻重要的交通要道。一般来说考虑交通方便程度的条件,包括高速公路、国道、铁路、快速道路、港口等,同时交通运输费用也是需要考虑的因素之一。

(4) 土地条件。物流设施选址必须符合相关的法律法规,一般物流园区、工业园区或经济技术开发区是比较好的选择。因此在选择物流设施地址时,有必要参考城市园区规划方案中物流设施的设计内容。另外,在考虑现有地价及未来增值的状况下,配合未来可能扩大的需求程度决定最适合的面积大小;还有土地征用、拆迁、平整等费用,不同的选址所花的费用也不相同。

（5）自然条件。了解当地的自然环境，如地形、地貌、土壤情况、风向、地下水、湿度、盐碱度及降水量等，降低构成物流设施风险的潜在几率。如果选定的地点地势不平，则土建施工费用必然会大大增加，且新添土质松软，将进一步增大基础施工的难度。有的地方自然条件可能会对货物的储存产生影响，尤其像服饰、木材、电子产品等应特别注意。

（6）人力资源条件。任何一项工作，都离不开对人力资源的需求。一般的物流作业仍属于劳动密集型作业，配送中心内部必须具备足够的作业能力，因此在决定物流设施位置时必须考虑工人的来源、技术水平、工作习惯、工资水平等因素。

（7）社会环境及政策条件。政策条件是物流设施选址评估的重点因素之一，如果有政府政策的支持，则更有助于物流经营者的发展。政策的条件包括企业优待措施（土地提供、减税）、城市计划（土地开发、道路建设计划）、地区产业政策等。

（8）其他条件。除了以上条件外，邮电通信、动力、燃料管线等基础设施与主要道路的连接是否顺畅，货运公司的多少，大宗货物运输的能力，短程转运的计费方式等因素也对设施选址有着一定的影响。

三、物流设施选址的步骤

物流设施选址是一项比较复杂的工作，可以简单地将其分为三个阶段，即准备阶段、地区选择阶段和具体地点选择阶段。

准备阶段的主要工作是对选址目标提出要求，并提出选址所需要的技术经济指标。这些要求主要包括产品、生产规模、需要的物料和人力资源等，以及相应于各种要求的各类技术经济指标，如每年需要的供电量、运输量和用水量等。

地区选择阶段的主要工作是调查研究和收集资料，并对所收集的资料进行分析比较，提出对区域选择的初步建议。

具体地点选择阶段需要对候选地区进行深入调查和勘测，对具体细节问题进行分析考证，然后运用合适的方法对各个候选地区进行比较评价，进而选出最终的确定位置。

第四节　物流设施选址的方法

常见的物流设施选址的方法有重心法、分级加权评分法、线性规划法、启发式方法等，下面对重心法和分级加权评分法进行介绍。

一、重心法

所谓重心法是将物流系统中的需求点看成是分布在某一平面范围内的物体系统，各点的需求量和资源分别看成是物体的重量，物体系统的重心将作为物流设施的最佳设置点，利用确定物体重心的方法来确定物流设施的位置。

重心法是一种确定单个设施的常用方法，这种方法要考虑现有设施之间的距离和要运输的货物量。它可用于工厂、车站、仓库或零售服务设施的选址，属于静态连续选址方法。重心法多用于一个已定地区内设置一个服务中心的定位问题，其目标是服务中心到各客户之间的运输费用最小。设有 j 个客户，各客户的坐标为 $(x_j, y_j)(j = 1, 2, \cdots, n)$，服务中心的坐标为 (x_0, y_0)。服务中心到客户 j 的运输费用为 C_j，总运输费用为 TC，则有：

$$TC = \sum_{j=1}^{n} C_j \tag{11-1}$$

$$C_j = h_j W_j d_j \tag{11-2}$$

式(11-2)中：

h_j——从服务中心到客户 j 的运输费率；

W_j——向客户 j 的货物运输量；

d_j——从服务中心到客户 j 的直线距离。

$$TC = \sum_{j=1}^{n} h_j W_j [(x_0 - x_j)^2 + (y_0 - y_j)^2]^{1/2} \tag{11-3}$$

为了求出使总运输费用最小的服务中心位置，将式(11-3)分别对 x_0, y_0 求偏导数，并令其等于零。

$$\begin{cases} \dfrac{\partial TC}{\partial x_0} = \sum_{j=1}^{n} h_j W_j (x_0 - x_j)/d_j = 0 \\ \dfrac{\partial TC}{\partial y_0} = \sum_{j=1}^{n} h_j W_j (y_0 - y_j)/d_j = 0 \end{cases} \tag{11-4}$$

$$x_0^* = \dfrac{\sum_{j=1}^{n} h_j W_j x_j / d_j}{\sum_{j=1}^{n} h_j W_j / d_j}, \quad y_0^* = \dfrac{\sum_{j=1}^{n} h_j W_j y_j / d_j}{\sum_{j=1}^{n} h_j W_j / d_j} \tag{11-5}$$

因式(11-5)中还有 d_j，即还含有未知数 x_0, y_0，要从两式的右边完全消去 x_0, y_0，计算相当复杂，因此，可以采用迭代法来求解，步骤如下：

（1）根据重心坐标给出服务中心的初始地点 (x_0^0, y_0^0)；

（2）计算出服务中心到每一客户 j 的距离 d_j；

（3）将 d_j 代入式(11-5)，为服务中心求得一个新的位置 (x_0^1, y_0^1)。

分别计算 (x_0^0, y_0^0) 与 (x_0^1, y_0^1) 相应的总费用，如果 $TC_0 < TC_1$，则设 $(x_0^0, y_0^0) = (x_0^1, y_0^1)$，并返回步骤(2)重新计算。如果该迭代过程具有收敛性，那么经过无限次迭代后，可以得到一个最优解 (x_0^*, y_0^*)，使得 $TC^* \geqslant TC_0$，说明 (x_0^0, y_0^0) 是最优解。但在实际中，可以迭代的次数是有限的，所以在迭代过程中需要确定一个中止准则。设置中止准则有两个方法：其一是根据经验和以前的试验结果，直接设置一个确定的迭代次数 N；其二是用每一次得到的迭代结果计算出总费用，与前面一次的迭代结果计算得出的总费用进行比较，如果两个费用值的变化小于某一值，则迭代过程结束。

> **知识链接**
>
> 重心法主要考虑的因素是现有设施之间的距离和要运输的货物量，经常用于中间仓库或分销仓库的选择。商品运输量是影响商品运输费用的主要因素，仓库应尽可能接近运量较大的网点，使较大的商品运量走相对较短的路程，从而提高整个货物运输的效率。

下面举例说明重心法的应用。

例 11-1 有一个物流中心为四个用户配送货物,四个用户的物资需求量和坐标均是已知的,如表 11-1 所示,请用重心法求解物流中心的最佳位置。

表 11-1　四个用户的相关数据

用户	需求量	运输费率	坐标 x_j	y_j
1	2	5	2	2
2	3	5	11	3
3	2.5	5	10	8
4	1	5	4	9

解

(1) 首先确定物流中心的初始位置,可以任意假定位置,或使用四个用户的重心作为初始位置;

$$x_0^0 = \frac{2 \times 2 + 3 \times 11 + 2.5 \times 10 + 1 \times 4}{2 + 3 + 2.5 + 1} \approx 7.8$$

$$y_0^0 = \frac{2 \times 2 + 3 \times 3 + 2.5 \times 8 + 1 \times 9}{2 + 3 + 2.5 + 1} \approx 4.9$$

(2) 计算出物流中心到每一用户 j 的距离 d_j;

$$d_1 = 6.5, \quad d_2 = 3.7, \quad d_3 = 3.8, \quad d_4 = 5.6$$

(3) 使用式(11-5)计算出服务中心的新位置,可得:

$$x_0^1 = \frac{2 \times 2/6.5 + 3 \times 11/3.7 + 2.5 \times 10/3.8 + 1 \times 4/5.6}{2/6.5 + 3/3.7 + 2.5/3.8 + 1/5.6} \approx 8.6$$

$$y_0^1 = \frac{2 \times 2/6.5 + 3 \times 3/3.7 + 2.5 \times 8/3.8 + 1 \times 9/5.6}{2/6.5 + 3/3.7 + 2.5/3.8 + 1/5.6} \approx 5.1$$

(4) 计算两次迭代结果相应的成本。

$$TC_0 = 196, \quad TC_1 = 191$$

因为 $TC_1 < TC_0$,所以还要继续迭代过程。再经过一轮迭代后,得到新的物流中心位置为 (9.0, 5.2),再计算费用值,可得 $TC_2 = TC_1 = 191$,所以求得满足四个用户需求的物流中心的最佳地点为 (8.6, 5.1)。

上述例子经过两轮迭代就结束了,得出了最优解。在许多实际应用中,该方法可以计算出一个合理接近最优解的选址。该方法的优点在于对设施位置的选择不加以特定限制,有自由选择的长处,计算简便且速度快。可是从另一方面看,重心法模型的自由度多也是一个缺点,它只考虑了运输成本,而未考虑固定投资和运营费用;模型假设运输成本与运距呈线性关系,而实际上的运输成本与运距并不呈线性关系,而是复杂的非线性关系,待设施选址与各仓库之间的路线不一定都是直线距离。因为迭代计算求得的最佳地点实际上很难找到,有的地点可能在自然条件不容许选用的地方。

二、分级加权评分法

此方法适合于比较各种非经济性因素,由于各种因素的重要程度不同,需要采取加权方

法,并按以下步骤实施:

(1) 针对选址的基本要求和特点列出要考虑的各种因素;

(2) 按照各因素的相对重要程度,分别规定各因素相应的权重,可通过征询专家意见或其他方法来决定各因素的权重;

(3) 对各因素分级定分,即对每个因素由优到劣划分等级,如最好、较好、一般、最差,并相应规定各等级的分数为 4、3、2、1 等;

(4) 将每个因素中各方案的等级系数乘以该因素的相应权数,最后比较各方案所得总分,总分数最高者为入选方案。

例 11-2 对某一设施的选址有 K、L、M、N 四种方案,影响选址的主要因素有位置、面积、运输条件等八项,每个因素在方案中的排队等级为 A、E、I、O 和 U 五个等级。各因素权重数及等级数据如表 11-2 所示。

表 11-2 选址影响因素的原始数据

序号	考虑因素	权重数	各方案的等级			
			K	L	M	N
1	位置	8	A	A	I	I
2	面积	6	A	A	U	A
3	地形	3	E	A	I	E
4	地质条件	10	A	E	I	U
5	运输条件	5	E	I	I	A
6	原材料供应	2	I	E	A	0
7	公用设施条件	7	E	E	E	E
8	扩建可能性	9	I	A	I	E

解 现设定:A = 4 分,E = 3 分,I = 2 分,O = 1 分,U = 0 分,根据权重计算得出评分结果,如表 11-3 所示。

表 11-3 评分结果

序号	考虑因素	权重数	各方案的等级对应分数			
			K	L	M	N
1	位置	8	32	32	16	16
2	面积	6	24	24	0	24
3	地形	3	9	12	6	9
4	地质条件	10	40	30	20	0
5	运输条件	5	15	10	10	20
6	原材料供应	2	4	6	8	2
7	公用设施条件	7	21	21	21	21
8	扩建可能性	9	18	36	18	27
	合计分数		163	171	99	119

本章小结

1. 物流网络是指物流过程中相互联系的组织与设施的集合。物流网络规划的主要任务是确定产品从原材料起点到市场需求终点的整个流通渠道的结构,包括物流设施的类型、数量与位置,物流设施所服务的客户群体与产品类别,以及产品在设施之间的运输方式等。

2. 物流网络主要由线路和节点两部分构成。物流网络节点又可分为物流集货中心、物流分货中心、配送中心、物流转运中心、物流仓储中心、物流加工中心。

3. 物流网络设计大体可分为五个阶段:评估现有网络的业绩水平、加强网络设计的创新选择、提出网点布局方案、作出网络设计决策、制订实施计划。

4. 物流设施选址是物流网络设计中的一项复杂工程,需要考虑众多因素,包括销售目标市场及客户分布、资源市场及供应商分布条件、交通条件、土地条件、自然条件、人力资源条件、社会环境及政策条件等。

5. 常见的选址方法有重心法、分级加权评分法、线性规划法、启发式方法等。

练习题

1. 名词解释

物流网络　　　配送中心　　　单设施选址模型　　　重心法

2. 简答题

(1) 物流网络的功能有哪些?

(2) 物流网络节点主要包括哪些?

3. 论述题

(1) 试阐述物流网络设计的步骤。

(2) 试阐述物流设施选址的影响因素。

扩展阅读　　　　物流设施选址研究展望

有关设施选址问题,国内外学者都进行了大量的研究,由简单的选址因素分析、选址原则的制定到多层次、模糊的综合指标评判与决策,由重心法到多元离散选址模型,最后定性分析与定量模型相结合,各种研究方法从不同的角度和层次为设施选址的规划决策提供了理论依据。有关研究存在以下特点:

(1) 有关定性分析方法考虑众多影响因素,通过对定性因素进行评测,可以较全面、综合地进行方案的比选;但是不足之处在于定量因素的比较性被削弱,大量的主观判断造成评价偏差较大。

(2) 有关设施选址的量化研究,通过建立数学模型,可以得到较为精确的最优解。在现有量化研究中,主要建立在成本最低的原则之上,运输费用成为模型的目标函数唯一的或重要的影响因素,而没有考虑其他方面的因素,尤其是一些无法量化但又具有重大影响的因素。

(3) 现有的量化模型只是对现实世界简单的抽象与模拟,如模型中假定物流设施与供需点之间为直线,相应地,运输距离、运输费用只能表示两点之间的距离或费用,无法较好地描述物流设施的空间布局特性和物流系统的网络特性,与实际相差甚远。

(4) 定性与定量研究相结合,使之在设施选址的准确性和完备性进行相互补充。但现有的研究仍然只是两种研究方法的简单叠加,无法克服现有研究中存在的根本性问题。

鉴于这种研究趋势,在设施选址问题的研究中,应加强以下几方面的研究:

(1) 对物流系统需求空间分布特征的研究。采用空间地理技术采集、存储与物流需求相关联的社会经济影响因素的基础数据,对研究区域的地形地貌、土地利用、资源空间分布、产业空间布局与发展等采用空间分析技术,建立物流需求的社会经济模型,揭示物流需求产生的机理,准确把握经济区域内不同地区的物流需求分布特征与发展趋势,这是进行物流设施规划的基础。

(2) 对物流设施服务区域合理划分的研究。通过对物流设施服务区域合理划分及运输路径规划,实现一次性地为服务区域内的多个分散的需求地点提供联合服务,有效地降低空驶率,提高车辆的利用率,实现物流设施集约化运营。

(3) 对物流设施的网络特性的研究。地理信息系统以其直观、可视化的电子地理图形功能及拓扑空间分析功能,在物流网络系统研究中具有广阔的应用前景。它可以准确计算出物流设施与供需点间的网络运输距离和网络运输费用,极大地提高了设施选址模型的精确度。

(4) 对综合运输的集成研究。交通运输在物流设施选址决策中具有决定性的作用,现有的研究中,常常只考虑公路运输。当今世界经济全球化、全球市场一体化、区域经济合作的步伐加快,全球采购、全球消费趋势势不可挡,公、铁、海、河联运将共同打造跨国、跨区的快捷物流。因此,综合运输在设施选址研究中具有重要意义。

(资料来源:刘敬青.物流设施选址研究的展望[J].物流经济,2007.4)

第十二章

物流绩效评价

教学要点

知识要点	掌握程度	相关内容
物流绩效评价概述	了解	物流绩效评价的发展 物流绩效评价的意义 物流绩效评价的概念及特点
物流绩效评价指标	掌握	物流绩效评价指标的概念 物流绩效评价指标确立的原则 常见的物流绩效评价指标
物流绩效评价方法	重点掌握	数据包络分析法 层次分析法 平衡计分卡评价法 关键绩效指标评价法 标杆瞄准法

导入案例

美国施乐公司的物流绩效标杆

施乐公司创立绩效标杆法开始于1979年,当时日本的公司在复印行业中取胜,它们以高质量、低价格的产品,使施乐公司的市场占有率在几年内从49%降低到22%。为了应对挑战,施乐公司的高级经理们引进了若干质量和生产率计划的创意,其中绩效标杆法就是最具代表性的一项。

> 所谓绩效标杆法就是对照最强的竞争对手,或著名顶级企业的有关指标而对自己的产品、服务和实施过程进行连续不断的衡量。运用绩效标杆法实际上可打破根深蒂固的不愿改进的传统思考模式,而将企业的经营目标与外部市场有机联系起来,使企业的经营目标得到市场的确认从而更趋合理化。
>
> 施乐公司的物流绩效标杆已取得了显著的成效。以前公司花费80%的时间关注市场的竞争,现在则花费80%的精力集中研究竞争对手的革新与创造性活动,施乐公司更多地致力于产品质量和服务质量的竞争而不是价格的竞争。最终,公司降低了50%的成本,缩短了25%的交货周期,并使员工收入增加了20%,供应商的无缺陷率从92%提高到95%,采购成本也下降了45%,最可喜的是,公司的市场占有率有了大幅度的提高。
>
> (资料来源:http://doc.mbalib.com/view/3776b84f629030a652396d4e0ae2ffaf.html)

第一节 物流绩效评价概述

一、物流绩效评价的发展

随着组织环境的日益复杂化,生产经历了从物质生产到服务生产的转变,物流逐渐成为提升组织竞争力和组织再造的重要因素。有关物流与物流绩效评价的发展可归纳为四个阶段(见表12-1),每一个阶段都涉及物流功能的变化和物流绩效的重新界定,相关绩效评价指标也在不断扩展。

表12-1 物流与物流绩效评价的发展

发展阶段	特点	物流绩效评价发展
物流技术时期 (1960—1970)	客户服务;以部门为基础的竞争。	减少生产成本;核算运输成本。
一体化物流 (1970—1980)	竞争压力不断增加;运输发生技术性转变;运输渠道变化。	减少物流成本、提高时间绩效和产品质量;控制销售、财务、生产一体化链条。
物流战略 (1980—1995)	生存压力迫使分配、供应和递送渠道变化;以部门为基础的信息技术和科技标准化;运输的非规则化。	物流计划水平;所有物流作业成本的定义;使组织成员和物流作业活动参与成员满意;物流雇员和管理者的适应能力与反应能力。
绿色物流 (1995年以后)	全球竞争力加剧;在产品和市场的其他领域开发附加值;发展减少产品对环境影响的项目。	结合物流绩效与绿色供应链的特点,构建环境绩效评价;通过短期评价指标反映长期发展观。

从上述发展阶段可以看到,企业在每一个阶段都试图通过绩效评价解决或减轻生存、发展的压力,而且随着物流地位的不断提升及范围的扩展,当今绩效评价指标不仅包括财务指标,而且也包含价值增值指标。

二、物流绩效评价的意义

物流作为提高经济竞争力的重要因素,要想使其健康发展,必须对物流企业的计划、客户服务、运输、存货等物流活动进行绩效评价与分析。只有对物流绩效进行评价与分析,才能正确判断企业的实际经营水平,提高企业的经营能力,进而增加企业的整体效益。目前,我国企业的物流处于起步阶段和发展阶段,如果在建立物流系统的同时,实时进行绩效评价,那么这对不断完善和提高物流管理水平,使物流成为企业的"第三利润源"具有重要意义。

首先,物流绩效评价是绩效管理的基础。做好物流绩效评价有利于企业整改绩效管理。企业可通过物流绩效评价,分析和评估现代企业资源素质与能力,确定物流发展战略。

其次,物流绩效评价能有效地对资源进行监督和合理配置,促使企业有重点地提高核心竞争力。通过物流绩效评价,判断物流目标的可行性和完成程度,调整物流目标。

再次,物流绩效评价可以提出和追踪物流运作目标及完成状况,并进行不同层次和角度的分析与评价,实现对物流活动的事前控制。

最后,物流绩效评价是现代企业内部监控的有效工具和方法,有助于团结企业各个部门,充分发挥不同部门的能力,提高企业的整体竞争力。

案例 12-1　弗莱克斯特罗尼克斯的物流绩效管理

弗莱克斯特罗尼克斯是一家电子制造服务提供商,曾遭受物流绩效控制缺陷的苦苦折磨。弗莱克斯特罗尼克斯同其他公司一样,在最初使用的指标项目和平衡计分卡两种传统绩效控制方法上发现了其局限性,并试图克服某些局限性,但对行为驱动或绩效改进的效果却不尽如人意。后来,弗莱克斯特罗尼克斯使用了基于 Web 软件系统加速物流绩效管理周期的方法,使它能确认邮政汇票的异常情况,并了解异常出现的根本原因和可作出的潜在选择,采取行动更换供应商、缩减过度成本或者利用谈判的力量来解决。物流绩效管理周期使弗莱克斯特罗尼克斯在 8 个月的"实施存活期"中节约了几百亿美元,最终在第一年产生了巨大的投资回报。

弗莱克斯特罗尼克斯物流绩效管理周期系统根据邮政汇票信息连续比较合同条款和被认可的卖主名单,以便识别异常绩效。如果卖主与战略不符或者订单价格在合同价格之上,系统就提醒买方。而如果邮政汇票价格是在合同价格之下的,系统就提醒货物管理人员可能的成本解决机会,并向接近 300 个使用者传递的邮件通告包含详细绩效信息的 Web 链接和异常情况的总结。弗莱克斯特罗尼克斯管理人员使用系统了解问题和选择方案。他们评价异常情况并且决定是否重新谈判价格,考虑备选资源或者调整基于业务需求的不一致。同样,采购经理分析市场状况、计算费用,然后通过商品和卖方区分成本解决的优先次序。在物流绩效管理周期开始之前或者周期进行中,弗莱克斯特罗尼克斯确认数据、流程和行动的有效性。通过使用绩效管理系统,弗莱克斯特罗尼克斯已经能通过资本化各种机会节约成本并获得竞争优势。

(资料来源:http://www.doc88.com/p-840810052581.html)

三、物流绩效评价的概念及特点

1. 物流绩效评价的概念

物流绩效评价就是以有效满足物流需求为目的,通过客观定量标准与主观效用行为测定物流绩效的活动过程。具体地说,物流绩效评价是对物流价值的事前计划与控制及事后的分析与评估,是衡量企业物流运作系统和活动过程的投入与产出状况的分析技术及方法。物流绩效评价的原理如图 12-1 所示。

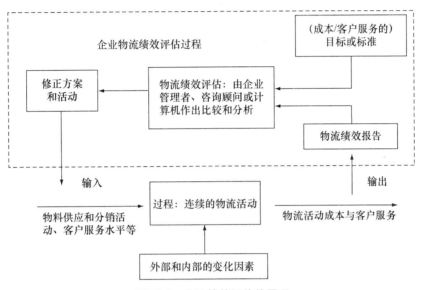

图 12-1 物流绩效评价的原理

物流绩效评价的主要内容包括:

(1) 物流技术方面的物流绩效评价,如对物流运作流程的评价、对物流设备设施配置的评价、对包装模数的评价等;

(2) 成本、收入和利润等财务方面的物流绩效评价,如物流成本控制及控制水平、物流业务量、物流利润水平及利润趋势等;

(3) 资源方面的物流绩效评价,如能源利用率、原材料利用率、回收率及物流资源对环境的影响情况等。

2. 物流绩效评价的特点

物流绩效评价的特点主要包括:

(1) 静态性和动态性相结合,物流绩效既可以是一个静态的评价结果,也可以是产生该结果的动态的活动过程;两者既可以单独地评价,也可以同时作为考核指标,这样充分体现了应用灵活的特点;

(2) 可组合性和可分解性;

(3) 物流系统应该具有完整性、开放性等特点。

第二节　物流绩效评价指标

一、物流绩效评价指标的概念

物流绩效评价指标是物流绩效评价内容的载体,也是物流绩效评价内容的外在表现。具体地说,物流绩效评价指标就是为实现评价目的,围绕物流绩效评价的各项基本指标,按照系统论方法构建的由一系列反映物流相关指标集合的系统结构。为此,必须在系统分析基础之上,对物流活动的目标、功能、环境及各种要素进行统筹考虑,充分体现物流绩效的基本内容,建立逻辑严密、相互联系、互为补充的系统结构。

二、物流绩效评价指标确立的原则

理想的物流绩效评价指标能够反映企业自身的特点,能够反映客户对企业产品或服务的要求,并且与企业的发展目标和战略规划相一致。在实际操作中,为了建立有效的物流绩效评价指标体系,应遵循下列基本原则:

(1) 客观性原则。评价的客观性主要体现在两个方面:一方面,评价指标体系必须要能反映被评价对象的整体绩效,避免仅针对某一局部环节建立指标而忽略整体效能;另一方面,评价工作本身要具有客观性。评价人员要立场公正,评价过程要标准化,评价资料要全面可靠,特别是对物流绩效的定性评价,要有一套科学的评价方法,避免主观臆断。

(2) 经济性原则。物流绩效评价的目的是提高物流管理水平,提升企业的整体效能,从而使企业获得更大的经济效益。评价过程应该重点分析关键指标,注重信息的可获得性,避免资源浪费在毫无紧要却又成本高昂的事情上。

(3) 整体性原则。物流系统由装卸、运输、仓储、库存、信息处理等要素构成,物流系统的效益表现为系统的整体效益,而不是仅仅考虑某个要素的效益。

(4) 实时性原则。对物流绩效的评价数据主要来源于财务结果,在时间上已经略为滞后,因而所有对物流系统的评价应加快速度,尽快得出有效的评价结论,以增强物流绩效评价对物流管理决策的影响力度。

三、常见的物流绩效评价指标

物流绩效评价指标着重评价企业的经济效益及物流活动过程,主要包括财务、运输、订单处理、库存、包装和信息等方面。

1. 财务评价指标

企业可以通过易于获得的财务数据对物流绩效进行评价。

(1) 运营效率。它表示总收益中用来满足企业运营成本的费用比例,可表示为:运营效率=总运营费用/总收益。

(2) 销售净利率。它是指除去税后的企业利润与总销售额的比值。一般情况下,企业销售净利率越高,说明企业运营效率越好,可表示为销售净利率=(净利润/总销售额)×100%。

(3) 总资产周转率。它是指销售净收入与总资产的比值。当企业投资于物流系统时,这项指标可以反映物流系统的投资收益。

2．运输评价指标

运输是物流系统中最基本、影响最显著的要素。

（1）原材料运输时间。原材料运输时间是指原材料从供应商处装载后启运一直到交付的运输时间。

（2）产成品运输时间。产成品运输时间是总交付周期的主要组成部分，它是指企业产成品从仓库到达客户要求的地点的时间。

（3）单位运输成本。单位运输成本包括单位运费、服务费、配送费、保险费等，可表示为单位运输费用＝总运输费用/总运输件数。

（4）无缺损运输率。这项指标反映了运输服务的质量，低缺损率意味着损坏的程度低，对客户、企业都有益，可表示为无缺损运输率＝（无缺损运输次数/总运输次数）×100％。

3．订单处理评价指标

订单处理是物流的一个关键要素，如果订单处理缓慢且无效率，就有可能延缓订单周期时间，甚至会提高运输成本。

（1）订单处理周期。订单处理周期是指收到订单到完成发货、收款的时间，会影响物流其他要素的效率。

（2）订单处理正确率。这项指标是销售部门重点控制的核心指标，订单处理是企业外部物流的起点，失误的订单短期内会影响该订单的完成，长期内会带来客户忠诚度下降，可表示为订单处理正确率＝（本期无差错订单处理数/本期订单处理数）×100％。

（3）每次订单处理成本。订单处理成本主要包括员工薪酬支出、培训、信息系统等成本费用构成，可表示为每次订单处理成本＝本期订单处理成本/本期订单数。

4．库存评价指标

库存是企业物流控制的核心指标，其目的就是以最低水平的存货来满足客户期望的服务水平。

（1）库存维持成本。库存维持成本包括库存的财务、储存、保险、损坏和遗失成本等。

（2）搬运成本。搬运成本主要由收货入库、存货搬运、分拣、出货装运成本等构成。

（3）存货周转率。存货周转率是评价企业购入存货、入库保管、销售发货等环节的管理状况的综合性指标，是一定时期内销售成本与平均库存的比率，可表示为存货周转率＝（销售成本/平均库存）×100％。

5．包装评价指标

包装不仅是用以实现产品差异化和吸引客户注意力的促销工具，它还对物流系统的绩效有着重大的影响。良好的包装应该易于搬运和放置，而且能够减小货物占用的货架空间。

（1）单位产品包装成本。它主要包括包装材料成本、包装设备折旧、包装人员工资等。

（2）包装可回收率。大部分包装属于耗材，但在物流实践中往往采用组装或集装箱等集成技术，这样一部分包装材料便可以回收，从而达到减少资源浪费的作用。

（3）条形码覆盖率。包装的一个功能是信息的传递，条形码与扫描仪的配合使用可以大大提高收货入库、分拣和货物出库的水平，可表示为条形码覆盖率＝（总使用条形码的商品种类/总商品数）×100％。

6. 信息化评价指标

信息贯穿于物流活动的整个过程,企业物流信息的软、硬件建设关系到物流系统的整体效率。通常从信息化的基础水平、信息管理水平和信息活动主体水平三个方面来设计企业的物流信息评价指标。

(1) 信息化的基础水平。这项指标主要考察企业物流信息的投入和具体应用,涉及信息技术系统的投入量、网络规模和网络性能等。

(2) 物流信息管理水平。企业物流信息管理水平可以从信息技术应用管理水平、企业数据库建设和企业重大决策取得信息支持程度等方面来评价。

(3) 信息活动主体水平。它主要包括员工的受教育水平、员工培训比例和信息普及率等。

第三节 物流绩效评价方法

物流绩效评价方法就是对物流绩效评价指标各要素进行分析并确定各要素对物流绩效的影响程度,再通过对物流绩效评价指标要素的比较和优化,根据企业物流服务的实际需要,形成一个完善的由多个评价方法构成的体系。物流绩效评价的主要方法包括数据包络分析法、层次分析法、平衡计分卡评价法、关键绩效指标评价法和标杆瞄准法等。

一、数据包络分析法

数据包络分析法(Data Envelopment Analysis,DEA)是指通过明确地考虑多种投入(即资源)的运用和多种产出(即服务)的产生,用来比较提供相似服务的多个服务单位之间的效率的技术方法。换言之,DEA 是一个线形规划模型,表示为产出对投入的比率。通过对一个特定单位的效率和一组提供相同服务的类似单位的绩效的比较,试图使服务单位的效率最大化。

DEA 模型有多种形式,运用较广泛而又计算方便的是 CCR 模型。CCR 模型是由三个运筹学家建立的,A. Charnes、W. W. Cooper 和 E. Rhodes 在"Measuring the Efficiency of Decision Making Units"一文中首次使用此方法,随后人们便以这三个运筹学家的名字缩写命名了这个模型。决策单元用 DMU 表示,假设决策单元 $DMU_j(j=1,2,3,\cdots,n)$ 有 m 种投入,s 种产出。

CCR 模型对偶规划为:$\text{Min}\theta$

$$\text{St.} \begin{cases} \sum_{j=1}^{n} X_j \lambda_j + S^- = \theta X_0 & (12\text{-}1) \\ \sum_{j=1}^{n} Y_j \lambda_j - S^+ = Y_0 & (12\text{-}2) \end{cases}$$

$$\lambda_j \geq 0, \quad j=1,2,\cdots,n; \quad S^- \geq 0; \quad S^+ \geq 0$$

其中,θ 表示 DMU_j 的有效值,即投入相对产出的有效利用程度;X_j、Y_j 分别表示 DMU_j 的投入量和产出量;λ 表示 DMU_j 的权重系数。S^+ 为松弛变量,S^- 为剩余变量,表示决策单元 DMU_j 可能的投入剩余和产出不足。

DEA 避开了计算每项服务的标准成本,因为它可以把多种投入、多种产出转化为效率比率的分子和分母,而不需要转换成相同的货币单位。因此,用 DEA 衡量效率可以清晰地说明投入和产出的组合。在这个过程中,获得 100% 效率的一些单位被称为相对有效率单位,而另外的效率评分低于 100% 的单位称为无效率单位。这样,物流企业管理者就能运用 DEA 来比较一组服务单位,识别相对无效率单位,衡量无效率的严重性,并通过对无效率和有效率单位的比较,发现降低无效率的方法。

二、层次分析法

层次分析法(Analytic Hierarchy Process,AHP)是 20 世纪 70 年代初由美国运筹学家 T. L. Saaty 提出的,是一种解决多目标的复杂问题的定性与定量相结合的决策分析方法。该方法将定量分析与定性分析结合起来,用决策者的经验判断各衡量目标能否实现的标准之间的相对重要程度,并合理地给出每个决策方案的每个标准的权数,利用权数求出各方案的优劣次序,比较有效地应用于那些难以用定量方法解决的企业领域。

AHP 基本原理是根据问题的性质和要达到的总目标,将问题分解为不同的组成因素,并按照因素间的相互关联影响及隶属关系将因素按不同层次聚集组合,形成一个多层次的分析结构模型,从而最终使问题归结为最底层(供决策的方案、措施等)相对于最高层(总目标)的相对重要权值的确定或相对优劣次序的排定。利用层次分析法构造系统模型时,一般可以分为四个步骤:建立问题的递阶层次结构模型;构造两两判断矩阵;层次单排序及其一致性检验;层次总排序。

1. 建立问题的递阶层次结构模型

应用 AHP 解决问题时,首先要把问题条理化、层次化,构造一个有层次的结构模型。在这个模型中,复杂问题被分解为若干相互联系的层次的元素,上一层次的元素对下一层次的元素起支配作用。这些层次一般分为三类:① 最高层(目标层),表示解决问题的目的,即层次分析要达到的总目标;② 中间层(准则层),即实施预定总目标所涉及的中间环节,包括所需要考虑的准则、子准则;③ 最底层(方案层),表示解决问题的各种措施、政策、方案等。层次分析法的结构模型如图 12-2 所示。

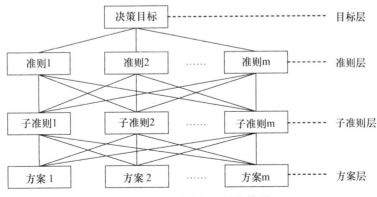

图 12-2 层次分析法结构模型

2. 构造两两判断矩阵

在建立递阶层次结构之后,接下来就要确定各层次元素的权重。如果只是通过定性的方法确定各元素之间的权重,则常常不容易让人接受,因而 Saaty 提出一致矩阵法,即不把所有因素放在一起比较,而是两两相互比较;采用相对尺度,以尽可能减少性质不同的元素相互比较的困难,以提高准确度。

判断矩阵表示本层所有元素针对上一层某一个元素的相对重要性,一般每层成对比较的元素不宜超过9个,因为过多的元素会给两两比较带来困难。记准则层元素 C 所支配的下一层次的元素为 $U_1, U_2, \cdots, U_m$,并按表 12-2 中定义的标度对重要性程度赋值,形成判断矩阵 $A = (a_{ij})_{m \times n}$,其中 a_{ij} 就是元素 U_i 与 U_j 相对于准则 C 的重要性比例标度。

表 12-2 判断矩阵元素 a_{ij} 的标度方法

标度	含义
1	表示两个元素相比,具有同等重要性
3	表示两个元素相比,一个元素比另一个元素稍微重要
5	表示两个元素相比,一个元素比另一个元素明显重要
7	表示两个元素相比,一个元素比另一个元素强烈重要
9	表示两个元素相比,一个元素比另一个元素极端重要
2,4,6,8	上述两相邻判断的中值
倒数	元素 i 与 j 的判断 a_{ij},则元素 j 与 i 比较的判断 $a_{ji} = 1/a_{ij}$

判断矩阵 A 具有如下性质:① $a_{ij} > 0$;② $a_{ji} = 1/a_{ij}$;③ $a_{ii} = 1$,称为正互反判断矩阵。根据判断矩阵的互反性,对于一个 N 个元素构成的判断矩阵只需给出其上(或下)三角 $n(n-1)$ 个判断即可。

3. 层次单排序及其一致性检验

通过两两比较得到的判断矩阵 A 不一定满足判断矩阵的互反性条件,AHP 采用一个数量标准来衡量 A 的不一致程度。设 $W = (W_1, W_2, \cdots, W_n)^T$ 是 n 阶判断矩阵的排序权重向量,当 A 为一致性判断矩阵时,有:

$$A = \begin{bmatrix} 1 & \frac{W_1}{W_2} & \cdots & \frac{W_1}{W_n} \\ \frac{W_2}{W_1} & 1 & \cdots & \frac{W_2}{W_n} \\ \cdots & \cdots & \cdots & \cdots \\ \frac{W_n}{W_1} & \frac{W_n}{W_2} & \cdots & 1 \end{bmatrix} = \begin{bmatrix} W_1 \\ W_2 \\ \cdots \\ W_n \end{bmatrix} \left(\frac{1}{W_1}, \frac{1}{W_2}, \cdots, \frac{1}{W_n} \right) \quad (12-3)$$

用 $W = (W_1, W_2, \cdots, W_n)^T$ 右乘上式,得到 $AW = nW$,表明 W 为 A 的特征向量,且特征根为 n。即对于一致的判断矩阵,排序向量 W 就是 A 的特征向量。如果 A 是一致的互反矩阵,则有以下性质:$a_{ij} = a_{ik} \times a_{kj}$。当 A 具有一致性时,$\lambda_{max} = n$,将 λ_{max} 对应的特征向量归一化后 $\left(\sum_{i=1}^{n} W_i = 1 \right)$,记为 $W = (W_1, W_2, \cdots, W_n)^T$,$W$ 称为权重向量,它表示 $U_1, U_2, \cdots, U_m$ 在 C 中

的权重。

如果判断矩阵不具有一致性,则 $\lambda_{max} > n$,此时的特征向量 W 就不能真实地反映 U_1, $U_2,\cdots,U_m$ 在目标中所占的比重,定义衡量不一致程度的数量指标:

$$CI = \frac{\lambda_{max} - n}{n - 1} \tag{12-4}$$

对于具有一致性的正互反判断矩阵来说,CI = 0,由于客观事物的复杂性和人们认识的多样性,以及认识可能产生的片面性与问题的多少、规模大小有关,仅依靠 CI 值作为 A 是否具有满意一致性的标准是不够的。为此,引进了平均随机一致性指标 RI。RI 是多次重复进行随机判断矩阵特征值的计算后取算术平均数得到的,对于 $n = 1,2,\cdots,11$,RI 的取值如表 12-3 所示。

表 12-3 RI 取值表

n	1	2	3	4	5	6	7	8	9	10	11
RI	0	0	0.58	0.90	1.12	1.24	1.32	1.41	1.45	1.49	1.51

定义 CR 为一致性比例,$CR = \frac{CI}{RI}$,当 $CR < 0.1$ 时,则称判断矩阵具有满意的一致性,否则就不具有满意一致性。

4. 层次总排序

计算同一层次所有因素对于最高层(总目标)相对重要性的排序权值,称为层次总排序,这一过程是由高层次到低层次逐层进行的。最底层(方案层)得到的层次总排序,就是 n 个被评价方案的总排序。若上一层次 A 包含 m 个因素 $A_1,A_2,\cdots,A_m$,其层次总排序权值分别为 $a_1,a_2,\cdots,a_m$,下一层次 B 包含 n 个因素 $B_1,B_2,\cdots,B_n$,它们对于因素 A_j 的层次单排序的权值分别为 $b_{1j},b_{2j},\cdots,b_{nj}$(当 B_k 与 A_j 无关时,取 b_{kj} 为 0),此时层次 B 的总排序权值如表 12-4 所示。

表 12-4 各层次元素的组合权重

层次 A 层次 B	A_1 a_1	A_2 a_2	$\cdots$ $\cdots$	A_m a_m	B 层次总排序值
B_1	b_{11}	b_{12}	$\cdots$	b_{1m}	$b_1 = \sum_{j=1}^{m} a_j b_{1j}$
B_2	b_{21}	b_{22}	$\cdots$	b_{2m}	$b_2 = \sum_{j=1}^{m} a_j b_{2j}$
$\cdots$	$\cdots$	$\cdots$	$\cdots$	$\cdots$	$\cdots$
B_n	b_{n1}	b_{n2}	$\cdots$	b_{nm}	$b_n = \sum_{j=1}^{m} a_j b_{nj}$

如果层次 B 某些因素对于 A_i 的一致性指标为 CI,相应的平均随机一致性指标为 RI,则层次 B 总排序一致性比例为:

$$CR = \frac{\sum_{j=1}^{m} a_j CI_j}{\sum_{j=1}^{m} a_j RI_j} \tag{12-5}$$

当 CR<0.1 时,认为层次总排序的结果具有满意的一致性;如不满足一致性条件,则需对判断矩阵进行调整。

层次分析法最终得到方案层各决策方案相对于总目标的权重,并给出这一组合权重所依据的整个递阶层次结构所有判断的一致性指标。据此,决策者可以作出决策。AHP 通过分析影响目标的一系列因素,比较其相对重要性,最后选出得分最高的方案即为最优方案。

三、平衡计分卡评价法

平衡计分卡评价法(Balanced Score Card,BSC)是由哈佛大学商学院教授罗伯特·S.卡普兰和复兴国际方案总裁戴维·P.诺顿于 1992 年设计的,是一种全方位的、包括财务指标和非财务指标的策略性评价指标体系。数据表明,全球前 500 强企业有 80% 以上都在使用平衡计分卡,我国也有越来越多的企业开始使用。平衡计分卡评价法应用于物流绩效评估和控制,可以克服传统的物流绩效评估的不足之处,将财务和非财务指标结合在一起使用,可以对物流绩效进行全面、系统的考察。

平衡计分卡评价法最突出的特点是将企业的愿景、使命和发展战略与企业的绩效评价系统联系起来,它把企业的使命、战略转变为具体的目标和评测指标,以实现战略和绩效的有机结合。使用平衡计分卡评价物流绩效,主要体现在四个方面:财务视角、客户视角、内部业务视角及学习和成长视角,如图 12-3 所示。

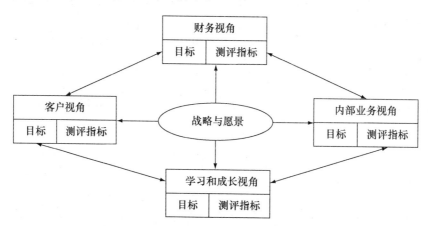

图 12-3 平衡计分卡与各种绩效指标联系示意
资料来源:彭建良.企业物流管理[M].浙江大学出版社,2009.P:303.

1. 财务视角

财务利益是企业利益相关者的根本落脚点,是其他三个方面的出发点和归宿,其他三个方面的改善也必然会反映在财务指标上。不同的企业,其战略目标不同,对长期和短期利益的追求也会不一致,但从长远来看,利润是企业追求的最终目标。如果企业能使物流战略转化为具体目标,却不能在财务指标上反映出物流绩效的改善,那么其他所有的物流工作都会失去意义。物流作为企业利润的第三利润源,财务指标在反映物流绩效上有着举足轻重的地位。财务指标是结果性指标,即后向型指标,一般包括总资产收益率、净资产收益率、资产周转率和净值回报率等。

2. 客户视角

客户是企业利润的来源,企业经营应以客户需求为导向。目标客户是指企业为了完成财务指标,进行有效的市场细分,找到自己的服务客户群体。在应用平衡计分卡法时,要确定客户服务应达到的目标,然后把这些目标转化为具体的测量指标。物流服务的目标就是以尽可能低的成本达到客户要求的服务水平,如较低的缺货率、满足客户的次数、供应的稳定性和及时交货的次数等。客户满意能创造较高的客户忠诚度,并提高企业的收益能力。

3. 内部业务视角

内部业务流程是企业物流改善其经营业绩的重点,客户目标的实现和企业利润的提高都需要从内部业务流程中获得支持。内部业务指标属于过程性指标,即先导型指标,它应当来自对客户满意影响最大的业务流程。这些指标包括运输、库存控制、仓储、订单处理和物流信息系统建设。内部业务流程按内部价值链还可以分为三个过程:创新、经营和售后服务。

4. 学习和成长视角

学习和成长能力反映了企业不断保持并提高其竞争力和市场地位的潜力及趋势,是企业物流绩效持续改善的前提。学习和成长指标主要包括三个方面:

(1) 评价员工物流管理能力的指标。企业的成长与员工能力和素质息息相关,企业要不断学习和创新才能持续地发展。这就要求企业要不断培训员工物流方面的知识和技能,开发员工创新的能力。

(2) 评价企业物流信息系统的指标。这项指标主要包括物流信息系统反应的时间、接触信息系统的途径、信息覆盖率等。

(3) 评价激励、授权与物流协作的指标。激励影响员工的积极性和流失率;授权可以提高员工服务客户的水平和解决突发事件的能力;物流协作使物流系统各环节的联系更加紧密,通过信息共享,更好、更迅速地满足市场需求。

四、关键绩效指标评价法

关键绩效指标(Key Performance Indicator,KPI)是通过对组织内部流程的输入端、输出端的关键参数进行设置、取样、计算、分析,衡量流程绩效的一种目标式量化管理指标,是把企业的战略目标分解为可操作的工作目标的工具(如图12-4所示),是企业绩效管理的基础。一般可分为三个层面的指标:企业级的KPI、部门级的KPI、个人的KPI。该体系建立分为三个步骤。

(1) 确定企业级KPI。它可进一步细化为:① 明确企业战略和战略目标,战略目标分析可用鱼骨图的方法,具体如图12-4所示;② 确定关键绩效领域;③ 设计企业级KPI。

(2) 确定部门级KPI。部门KPI的来源主要有两个:企业级KPI和部门职责。

(3) 确定个人KPI。在企业级和部门级KPI确定之后,各部门主管根据企业级KPI、部门KPI、岗位职责和业务流程,采用与分解企业级KPI相同的方法,对部门关键绩效指标进行进一步细分,分解出个人 KPI。

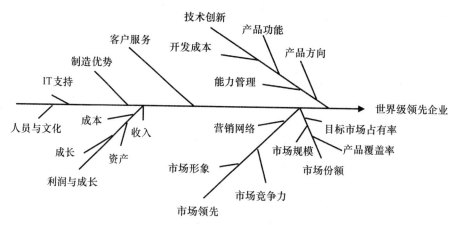

图 12-4 鱼骨图法确立战略目标

> **知识链接**
>
> 鱼骨图又名因果图,是一种发现问题"根本原因"的分析方法,其特点是简洁实用,深入直观;它看上去有些像鱼骨,问题或缺陷(即后果)标在"鱼头"外。在鱼骨上长出鱼刺,上面按出现机会多寡列出产生问题的可能原因,有助于说明各个原因之间是如何相互影响的。

五、标杆瞄准法

标杆瞄准法是国外 20 世纪 80 年代发展起来的一种新型经营管理方法,是使一个组织不断学习、改进、维持企业竞争力的重要手段。标杆瞄准法常用于竞争对手分析中的经营业绩评价,是查看一个企业取得比另一个企业更好的绩效时所采用的流程及将彼此的绩效进行比较的方法。标杆瞄准法的应用主要侧重于企业运作流程层面,其主要方法是将本企业尽可能多的业绩指标与竞争对手的业绩指标进行对比分析,确定行业内物流绩效的标杆或根据本企业物流管理的实际需求确定评价基点。标杆瞄准法在物流绩效评价中的应用可以采用经典步骤予以实施。

本章小结

1. 物流绩效评价就是以有效满足物流需求为目的,通过客观定量标准与主观效用行为测定物流绩效的活动过程。

2. 物流绩效评价方法就是对物流绩效评价指标各要素进行分析并确定各要素对物流绩效的影响程度,再通过对物流绩效评价指标要素的比较和优化,根据企业物流服务的实际需要,形成一个完善的由多个评价方法构成的体系。

3. 物流绩效评价的主要方法包括数据包络分析法、层次分析法、平衡计分卡评价法、关键绩效指标评价法、标杆瞄准法等。

练习题

1. 名词解释

物流绩效评价　　物流绩效评价指标　　货物破损率　　关键绩效指标
平衡计分卡评价法　　层次分析法　　标杆瞄准法

2. 简答题

(1) 我国物流绩效评价体系发展现状如何？
(2) 物流绩效评价存在哪些特点？
(3) 试说明绩效评价的作用。
(4) 请用图示表示平衡计分卡的模型框架。
(5) 如何用鱼骨图法明确企业的战略目标？

3. 论述题

(1) 为某一具体物流企业设计具有针对性的物流绩效评价指标体系。
(2) 试将层次分析法用于企业物流绩效的实际评价中。
(3) 分析不同的物流绩效评价法各自的优缺点。

扩展阅读　　　　　　　　　物流绩效评价的研究现状

随着经济社会的不断发展，大多数企业已经意识到物流绩效评价的重要性，并且对此有了一定的了解，甚至有部分企业已将物流提升到战略层次，并从供应链一体化的角度加强物流管理。随着信息技术与管理水平的不断发展，成本与服务并重成为企业物流绩效考核的重点。从战略角度加强企业物流绩效评价与管理有利于企业物流绩效评价的应用，以及物流绩效水平特别是客户服务质量、成本水平及服务创新能力的提高。

目前，国内外对物流绩效评价的研究主要集中在两个方面：物流绩效评价指标的选取和物流绩效评价体系的构架。研究物流绩效评价指标的文献不少，提出的观点也各不相同，各有侧重，再加上评价对象的不同，指标体系的选取更是灵活多样。但与国外物流绩效评价发展相比，我国仍存在许多迫切需要解决的问题。主要的问题有：

(1) 对物流绩效评价还没有形成一个系统的、完善的、统一的定义，这是导致专家学者在物流绩效指标体系的选取过程中，侧重点不同的主要原因。大部分研究是以物流运作效率和物流服务作为考核指标的，而对物流成本、物流经济效益及物流的发展潜力方面研究得较少。

(2) 未形成一套统一的建立物流绩效评价指标的基本原则。由于对物流绩效评价研究的侧重点不同，导致在建立物流绩效评价指标时，所确定的物流绩效评价指标选取的基本原则各不相同。

(3) 未建立一套科学的物流绩效评价标准。只有建立科学的物流绩效评价标准，才能正确评价对象的物流绩效水平。我们可以建立横向评价和纵向评价两个标准，横向评价标准是和标杆企业的对比,纵向标准则是和企业的历史物流绩效水平对比,此外,还可以建立一个客户评价标准,也就是企业的市场适应能力方面的标准。物流企业只有准确掌握了自身在这三个标准下的物流绩效水平,才能更好地把握其物流发展方向。

(4) 对物流绩效评价方法的研究主要集中于理论研究。现有的物流绩效评价方法主要有模糊综合评判法、数据包络分析法、层次分析法、功效系数法、综合效用法等,需要比较多的数学知识,且在评价模型的建立上,对一般管理者而言,其建模过程相对复杂。然而,对评价方法的研究大部分是理论研究,与实际结合得较少,这就更加大了理解和掌握的难度。

(资料来源:http://www.docin.com/p-106451768.html)

第五篇
物流与供应链理论发展

第十三章

精益敏捷物流理论

教学要点

知识要点	掌握程度	相关内容
精益物流理论的起源	了解	精益生产方式的产生 精益思想的形成
精益物流概述	掌握	精益物流的内涵 精益物流的四要素
精益物流管理策略	重点掌握	国内精益物流管理存在的问题 精益物流管理的实施策略
敏捷物流概述	掌握	敏捷物流的概念 敏捷物流的目标 敏捷物流与精益物流的联系和区别
敏捷物流管理策略	重点掌握	延迟化策略 资源外部管理策略

导入案例

邮政物流：精益物流的一面旗帜

成立于2003年的中邮物流有限责任公司是专业经营和管理邮政物流业务的大型国有企业。公司是集仓储、封装、配送、加工、理货、运输和信息服务于一体的现代化综合性物流企业。公司以一体化精益物流、中邮快货、分销配送三大板块为主要业务发展方向，依托和发挥中国邮政"两网三流"的资源优势和"百年邮政"的良好信誉，采用先进物流运

> 作模式和技术手段，努力为客户提供个性化、量体裁衣的各类完善的物流解决方案。
>
> 公司运用第三方物流的经营理念、管理模式和技术方法，发挥中国邮政品牌与资源优势，整合邮政物流资源及必要的社会物流资源，建立与国际物流网络对接、覆盖全国的物流网络和先进、高效的物流信息平台，形成一体化物流服务体系，实现实物流、信息流与资金流的融合，为客户提供供应链解决方案和综合物流服务，并将邮政物流发展为中国规模最大、具有国际竞争力的第三方物流企业。
>
> 一体化物流业务是中邮物流的核心业务。该业务重点面向IT、医药、化妆品、汽车零配件等行业，以多批次、高时效、高附加值、小批量、小体积、小重量的物品为对象，根据客户需求，定制从订单处理、运输、仓储、配送到库存管理、流通加工、信息服务、退货处理、代收货款的端到端的一体化物流解决方案，为客户提供实物流、信息流、资金流"三流合一"的供应链管理服务。
>
> 目前，公司已建立起完善的"两级接入、三级联动"的业务开发机制，拥有了一大批品牌好、规模大、效益佳的核心客户群体。
>
> （资料来源：http://www.9956.cn/college/58267.html）

第一节 精益物流理论的起源

精益物流是起源于日本丰田汽车公司的一种物流管理思想，其核心是追求消灭包括库存在内的一切浪费，并围绕此目标发展的一系列具体方法。它是从精益生产的理念中发展而来的，是精益思想在物流管理中的应用。所以要了解精益物流理论的起源，首先就要了解精益生产和精益思想的起源。

一、精益生产方式的产生

精益生产（Lean Production，LP）是一种涉及观念、组织、流程、环境、经营方式与管理目标的高效企业经营管理模式，其基本内涵源于日本丰田汽车公司的生产方式。

第二次世界大战结束不久，汽车工业中统治世界的生产模式是以美国福特为代表的大批量生产方式，这种生产方式以流水线形式少品种、大批量地生产产品。当时，大批量生产方式即代表了先进的管理思想与方法，大量的专用设备、专业化的大批量生产是降低成本、提高生产率的主要方式。

与处于绝对优势的美国汽车工业相比，日本的汽车工业处于相对幼稚的阶段，丰田汽车公司从成立到1950年的十几年间，总产量甚至不及福特公司1950年一天的产量。由于汽车工业是日本经济倍增计划的重点发展产业，因此日本派出了大量人员前往美国考察。丰田汽车公司在参观美国的几大汽车厂之后发现，采用大批量生产方式降低成本仍有进一步改进的余地，而且日本企业还面临着需求不足与技术落后等困难；加上战后日本国内的资金严重不足，也难有大量的资金投入以保证日本国内的汽车生产达到有竞争力的规模，因此他们认为在日本实行大批量、少品种的生产方式是不可取的，而应考虑一种更能适应日本市场需求的生产组织策略。

以丰田汽车公司的大野耐一等为代表的精益生产的创始者们,在不断探索之后,终于找到了一套适合日本国情的汽车生产方式,即及时制生产、全面质量管理、并行工程、充分协作的团队工作方式和集成的供应链关系管理,逐步创立了独特的多品种、小批量、高质量和低消耗的丰田生产方式(Toyota Production System,TPS)。1973年爆发的石油危机带来了市场环境的变化,大批量生产所具有的弱点日益显现,而丰田公司的业绩却开始上升,其他汽车制造企业与之的差距越来越大。而如今,历经半个多世纪的岁月流转,丰田生产方式作为杰出、高效的经营管理典范,又被冠以"精益生产"的美称风靡全球。

精益生产研究的先驱们总结了精益生产的基本法则,如图13-1所示。精益物流所遵循的基本法则,也就是精益生产所遵循的基本法则。

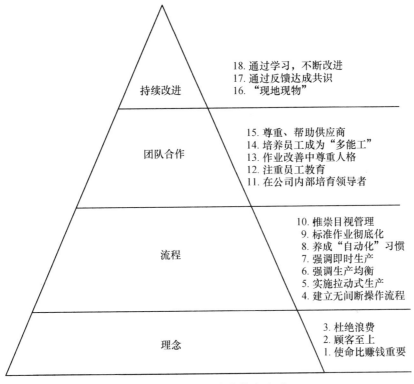

图13-1 精益生产的基本法则

二、精益思想的形成

市场竞争中遭受失败的美国汽车工业,在经历了曲折的认识过程后,终于意识到致使其竞争失败的关键是美国汽车制造业的大批量生产方式输给了丰田的精益生产方式。1985年,美国麻省理工学院的Daniel T. Jones等教授筹资500万美元,用了近5年的时间对90多家汽车厂进行对比分析,于1992年出版了《改造世界的机器》一书,把丰田生产方式定名为精益生产,并对其管理思想的特点与内涵进行了详细的描述。4年之后,该书的作者出版了它的续篇《精益思维》,这本书进一步从理论的高度归纳了精益生产中所包含的新的管理思维,并将精益方式扩大到制造业以外的所有领域,尤其是第三产业,把精益生产方法外延到企业活动的各个方面,而不再局限于生产领域,这标志着精益生产理论正式形成。

精益思想(Lean Thinking,LT)是指运用多种现代管理技术和方法,以客户需求为依据,以充分发挥人的作用为根本,有效配置和合理使用企业资源,最大限度地为企业谋求经济效益的一种新型的经营管理理念。

精益思想诞生后,物流管理学家从物流管理的角度对此进行了大量的借鉴工作,并与供应链管理的思想密切融合起来,提出了精益物流的概念。

第二节　精益物流概述

一、精益物流的内涵

精益物流是运用精益思想对企业物流活动进行管理。具体来说,精益物流是指以客户需求为中心,从供应链整体的角度出发,对供应链物流过程中的每一个环节进行分析,找出不能提供增值的浪费所在,根据不间断、不绕流、不等待等原则制订物流解决方案,以减少整个供应提前期和供应链中的各级库存,适时提供仅由供应链需求驱动的高效率、低成本的物流服务,并努力追求完美。

作为一种新型的生产组织方式,精益制造的概念给物流及供应链管理提供了一种新的思维方式。它包括以下几个方面:

(1) 以客户需求为中心,要从客户的立场,而不是仅从企业的立场,或一个功能系统的立场来确定什么创造价值、什么不创造价值。

(2) 对价值链中的产品设计、制造和订货等的每一个环节进行分析,找出不能提供增值的浪费所在。

(3) 根据不间断、不绕流、不等待等原则制订创造价值流的行动方案。

(4) 及时创造仅由客户驱动的价值。

(5) 一旦发现有造成浪费的环节就及时消除,努力追求完美。

二、精益物流的四要素

1. 客户化——精益物流的直接目标

客户需求是价值流动力,这里的客户既包括企业外部客户,也包括下一个工序、相关部门、相关人员等企业内部客户。在精益物流模式中,价值流的流动要靠下游客户拉动,而不是上游来推动。当客户没有发出需求指令时,上游的任何部分都不要去生产产品;而当客户的需求指令发出后,则快速生产产品,提供服务。因此,在实现精益物流的过程中,良好的客户关系管理有决定性的作用。

2. 准时化——精益物流的基本特征

对于精益物流而言,并不是速度越快越好,过快的速度往往会导致对环境变化的错误判断,或者因为追求高速度而导致成本的增加。因此,在准时化的判断上,速度应该是能够满足客户需要的合适的速度,既不过快,也不过慢。

> **知识链接**
>
> 准时化(Just In Time,JIT)是20世纪五六十年代日本丰田汽车公司首创的一种生产管理方法,指企业生产系统的各个环节、工序只在需要的时候,按需要的量,生产出所需要的产品。JIT的目标是彻底消除浪费和无效劳动,具体来说就是实现零废品、零准备时间、零库存、最低搬运量、最低机器损坏率、最短生产提前期和最低批量。

3. 合作与双赢——精益物流的组织机制

与传统竞争年代中供求双方之间的利益对立关系相比,精益物流更强调企业之间的合作关系。物流职能是依托于生产、销售、客户服务而存在的,没有在这些职能之间形成供给—需求链,物流就没有存在的基础。因此,企业内部的物流部门只有与生产部门、销售部门、客户服务部门之间密切协作,才能实现精益物流,才能获得双赢的机会。

4. 供应链一体化的集成——精益物流实现的基础

供应链一体化的集成包括企业内部供应链的集成、企业外部供应链的集成及实现集成化的动态联盟。它构建了精益物流的实现网络和运行轨迹。

以上四个要素的共同作用保证了精益物流运行的方向、规划和实现。

第三节 精益物流的管理策略

精益物流理论的产生,为我国传统物流企业或企业物流提供了一种新的发展思路,为这些企业在新经济中生存和发展提供了机会。

一、国内精益物流管理存在的问题

精益物流作为一种新的管理模式,在国外汽车制造业应用的成功,引发了国内企业的兴趣,其纷纷开始学习和尝试精益生产管理方式,实施精益物流。但是国内制造业对精益生产的移植和引入存在一定的片面性,主要表现在以下几点:

(1)对精益生产的理解不全面,仅仅采用了精益物流的部分工具,没有抓住精益理念的核心。

(2)零部件厂的生产管理多数依然采用传统的方式来保证制造企业的需求,缺乏进一步改善生产管理的动力,因此浪费依然大量存在。

(3)企业并没有从完善整个价值流出发来着手推进精益生产,而仅是一种管理工具形式上的改善。

(4)盲目照搬国外精益生产的方法和形式,导致管理紊乱。

(5)企业对开展精益生产的渐进性和持久性认识不足。

二、精益物流管理实施的策略

企业实施精益物流的目的在于为企业减少不必要的浪费、降低成本,同时保证为客户提供物美价廉的产品。鉴于不同企业的发展水平及其业务特点的因素,企业实施精益物流的措施也不尽相同,因此,企业在实施精益物流管理时要结合多方面因素进行考虑。

1. 确定需求以解决无需求造成的积压和多余的库存

(1) 消除"牛鞭效应":① 供应链中水平层次和垂直规模的参与者越多,信息的加工次数越多,扭曲程度也越大,因此应尽量减少水平和垂直层次的参与者数量;② 减少或避免消费者的先期购买行为是保证信息正确性的最初环节;③ 信息共享是消减"牛鞭效应"的最佳方法,而建立完善的契约制度是提高信息共享程度的前提。

(2) 创建灵敏反应型供应链。灵敏反应型供应链需要仔细研究产品在整个周期内的销售量或者其他市场信号并作出快速反应。在这个过程中,供应链内部的信息和从市场传递到供应链的信息流都极其重要,要确定存货和生产能力在供应链的适当位置以应对不确定的需求。

2. 加强供应链间的合作

(1) 进行业务流程再设计,精简供应链,消除冗余环节,尽可能使流程合理化;

(2) 把价值流的所有参与企业集成起来,摒弃传统的各自追求利润最大化而相互对立的观点,以最终客户的需求为共同目标,共同探讨最优物流路径。

3. 掌握扬弃的艺术

(1) 放弃非核心业务。多年来,企业出于管理和控制的目的,其核心企业与其他企业是一种所有权的关系。在全球经济一体化的趋势下,自给自足的"纵向一体化"生产方式丧失了竞争力,供应链上每个节点企业的业务都不应搞大而全,而应突出自己的核心业务来提高企业的核心竞争力,至于非核心业务,则可外包给业务伙伴。

(2) 使用第三方物流。第三方物流凭借其规模经营优势、专业化优势、知识人才优势和个性化服务优势,有效地为企业节省资金投入,减少库存、降低风险、提供增值服务,使客户专注于核心业务,增强核心竞争力。当然,企业还需综合衡量外包的风险及自营的优势。

4. 不断改进、追求完善

精益物流是动态管理,对物流活动的改进和完善是不断循环的。每一次改进,消除了一批浪费,形成新的价值流的流动,同时又会产生新的浪费。因而需要不断改进,使物流总成本不断降低,提前期不断缩短,浪费不断减少。

第四节 敏捷物流概述

一、敏捷物流的概念

敏捷物流(Agility Logistics,AL)是1991年里海大学途途物流研究所提出的以虚拟企业或动态联盟为基础的概念,其产生原因及表现如表13-1所示。敏捷物流是在供应链一体化的协同商务基础上,在合适的时间将合适质量和数量的产品以合适的方式配送到合适的地点,满足合适客户的准时化需求,从而实现成本与效率优化的物流活动。

表 13-1 敏捷物流的产生原因及表现

	产生原因	表现
敏捷物流	生产制造方式的影响	多品种、少批量
	协同商务影响物的流通	商务协同、生产后就能马上销售出去
	供应链环境对物流提出新的要求	物流外包、高质量的物流活动可以实现价值增值
	个性化客户服务改变物流的服务方式	提高客户的满意度、实现客户的价值、为客户提供价值增值服务
	时间是敏捷物流的最大助推器	保持敏捷性来获得整个供应链的竞争优势
	电子商务环境的影响	实现电子商务的优越性

敏捷物流所考虑的出发点是:"客户需要什么",其运作的核心是如何通过敏捷化服务提高客户价值。在运作过程中,速度是一个重要的因素,但不是绝对的因素。

二、敏捷物流的目标

虽然每一个企业在不同的时期,为了满足不同的客户需求,都会使用不同的敏捷物流方法,但是,快速响应客户需求、实现价值最大化却是所有敏捷物流方法的出发点。它包括三个方面的目标:降低成本、减少资本、改进服务。

降低成本(Cost Reduction)是将客户响应、客户服务与运输和存储相关的可变成本降到最低。这一目标的核心有两个方面:一是通过评价各备选的行动方案,形成最佳战略;二是在服务水平保持不变的前提下,寻求成本最低的方案,实现利润最大化。

减少资本(Capital Reduction)的原因在于物流管理的根本出发点是投资回报最大化,因此要始终坚持使物流系统的投资最小化。

改进服务(Service Improvement)是物流管理不懈的目标追求。一般地,企业收入取决于所提供的物流服务水平。尽管提高物流服务水平将大幅度提高成本,但收入的增长可能会超过成本的上涨从而使收益率提高。此外,物流服务是创造物流价值的真正源泉。企业的增值服务项目,如理货、配装、再加工、形象规划等,不仅是企业迫切需要的,更是物流作为第三利润源所在。

三、敏捷物流与精益物流的联系和区别

作为供应链战略,"敏捷"和"精益"有共同的着眼点。第一,"敏捷"和"精益"都对产品提出了高质量的要求。第二,它们对于提前期的要求也都是尽可能地短。对于敏捷物流而言,市场中的变化大、难以预测,如果从供应端至消费端之间的耗时过长,必然会影响企业响应市场变化的速度,对于应对市场挑战就比较困难。另外,企业在缩短反应周期的过程中作出的努力会涉及企业运作的方方面面,往往还会带来企业制造成本的大幅度下降和生产效率的大幅度提高;而对于精益物流而言,它的定义是消除一切多余的浪费,反映在时间上就是要求提前期最短。精益物流和敏捷物流的区别如表 13-2 所示。

表 13-2 精益物流和敏捷物流的区别

因素	精益物流	敏捷物流
目标	有效的操作	对需求的灵活反应
方法	消除浪费	客户满意度
限制条件	服务水平	成本
变化率	长期稳定	对环境的快速反应
绩效测量标准	生产率、利用率	满足服务的前置期、服务水平
工作方法	统一、标准化	变化、更多当地控制
控制方法	正式的计划周期	授权雇员、少框架

英国克兰菲尔德大学的 Christopher 和 Topwill 探讨了精益物流与敏捷物流在提供给客户总价值方面的本质区别:服务水平(可获性,Availability)是"敏捷物流"的关键因素,而成本并因此导致的销售价格是和"精益"物流紧密联系的。Mason-Jones 等也阐述了精益物流和敏捷物流的区别,如图 13-2 所示,对敏捷物流来说,赢得市场的因素是服务水平,而对精益物流来说,赢得市场的因素是成本(价格)。

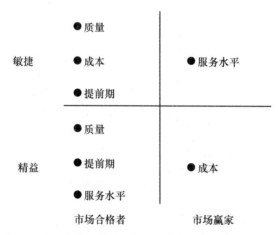

图 13-2 两种物流模式:市场合格者和市场赢家的对比

第五节 敏捷物流的管理策略

一、延迟化策略

延迟化策略的原理是产品的外观、形状或生产、组装、配送应尽可能推迟到接到客户订单后再确定。运用延迟化技术,可实现最大的柔性而降低库存容量,使得流通在产品最终价值增值上发挥积极的作用。一般来说,多个产品在生产流程的初始阶段可以共享一些共同的工艺和(或)零部件,在工艺流程的某一点(某些点)上使用将定的工艺和部件来定制加工半成品,这样,一个通用产品直到流程的这一点之后就成为不同的产成品。这一点通常就是产品差异点。延迟的实质就是重新设计产品和工艺以使产品差异点延迟。在供应链环境下,延迟策略主要分为以下三种。

1. 拉动式延迟

现代生产存在两个极端,一个是在建立库存的环境下把产品存储起来卖给消费者。由于生产是在客户发出订单之前就已经发生了,因此这种建立存货的计划完全是建立在预测基础上的。另一个极端是,企业等客户下订单,然后运用订单的完全特定的信息,启动整个供应链流程来生产和配送产品,这样就不可能生产出不合适的产品。但是这是以客户长时间的等待为代价的。大多数企业是在建立存货的生产和按订单生产之间的某一个点上进行运作的。在一些供应链中,早期的步骤是在预测的基础上进行的,然后生产出的中间产品被存储起来。剩下的定制化步骤仅仅是在收到客户订单后才进行。根据预测生产的模式(推动的模式)向根据订单生产的模式(拉动的模式)转换的邻接点常常被称为是推—拉边界,或者说是去耦点。拉动式延迟就是要使去耦点尽早地在流程中出现。根据预测生产的步骤越少,则半成品的存货量就越少,按照客户订单的确切要求而实施的步骤就会越多。通过这种方式,更多的流程步骤被延迟到了订单接收之后。

2. 物流式延迟

之所以称为物流式延迟,是因为这种延迟是建立在改变定制化步骤发生点的基础上的,它要求重新设计供应链流程所包含的任务和模块,以便于定制化步骤可以在靠近客户的下游进行。为了确保物流式延迟策略的成功实施,企业必须采取有效措施来保证下游实施的定制化不会导致质量降低,并且保证下游位置有能力完成这些任务而不带来成本和时间的额外增加,同时还要有获得定制化所必需的零部件和模块的能力。另外,企业还要确保工程团队能够并且愿意设计出产品和流程,来使得定制化步骤能被有效地推迟到下游位置。

3. 结构式延迟

结构式延迟策略要求彻底改变产品结构,使用那些能够使一些零部件和流程步骤标准化的设计。如果早期的步骤能够标准化,使这些步骤产生的结果无差别,那么产生产品差异的点就会有效地得以推迟。之所以称为结构式延迟,是因为延迟是通过产品结构形式的改变而得以实现的。

二、资源外部管理策略

1. 面向专业物流服务商的资源外部管理

如果在物流运作上没有足够的能力对客户的有效需求实现敏捷反应的话,企业应当考虑通过物流业务的外包来实现物流运作的灵敏性。进行物流业务外包有助于企业专注于核心业务,获得更好的运输解决方案,同时降低成本和提高服务质量。

然而,企业进行物流外包决策是一个复杂的过程,应当考虑到企业自身的战略、所处的竞争环境、企业状况、外部的经济因素等。大多数企业往往倾向于扩大其外包业务数量,而忽视这些决策的战略和战术的重要性,不恰当的外包政策可能会削弱企业的核心竞争力甚至架空企业的权利。企业在进行物流外包决策时,至少应注意三个要点:① 企业必须识别自己的核心技能;② 企业需要考虑自己所处的竞争环境;③ 企业需要考虑自身所面临的经济因素,即公共政策、垄断政策和交易成本。

2. 面向供应链上游的资源外部管理

(1) 向供应商派出专家小组。这具体可以从以下几个方面开展：① 派遣一定数量的员工协助关键供应商改善员工管理和技术培训；② 利用工程师协助供应商提高生产率和质量；③ 双方组建工程师队伍解决产品质量问题和其他难题；④ 在关键流程的关键环节为供应商提供技术支持；⑤ 在供应商生产线上进行产品技术改进和质量检测；⑥ 双方高层的经常性沟通；⑦ 定期检查供应商的运作情况，包括财务和商业计划等；⑧ 互派干部任职。

(2) 向上游转移库存所有权。转移库存所有权确实是一个降低库存水平和减少投资、提高库存速度和周转率的方法。即使供应商或分销商为这种"服务"收取费用，它仍然要比持有库存所需花费的25%—40%的库存持有成本低。在某些情况下，转移库存是对许多供应商不愿意加入供应商管理库存(VMI)行动的反应。通过将库存所有权转回给供应商，库存管理可以实施更多强制性的VMI和供应链创新活动。

3. 面向供应链下游的资源外部管理

(1) 管理客户库存。随着信息技术的发展和普及，越来越多的供应商向客户提供各种软件，实现信息流的一体化管理，可以在事实上消除采购订单、多余的书面处理及对巨大的"安全库存"的管理。

(2) 经销商库存管理。经销商库存管理的基本思想是：为了迅速覆盖销售渠道，保证客户需求的即时满足，供应商往往会将一定数量的产品作为铺货存放在经销商处，由经销商进行管理，在该产品的销售账款回收之前，供应商仍然将其作为库存管理。

案例 13-1　戴尔敏捷物流模式的构建和实施

戴尔计算机公司从1984年创办至今，营业额每年以两位数的增长速度发展，近年来更是稳坐全球个人电脑销售额的头把交椅。戴尔取得竞争优势最重要的原因是选择了被约瑟夫·派恩等学者认为是"竞争新前沿"的生产组织模式——大规模定制，而支撑戴尔成功实现大规模定制的关键是其敏捷物流管理模式。

1. 供应物流的敏捷性

供应物流能否敏捷响应直接影响着戴尔的后续乃至整体生产运营。戴尔的供应物流采用第三方物流模式，其实施关键是供应商管理库存(VMI)和信息共享。戴尔先和供应商签订合同，要求每个供应商都必须按照它的生产计划，将满足8—10天用量的物料放在由第三方物流企业管理的VMI仓库里。戴尔确认客户订单后，系统会自动生成一个采购订单给伯灵顿，伯灵顿在90分钟内迅速将零部件运送到戴尔的装配厂(戴尔称之为客户服务中心)，最后由供应商根据伯灵顿提供的送货单与戴尔结账。为了使供应商和自己的库存都尽可能降到最低，告知供应商真实的需求，所有交易数据都在互联网上不断往返，实现以信息代替库存。通过敏捷的供应物流，戴尔的零部件库存周期一直维持在4天以内，远低于行业30—40天的平均水平。

2. 生产物流的敏捷性

由于戴尔生产的是定制产品，每一台计算机可能就是一种规格要求，要求不同的零部件和组装方式，弹性很大。因此，戴尔必须选择与此匹配的装配生产方式和物流运作方式。

戴尔的客户订单确认后,系统在传递物料采购信息的同时迅速将客户订单安排到具体的生产线上。零部件通过第三方物流企业的车厢卸到戴尔客户服务中心之后,通过以下四个步骤完成生产运作和生产物流的过程:① 配料。工人根据客户下的订单连同规格要求组配好各种零件放入一个盒子中,然后送往具体的生产线。② 组装生产。每个生产线上的组装工人根据规格要求,从盒子中取出零件进行装配,一个人完成整机的装配工作。③ 对整机进行硬件和软件配制的测试。通过专有软件进行 2—10 小时的自动测试,如果发现问题,立刻返回到组装生产线上进行修正。④ 包装。包装好的机器从生产线下来后,运送到特定区域分区配送。从整个流程来看,零部件从送进戴尔的客户服务中心到产成品运出,通常只需要 4—6 小时。

3. 销售物流的敏捷性

由于自营物流具有分散资源、送货不经济、物流成本增加等缺点,因此戴尔的销售物流也采用外包形式。目前,在全球承担戴尔销售物流的有联邦快递、伯灵顿和敦豪等企业。

在销售物流环节,其敏捷性体现在产品是直接从戴尔的客户服务中心运送到客户手中,省掉了中转环节,极大地缩短了产品送达的时间,降低了物流成本。第三方物流企业早在戴尔的客户订单确认时,就已被告知货物物流要求,提前制订配送计划、运输路线,做好车辆调度和人员配备等,使戴尔产品可以立即送往客户处。在整个物流过程中,戴尔可以通过第三方物流企业的信息管理系统实施跟踪,监控销售物流的质量和效率。

(资料来源:http://www.docin.com/p-277313321.html)

本章小结

1. 精益物流是指以客户需求为中心,从供应链整体的角度出发,对供应链物流过程中的每一个环节进行分析,找出不能提供增值的浪费所在,根据不间断、不绕流、不等待、不做无用功等原则制订物流解决方案,以减少整个供应提前期和供应链中的各级库存,适时提供仅由供应链需求驱动的高效率、低成本的物流服务,并努力追求完美。

2. 顾客化、准时化、合作与双赢、供应链一体化的集成是精益物流的四要素。

3. 敏捷物流是在供应链一体化的协同商务基础上,在合适的时间,将合适质量、合适数量的合适产品以合适的方式配送到合适地点,满足合适顾客的准时化需要,从而实现成本与效率优化的物流活动。

4. 敏捷物流的目标主要包括降低成本、减少资本、改进服务。

5. 拉动式延迟、物流式延迟和结构式延迟是敏捷物流中延迟策略的三种典型形式。

练习题

1. 名词解释

精益思想	精益物流	敏捷物流	牛鞭效应
准时化	快速响应	去耦点	供应商管理库存

2. 简答题

（1）简述精益物流的四要素。
（2）简述精益物流和敏捷物流的区别与联系。
（3）敏捷物流管理的目标是什么？
（4）敏捷物流管理中延迟策略包括哪些具体形式？

3. 论述题

（1）试解释"牛鞭效应"产生的原因并提出解决方法。
（2）试阐述我国精益物流发展存在的问题并提出相应的解决方法。

扩展阅读　　中国的物流企业应该走精益物流道路

当今时代是一个知识化特征最显著的新经济时代，信息、网络技术等知识含量的比重在产品和服务所创造的价值之中占有主导位置，其实质是以智力为导向，崇尚客户至上的高智能、多样化和微观服务，顺应以消费者为主导的买方市场。企业生存和发展的关键是对市场的变化作出快速反应，生产和提供客户满意的产品及服务。面对新经济的巨大影响，我国的物流企业在新经济的巨大浪潮中应当运用现代管理思想对自身进行重新定位，用信息技术来最大化地满足客户的需求和利益，提供压缩时间和空间的增值物流服务，以在竞争中孕育生机。

精益物流理论的产生为我国的传统物流企业提供了一种新的发展思路，为这些企业在新经济中的生存和发展提供了机会。精益物流理论符合现代物流的发展趋势，该理论所强调的消除浪费、连续改善是传统物流企业继续生存和发展必须具备的基本思想。它使得传统物流企业的经营观念转变为以客户需求为中心，通过准时化、自动化生产不断谋求成本节约及物流服务价值增值的现代经营管理理念。可以说，基于成本和时间的精益物流服务将成为中国物流业发展的驱动力。

中国企业发展精益物流应当分步骤实施，一般可分为两步：

1. 企业系统的精益化

（1）组织结构的精益化。由于我国的大多数企业在计划经济中所形成的组织结构，制约着企业的变革，因此，企业要发展物流，应当利用精益化思想减少中间组织结构，实施扁平化管理。

（2）系统资源的精益化。我国的传统企业存在着众多计划经济下遗留的资源，但如果不进行整合、资源重组，则很难与其他大型物流企业进行竞争，甚至有可能把自己的优势变为劣势。

（3）信息网络的精益化。信息网络系统是实现精益物流的关键，建立精益化的网络系统是先决条件。

（4）业务系统的精益化。实现精益物流首先要对当前企业的业务流程进行重组与改造，去除不合理的因素，使之适应精益物流的要求。

（5）服务内容及对象的精益化。由于不直接创造利润这一特征，所以在进行精益物流服务时应选择适合本企业体系和设施的对象及商品。这样才能使企业产生核心竞争力。

（6）不断地完善与鼓励创新。不断完善就是不断发现问题，提出改进措施，改变工作方法，不断提高工作质量。鼓励创新指建立一种鼓励创新的机制，形成一种鼓励创新的氛围，在不断完善的基础上有一个跨越式的提高。在物流的实现过程中，人的因素发挥着决定性的作用，任何先进的物流设施和物流系统都要由人来完成。物流形式的差别、客户个性化的趋势和对物流期望越来越高的要求也要求物流各具体岗位的人员具有不断创新的精神。

2．提供精益物流服务

这主要包括以客户需求为中心，提供准时化服务、快速服务、低成本高效率服务和使客户增值的服务等。

（资料来源：http://www.docin.com/p-56714817.html）

第十四章

供应链协调与协同理论

教学要点

知识要点	掌握程度	相关内容
供应链"牛鞭效应"及协调	重点掌握	供应链"牛鞭效应"的概念 "牛鞭效应"产生的原因 "牛鞭效应"的危害与解决对策 供应链协调
供应链合作伙伴关系的选择与建立	掌握	供应链合作伙伴关系的概念 供应链合作伙伴关系形成的原因 供应链合作伙伴关系的利益分析 供应链合作伙伴关系的选择建立
电子商务环境下的全球供应链协同	掌握	电子商务对供应链的影响 电子商务环境下供应链的协同管理

导入案例

丰田供应链联盟

以丰田汽车公司(以下简称"丰田公司")为核心建立起来的供应链(以下简称"丰田供应链")是供应链的杰出代表。自1937年8月成立丰田自动车工业株式会社以来,丰田公司在汽车王国里创造了辉煌。丰田公司汽车的销售量、销售额和知名度均位居世界前列,特别是在汽车销量上。丰田公司除了日本国内的工厂,还在27个国家和地区设有50家海外生产企业,员工近29万人,以其雄厚的实力成为世界汽车王国的三大巨头之一。与世界同行相比,丰田公司的利润率稳居首位。

丰田公司成功的一个关键因素是丰田独特的供应链联盟。丰田供应链表现为以丰田为中心,其他厂商围绕在丰田周围的一种网络结构。但是,丰田供应链又有其独特之处,那就是供应链之间的紧密合作。供应商间的紧密合作主要表现在:一是供应商企业自发成立的"协丰会",它是丰田公司与向丰田公司供应零部件和车身的厂商组成的供应链联盟,成立于1973年,目前大约有220家成员企业。二是为丰田公司采购设备的企业的自发性组织,称为"荣丰会"。从生产线的机械和装置到建筑土木、物流等领域,其成员约有80家公司,都是为丰田公司从事采购工作的。后来发展起来的各种协会都为丰田公司与供应链之间的协同管理打下了坚实的基础。随着全球化的不断发展,两个协会也和丰田公司一起成长,协会成员之间相互合作,使得丰田公司的内在国际化得到实实在在的发展,丰田公司与供应商之间的合作取得了极大的成功。丰田公司以自身为核心,通过建立知识共享联盟内有效的组织学习的管理和流程,在其周围集结了众多供应商;在丰田公司核心的召集和管理下,各个供应商之间也形成了相互学习与相互促进的网络关系。

(资料来源:http://www.docin.com/p-54625294.html)

第一节 供应链"牛鞭效应"及协调

一、供应链"牛鞭效应"

1. "牛鞭效应"的概念

"牛鞭效应"(Bullwhip Effect)就是指供应链下游消费需求轻微变动而导致上游企业生产、经营安排的剧烈波动的现象。当市场上一种商品的消费需求发生细微变动时,这种波动会沿着零售商、批发商、分销商直至制造商逆流而上,并逐级扩大,在达到最终源头供应商时,其获得的需求信息和实际消费市场中的客户需求信息发生了很大的偏差,需求信息被严重扭曲而逐级放大,此信息扭曲的放大作用在图形上很像一根甩起的牛鞭,因此被形象地称为"牛鞭效应"(如图14-1所示)。可以将处于上游的供应商视为梢部,下游的客户视为根部,一旦根部抖动,传递到末梢端就会出现很大的波动。

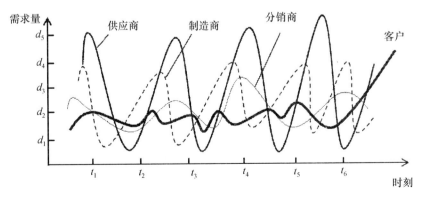

图14-1 "牛鞭效应"示意图

2. "牛鞭效应"产生的原因

在传统的供应链管理中,如果供应链的每一个阶段只追求各自目标的最优化,而未考虑对整条供应链的影响,就会导致供应链失调。在供应链失调的情况下,由于各成员企业的信息不能共享,企业只能依据独立的预测和需求信息确定其运营策略,从而导致供应链"牛鞭效应"的产生。具体来看,主要可归结为以下因素:

(1) 需求预测修订。在传统的供应链中,各节点企业总是以其直接下游的需求信息作为自己需求预测的依据。比如,当某企业销售了 100 个产品时,它可能会乐观地估计未来,同时为了保证不断货,它会增加进货,达到 120 个。同样,由于信息的不完全,批发商和分销商也可能作出比以往更多的库存的决策,传到制造商时,订单可能就是 200 个,甚至更多。而实际需求最多不会超过 110 个,"牛鞭效应"也就产生了。

(2) 订单批量决策。在供应链中,每个企业都会向其上游订货,一般情况下,销售商并不会来一个订单就向上级供应商订货一次,而是在考虑库存和运输费用的基础上,在一个周期或者汇总到一定数量后再向供应商订货;为了降低订货频率,降低成本和规避断货风险,销售商往往会按照最佳经济规模加量订货。此外,频繁的订货也会增加供应商的工作量和成本,供应商也往往要求销售商在一定数量或一定周期订货,此时销售商为了尽早得到货物或全额得到货物,或者为备不时之需,往往会人为地提高订货量,这样,订货策略就导致了"牛鞭效应"的产生。

(3) 价格波动。供应链中的上游企业经常采用一些促销策略,如价格折扣、数量折扣等。对下游企业来说,如果库存成本小于由于折扣所获得的利益,那么在促销期间,它们为了获得大量含有折扣的商品,就会虚报商品的销售量,然后将虚报的商品拿到其他市场销售或者推迟到促销结束后再销售,也有将这一部分商品再转卖给其他经营者,这样就引起了需求极大的不确定性。而对消费者来说,在价格波动期间,他们会改变购买行为,但这并不能反映消费者的实际需求,因为他们会延迟或提前部分需求。如每年的三次长假,由于商家的促销,消费者会将假前的部分需求推迟,也会将以后的部分需求提前,集中到假期消费,这样需求的变动就比较大。因而,价格波动也会产生"牛鞭效应"。

(4) 短缺博弈。当需求大于供给时,理性的决策是按照订货量比例分配现有供应量,比如,总的供应量只有订货量的 40%,合理的分配办法就是按其订货的 40% 供货。此时,销售商为了获得更大份额的配给量,故意夸大其订货需求是难免的,当需求降温时,订货又突然消失,这种由于短缺博弈导致的需求信息的扭曲最终导致"牛鞭效应"。

(5) 提前期。总提前期是由用于订单处理、采购和制造商品、在供应链不同阶段运输商品的时间构成的。提前期越长,对企业的订购点和安全库存的影响越大,也会降低需求信息的时效性,从而引起"牛鞭效应"。

(6) 供应链的结构。一般来说,供应链越长,处于同一节点的企业越多,供应商离消费者越远,对需求的预测越不准。同时,经过各环节的传递及各企业安全库存的多层累加,需求信息的扭曲程度越大,"牛鞭效应"越明显。

通过以上的分析可以发现,"牛鞭效应"产生的根本原因在于供应链中上、下游企业间缺乏沟通和信任机制,而每一个企业作为理性人,都有各自的利益,由此造成需求信息在传递过程中不断地被扭曲。

3. "牛鞭效应"的危害

"牛鞭效应"的存在给企业造成了严重的后果：由于要保持比实际需求大得多的库存，导致企业经营风险加大、库存成本上升、利润下降，从而削弱了企业的竞争力。同时，它也导致整个供应链的运作效率十分低下。具体来说，主要有以下七点：

（1）增加了生产成本。由于这种效应，公司及其供应商尽力满足较顾客需求更具有变动性的订单流。为了应对这种增大的变动性，公司要么扩大生产能力，要么增加库存量。但这两种做法都会增加单位产品的生产成本。

（2）增加了库存成本。为了应对增大了的需求变动性，公司不得不保有比"牛鞭效应"不存在时还要高的库存水平。同时，高水平的库存还增加了必备的仓储空间，从而导致库存成本的增加。

（3）延长了供应链的补给供货期。由于"牛鞭效应"增加了需求的变动性，与一般需求相比，公司及其供应商的生产计划更加难以安排，往往会出现当前生产能力和库存不能满足订单需求的情况，从而导致供应链内公司及其供应商的补给供货期延长。

（4）提高了供应链的运输成本。公司及其供应商在不同时期的运输需求与订单的完成密切相关。由于"牛鞭效应"的存在，运输需求将会随着时间的变化而剧烈波动。因此，需要保持剩余的动力来满足高峰的需求，从而增加劳动力总成本。

（5）提高了供应链和送货与进货相关的劳动力成本。公司及其供应商送货的劳动力需求将随着订单的波动而波动，分销商和零售商进货的劳动力需求也存在类似的波动。为了应对这种订单的波动，供应链的不同阶段有不同的选择，或者采用流动劳动力，或者变动劳动力，但是无论是哪种选择，都会增加劳动力总成本。

（6）降低了供应链内产品的供给水平，导致更多的货源不足的现象发生。订单的大幅波动使得公司无法及时向所有的分销商和零售商供货，从而导致零售商出现货源不足的频率加大，供应链销售额减少。

（7）给供应链每个节点企业的运营都带来负面影响。一般来说，会损害供应链不同节点企业之间的关系，供应链内的每个节点企业都认为自己做得尽善尽美，而将这一责任归咎于其他节点企业。于是，"牛鞭效应"就导致供应链不同节点企业之间的互不信任，从而使潜在的协调努力变得更加困难。

4. "牛鞭效应"的解决对策

从供应商的角度来看，"牛鞭效应"是供应链上的各层级销售商（总经销商、批发商、零售商）转嫁风险和进行投机的结果，它会导致生产无序、库存增加、成本上升、通路阻塞、市场混乱、风险增大。企业可以从以下几个方面进行综合治理：

（1）缩短提前期。一般来说，订货提前期越短，订量越准确，因此鼓励缩短订货期是破解"牛鞭效应"的一个好办法。

（2）规避短缺情况下的博弈行为。一方面，当出现商品短缺时，供应商可以通过互联网查询各下游企业以前的销售情况，以此作为向它们配货的依据，而不是根据它们订货的数量，从而杜绝了下游企业企图通过夸大订货量而获得较多配给的心理。另一方面，通过互联网，供应链中所有企业共享关于生产能力、库存水平和交货计划等方面的信息，增加透明度，以此缓解下游企业的恐慌心理，减少博弈行为；制造商也能够了解到更加准确的需求信息，合理有序地安排生产。

（3）加强出入库管理，合理分担库存责任。避免人为处理供应链上的有关数据的一个方法是使上游企业可以获得其下游企业的真实需求信息，这样，上、下游企业都可以根据相同的原始资料来制订供需计划。联合库存管理策略是合理分担库存责任、防止需求变异放大的先进方法。联合库存管理在供应商与销售商之间建立起了合理的库存成本、运输成本与竞争性库存损失的分担机制，将供应商全责转化为各销售商的部分责任，有利于形成成本、风险与效益的平衡机制，从而有效地抑制"牛鞭效应"的产生和加剧。

（4）加强企业和消费者的沟通，建立新型的客户关系。通过互联网，企业和客户可以进行互动交流，缩短企业和客户的距离，以便企业了解客户的需求，由此企业作出的需求预测准确度高。而且上游企业也能够根据和客户交流所得的信息，对下游企业的订单要求进行评估判断，这就有效地缓解了"牛鞭效应"。

综上所述，对大多数企业而言，单靠自己的实力，要想在激烈的市场竞争中求得生存和发展，是相当困难的。企业之间通过供应链彼此联系起来，以一个有机的整体参与竞争、共同合作、优势互补，实现协同效应，从而提高供应链的竞争力，达到群体共存。

因此，解决"牛鞭效应"的根本对策是整合供应链中企业之间的关系，建立企业之间的诚信机制，实现信息共享，即实现整个供应链的协调。

二、供应链协调

1. 供应链协调的概念

供应链协调是指两个或两个以上的企业为了实现某种战略目标，通过公司协议或联合组织等方式而结成的一种网络式联合体。供应链协调的目标是实现供应链整体功能和效益的提高。

供应链协调以合作竞争为指导思想，包括竞争关系的管理、合作关系的管理和合作竞争关系的管理。

供应链协调的对象包括信息（知识）流、物料（零部件）流、资金流、增值流、业务流等的协调管理，这五种流分布在供应链的战略、战术、运作等不同层面，流与流之间也存在许多需要协调的关系。

供应链体系的协调应建立在风险共担、利益合理分配的基础之上，是供应链成员目标在行动、目的、决策、信息、知识和资金等方面的联合。

2. 供应链协调的层次

供应链协调的层次可依据不同的分类标准，大致分成以下几类。

（1）根据协调的职能划分，可划分为两类：一类是不同职能活动之间的协调与集成，如生产—供应协调、生产—销售协调、库存—销售协调等协调关系；另一类是根据同一职能不同层次活动的协调，如多个工厂之间的生产协调。

（2）根据协调的内容划分，可划分为信息协调和非信息协调。

（3）根据企业内外部划分，可划分为企业内部的协调和合作伙伴间的协调。企业内部的协调是指供应商、制造商和销售商企业内部各部门之间各项活动的协调，包括物流、资金流和信息流的协调；合作伙伴间的协调是指供应商、制造商和销售商之间的相互协调。

（4）根据企业在供应链中所处的地位和所起的作用划分，可将供应链协调分为垂直协调和水平协调。垂直协调是指贯穿于整个产品生命过程的相关企业之间的协调，也就是说从原材料的采购到产品的生产、销售直到最终客户的相关供应商、制造商、销售商之间的协调；而水平协调是指供应链中处于同一地位的各个企业之间的协调，如在各个零售商之间的协调。

3．供应链体系协调管理的模式

协调模式可以认为是协调各个活动（或参与者）之间的渠道或方案，它是各种协调管理途径的不同组合方式。信息共享是供应链体系协调的基础，包括两种建立在信息共享基础上的协调模式。

（1）减少信息不完整的协调模式。其重点就是缩短提前期、延迟产品的个性化实现，从而减少供应链中需求信息不完整的程度。具体方法包括：

第一，模块化设计方法（Modular Design）：将产品设计成模块，从而可以并行化生产以缩短提前期。

知识链接

模块化设计是指在对一定范围内的不同功能或相同功能不同性能、不同规格的产品进行功能分析的基础上，划分并设计出一系列功能模块，通过模块的选择和组合可以构成不同的产品，以满足市场的不同需求的设计方法。

第二，延迟（Postponement）：延迟某些个性化部件的制造或者延迟某些运作过程及工序。

第三，制造过程次序调换（Process Sequencing）：调换某些模块的生产次序，从而缩短差异性程度较高模块的提前期。

第四，快速反应方法：可以认为是一种直接缩短产品提前期的延迟，其具体运作方式有直接缩短提前期、缩短渠道（直销战略）、多次订货和生产的运作策略。

（2）减少信息不对称的协调模式。其模式的目标在于改进运作机制，促进供应链成员的信息沟通机制，由订单的环环相扣（不对称）转向一定程度的信息（特别是原始数据）共享，使需求信息能够真实及时地传递，协调的具体实现方式分为三种：

第一，直接的信息共享合约，其供应链协调的目标是促使上、下游及时地共享原始的需求数据和实时信息，其具体实现方式包括采用 POS 和 EDI 系统使订单及库存信息共享、计算机辅助订货及网上订货、第三方建立信息流通机制。

第二，通过战略合作改进信息沟通。它通过转移管理权，使上、下游及时地共享原始的需求数据和实时信息。具体实现方式包括 VMI、连续补充计划（CRP）和有效率的消费者响应（ECR）。

第三，避免信息扭曲。其目标是改进短视、不合理的运作制度，减少订单的扭曲程度，主要是采用诸如稳定价格和控制短缺等措施解决供应链成员的投机性行为。

第二节 供应链合作伙伴关系的选择与建立

在竞争日益激烈的情况下,许多公司放弃了其他不占优势的业务,只抓最核心的产品方向和市场;在经营管理上,强调供应商/分销商合作伙伴关系的开发,以便更好地协调运作。随着信息技术的迅猛发展,现在公司之间已经能够迅速交换其产品信息,进行资金结算,并利用合作方式优化供应链运作,进而使供应链成员形成创造性的供应链合作伙伴关系。

一、供应链合作伙伴关系的概念

供应链合作伙伴关系(Supply Chain Partnership,SCP)一般是指:在供应链内部两个或两个以上独立的成员之间形成的一种协调关系,以保证实现某个特定的目标或效益。建立供应链合作伙伴关系的目的,在于通过提高信息共享水平,减少整个供应链产品的库存总量、降低成本和提高整个供应链的运作绩效。

在供应链中存在各种合作伙伴关系,如供应商—制造商关系、制造商—分销商关系,这些关系是指以供应链为基础,在利益驱动机理作用下,通过各种协议、契约结成的供应商与用户之间共享信息、共担风险、共同获利的一种合作关系。

案例 14-1 台湾雀巢与家乐福的合作伙伴关系

雀巢公司为世界最大的食品公司,由亨利·雀巢设立于1867年,总部位于瑞士,行销全球81个国家和地区,200多家子公司和500多座工厂,全球员工总数约有22万名,主要产品涵盖婴幼儿食品、乳制品及营养品类,饮料类,冰激凌、冷冻食品及厨房调理食品类,巧克力及糖果类,宠物食品类与药品类等。家乐福公司为世界第二大的连锁零售集团,1959年设立于法国,全球有9 061家店,24万名员工。台湾家乐福为台湾量贩店龙头,拥有23家分店。雀巢与家乐福公司在全球均为流通产业的领导厂商,在ECR方面的推动更是不遗余力。1999年,两家公司更协议在ECR方面开展更密切的合作。台湾雀巢在1999年10月积极开始与家乐福公司合作,建立整个VMI计划的运作机制,总目标是增加商品的供应率,降低客户(家乐福)库存持有天数,缩短订货前置时间及降低双方物流作业的成本。

1. 雀巢与家乐福的关系现状

家乐福对雀巢来说是一个重要的客户,雀巢对家乐福设有专属的业务人员。在系统方面,双方各自有独立的内部ERP系统,彼此间不兼容;在推动VMI计划的同时,家乐福也正在进行与供货商以EDI联机方式的推广计划,与雀巢的VMI计划也打算以EDI的方式进行联机。

2. 双方的投入

在人力投入方面,雀巢与家乐福双方分别设置专门的对应窗口,其他部门包括物流、业务或采购、信息等则是以协助的方式参与计划,并逐步转变为物流对物流、业务对采购及信息对信息的团队运作方式。在经费的投入上,家乐福方面主要是在EDI系统建置上的花费,此外没有其他额外的投入;雀巢方面除了EDI建置外,还引进了一套VMI的系统,花费约

250万新台币。

3. 实施 VMI 所取得的成果

在具体的成果上,除了建置了一套 VMI 运作系统与方式外,在经过近半年的实际上线执行 VMI 运作后,对于具体目标达成也已有显著的成果,雀巢对家乐福物流中心产品到货率由原来的 80% 左右提升至 95%(超越目标值);家乐福物流中心对零售店面产品到货率也由 70% 左右提升至 90% 左右,而且仍在继续改善中;库存天数由原来的 25 天左右下降至目标值以下;订单修改率也由 60%—70% 的修改率下降至现在的 10% 以下。

对雀巢来说最大的收获却是在与家乐福合作的关系上,过去其与家乐福是单向的买卖关系,客户要什么就给他什么,甚至是尽可能地推销产品,彼此都忽略了真正的市场需求,导致卖得好的商品经常缺货,而不畅销商品却有很高的库存量。这次合作让双方加深了彼此的了解,也愿意共同解决问题,并使原本各项问题的症结点陆续浮现,有利于根本性改进供应链的整体效率,同时掌握销售资料、库存量来作为市场需求预测和库存补货的解决方法。此外,雀巢在原来与家乐福的 VMI 计划基础上,也进一步考虑针对各店降低缺货率,以及促销合作等计划的可行性。

(资料来源:http://course.hzu.edu.cn/wlx/n15c41.shtml)

二、供应链合作伙伴关系形成的原因

任何供应链要想在激烈的市场竞争中生存下来,就必须不断地降低成本、提高利润。而通过供应链合作伙伴关系,能够协调供应链中的各项活动,使整个供应链的交易成本显著降低,各方利润明显增加。可见,降低交易成本,提高供应链的整体长期利润是形成供应链合作伙伴关系的内在原因。

合作伙伴关系对普遍降低交易成本所做的贡献可以从交易过程和交易主体行为的考察中得到进一步证实。一方面,从交易的全过程看,供应链合作伙伴之间的交流能大大减少相关交易费用。由于供应链合作伙伴之间经常沟通与合作,协调他们的活动,可使搜索交易对象信息方面的费用大为减少;提供个性化服务建立起来的相互信任和承诺,可以降低各种违约风险;即便在服务过程中产生冲突,也因为合同时效的长期性而通过协商加以解决,从而避免仲裁、法律诉讼等行为所产生的费用。另一方面,从交易主体行为来看,合作伙伴之间的互通性,提高了双方对于不确定性环境的认知能力,减少了因交易主体的"有限理性"而产生的交易费用。

此外,供应链合作伙伴之间的长期合作将会在最大限度上抑制交易双方之间的投机行为,使得交易双方有关此类的交易费用有望控制在最低限度。有关供应链一般成员的成本分析和合作伙伴的成本分析分别如图 14-2、图 14-3 所示。

从图 14-3 可以看出,供应链合作伙伴能够以较低的成本提供给客户同样的服务或产品,或者能够以同样的成本提供更好的服务或产品,因而该供应链能够在激烈的竞争中获得优势。

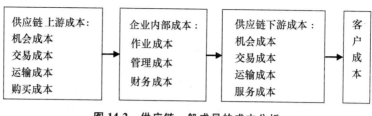

图 14-2　供应链一般成员的成本分析

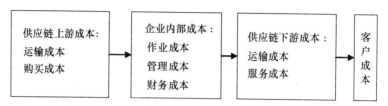

图 14-3　供应链合作伙伴的成本分析

三、供应链合作伙伴关系的利益分析

在与精心挑选的供应商和分销商形成了合作伙伴关系之后，供应商、制造商和分销商通过协商来解决产品设计、生产、零配件的供应、销售和配送中的问题，协调其运作，将使各方都受益。

对制造商而言，与供应商形成合作伙伴关系将获得以下益处：

（1）新产品上市时间缩短。通过与供应商形成合作伙伴关系，制造商可以不必通过昂贵且风险巨大的纵向一体化就能充分利用供应商的专长，将大量自己不擅长的零配件等的设计和生产任务进行"外包"，而集中力量于自己的核心竞争优势。

（2）生产成本降低。合作伙伴关系的形成，将使得供应商更多地参与新产品的设计、工艺及生产过程；制造商也将对供应商的设计和制造过程进行更多的了解。供需双方彼此就对方设计、生产中的缺陷和问题提出及时的改进意见，从而使生产成本大大降低。

（3）客户满意度增加。客户满意度的增加主要有产品设计保证、产品制造过程保证、售后服务保证等三个方面的保证。虽然客户的不满意总是存在的，但关键在于当客户不满意时，分销商、制造商和供应商齐心协力来解决出现的问题，而不是相互推诿责任。

对供应商而言，在合作伙伴关系形成以后，制造商可以向供应商进行投资，以帮助其更新生产和配送设备，加大对技术改造的投入，提高配送质量。另外，合同期限的延长使供应商在相当长的一段时间内的利润有了保证，将有利于供应商把更多的注意力放在企业的长远发展上，而不至于为了企业的生存疲于奔命。

四、供应链合作伙伴关系的选择与建立

供应链合作伙伴关系的建立是一个复杂的动态过程，它不仅是企业结构上的变化，而且在观念上也必须有相应的改变。要想做好这项工作，企业必须确定合理的工作步骤，谨慎地挑选合作伙伴，以确保真正"双赢"的实现。供应链合作伙伴关系的选择与建立步骤如图 14-4 所示。

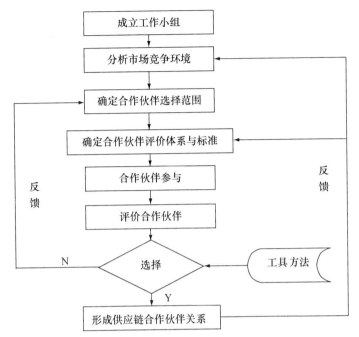

图 14-4 供应链合作伙伴关系的形成与建立步骤流程

1. 成立工作小组

在供应链环境下,企业必须成立一个负责合作伙伴关系的工作小组。其中,组员以来自采购、质量、工程等与供应链合作关系密切的部门的人为主,这些人必须具备团队合作精神和一定的专业技能。工作小组必须得到本企业和合作伙伴企业最高管理层的支持。

2. 分析市场竞争环境

形成供应链合作伙伴关系,必须先对市场竞争环境进行分析,明确针对哪些产品市场开发供应链合作伙伴关系才有效,确认是否真的需要建立供应链合作伙伴关系。如果原来已经存在供应链合作伙伴关系,则应对其现状进行分析,根据需求变化确认改变供应链合作伙伴关系的必要性。

3. 确定合作伙伴选择范围

合作伙伴选择也是企业的一项投资活动,选择范围的大小将直接影响选择费用的多少。面对众多的甚至是潜在的合作伙伴,必须首先进行粗选,将合作伙伴的数目降低到某一适当范围。一般应先考虑现有合作伙伴,然后再考虑选择新的潜在合作伙伴。

4. 确定合作伙伴评价体系与标准

不同行业、企业、产品需求、经营环境对合作伙伴的要求有所不同,因而企业必须依据系统全面性、简明科学性、稳定可靠性和灵活可操作性的原则,合理确定供应链合作伙伴评价体系,同时确立合作伙伴的选择标准。

5. 合作伙伴参与

企业要想选出满意的合作伙伴,必须要取得初步选定的合作伙伴的支持,要有他们的积极参与。因此,企业工作小组应尽可能早地与初步选定的合作伙伴取得联系,让他们参与到评价的设计过程中来。

6. 评价合作伙伴

评价合作伙伴就是围绕评价体系调查、收集和整理评价合作伙伴所需的各种数据资料，利用一定的工具和方法，对参与的合作伙伴进行综合评价，并对照合作伙伴选择标准从中选出理想的一个或几个合作伙伴。

7. 形成供应链合作伙伴关系

一旦某个或某几个合作伙伴被选中后，就要开始真正地与其形成供应链合作伙伴关系，包括所有的合作伙伴对企业的需求应有完整的认识。当然，在形成供应链合作伙伴关系之后，应根据市场需求的变化、企业自身情况的需要及时调整，必要时可以形成新的供应链合作伙伴关系。

第三节 电子商务环境下的全球供应链协同

全球供应链是指在全球范围内组合供应链，它要求以全球化的视野，将供应链系统延伸至整个世界范围，根据企业的需要在世界各地选取最有竞争力的合作伙伴。当今时代，企业不再限于一国之内，随着越来越多的跨国企业出现，企业必须与全球供应链的上、下游企业结成联盟，整合整体的竞争能力，实现共赢。

一、电子商务对供应链的影响

电子商务的兴起是一场由技术手段飞速发展而引发的商品运作模式的革命，它改变了传统经济活动的生存基础、运作方式和管理机制，因而对供应链产生了深远的影响。

（1）电子商务为供应链的协同提供了机遇。供应链协同是要在供应链内建立协调合作关系，必须要实现信息共享，减少供应链上的波动，保证各阶段决策的基础数据，如销售量、需求量和库存量等的一致性。事实上，供应链的协同管理一直面临挑战。电子商务可以有效地实现供应链上各个业务环节信息孤岛的连接，使业务、信息实现有效的集成和共享。同时，电子商务应用将改变供应链的稳定性和影响范围，改变传统的供应链上信息逐级传递的方式，为企业创建广泛可靠的上游供应网，大幅降低采购成本，使许多企业能以较低的成本加入到供应链联盟中。

（2）电子商务消除了供应链上不必要的中间环节。电子商务是在由计算机、软件和通信系统构成的网络中实现的。通过 Internet，生产商可以不经由分销商或零售商而直接将产品卖给消费者，消除了一些不必要的中间环节，节约了运输费用和销售费用等。此外，利用 Internet 进行零部件和产品的订货、发货，能够合理安排库存，提高信息的及时性和准确性，降低库存和营业费用。

（3）有利于保持现有业务增长。通过实施基于电子商务的供应链管理，可以实现供应链系统内的各相关企业对产品和业务进行电子化、网络化管理。同时，供应链中的各企业通过电子商务手段实现有组织、有计划的统一管理，可减少流通环节，降低成本，提高效率，使供应链管理达到更高的水平，促进各相关企业的业务发展。

（4）有利于开拓新的客户核心业务。实施基于电子商务的供应链管理，不仅可以提高整个供应链的效率，维护现有客户，而且由于能够提供更多的功能和业务，必然吸引新的客户加入供应链,从而带来新的业务。本质上讲,通过实施基于电子商务的供应链管理,无论是企业还是客户都会从中获益,产生新的业务增值,同时降低成本,实现"双赢"。

(5) 有利于分享需要的信息。基于电子商务供应链交易设计信息流、产品流和资金流。供应链中的企业借助电子商务手段可以在互联网上实现部分或全部的供应链交易,从而有利于各企业掌握跨整个供应链的各种有用信息,及时了解客户的需求及供应商的供货情况,同时也便于让客户网上订货并跟踪订货情况。供应链管理是电子商务的核心和最有效的实现方式。电子商务使得企业间供应链的整合可以更有效地达成,使供应链上的各企业关注自己核心竞争力的培养,并与其他企业成为一个协调发展的有机体,从而达到全面提高企业竞争力的目的。

二、电子商务环境下供应链的协同管理

电子商务为供应链的协调提供了机遇,同时也使供应链的协同管理面临挑战,关于在供应链内建立协调合作关系,有两种观点:一种观点认为,供应链各方以各种正式合同来保证合作,一旦合同拟定下来,各方只从自身利益出发以信任的方式开展合作;另一种观点认为,由于供应链各方存在一系列相互作用的关系,信任和合作的关系建立在时间的基础上,积极的相互作用加强了双方合作的信任。

在实际情况中,上述两种观点各有偏颇,不可能设计出一种能够涵盖未来发生的所有偶然事件的合同。因此,彼此尚不信任的双方不得不靠建立信任关系,来解决合同内尚未涵盖的问题。在多数有效率的合作关系中,两种方案兼而有之。故应从两个方面来完善供应链的协同管理:一是从供应链的硬环境建设方面,二是从软约束方面。两方面相辅相成,共同实现供应链的协调运行。

(一) 基于电子商务的供应链硬环境协同

供应链协同管理的硬环境建设包括两方面:一是硬件基础设施的建设,二是供应链成员必须遵守的硬性合同和制度。由于这两方面都具有一旦建立就保持稳定或具有强制性、灵活性较差等特点,所以把两方面共同努力达到的供应链协调称之为供应链,即硬协同管理。硬协同是供应链最主要的协调管理工具,在供应链管理的初级阶段也是最有效的工具,要想实现供应链的最优化目标,是必不可少的。

1. 硬件基础设施建设

硬件基础设施建设主要是为供应链协调提供技术支持,保证供应链上信息流、物流和商流等畅通。供应链上各企业的基础设施必须跟上电子商务发展的步伐,能为供应链各阶段之间的同步行动创造条件。

电子商务要求的基础设施首先就是网络设施,供应链上必须完善自己的网络基础设施,在企业内部建立起企业内部网(Intranet),在企业之间建立外部网络(Extranet),使内部供应链与外部供应链连成一个整体。只有这样,供应链上的信息才能同步传输,信息在出现的同时就能在供应链上得到共享。

供应链上的生产和物流设施必须满足电子商务的需要,电子商务时代的运输更多的是趋向于第三方物流,那么传统供应链企业包揽一切运输任务的状况就得改变,许多不必要的物流设施完全可以省去。供应链上的各企业之间的设施不匹配会导致供应链不协调,必须进行优化。

另外,供应链上企业的管理系统必须能满足供应链协调运营的需要,管理系统要能有效地把企业各功能模块集成起来。目前,供应链管理的工具很多,应用范围各不相同,应用最广的主要是两种系统:一是 ERP,二是 CRM。两种系统基本涵盖了供应链的整个管理范围,能够满足电子商务环境下供应链管理的需要。

ERP 系统掌握了整个企业的原材料、订货、生产安排、成品库存及其他信息,跨越了企业职能之间的界限,涵盖财务、物流、生产、订单完成、人力资源和供应商管理等功能模块,这些模块相互关联,因而每一职能的使用者均能知道公司其他领域发生的情况。ERP 系统不仅记录整个系统状况,同时还帮助企业实现自动化、提高效率、减少失误。此外,ERP 系统的杰出之处还在于实时提供广阔视野。

CRM 系统是一种旨在改善企业与客户之间关系的新型管理机制,具有收集、分析和利用各种关系获得客户信息的功能,从而帮助企业充分利用客户关系资源,扩展新的市场和业务渠道,提高客户满意度和企业盈利能力。CRM 与业务流程紧密结合,加强了各个环节之间的联系,实现了业务流程的自动化,它一般由销售、市场营销、服务、电子商务和电话中心五个功能应用组件构成。

2. 合同制度的建立

对供应链的协调起着关键作用的合同机制主要有以下几方面:

(1) 信息共享机制。供应链要通过联合预测与规划来实现协调,前提是必须要有共享信息,减少供应链上的波动,必须保证各阶段决策的基础数据如销售量、需求量和库存量等的一致性,制定一些合同与制度来要求各阶段都能把自己掌握的数据与其他阶段共享。许多企业认为,共享信息会泄漏自己的商业秘密,因而持消极态度。一旦信息共享的合同制度建立起来,这种行为就应该受到惩罚。

(2) 利益分配机制。供应链的协调运营提高了整条供应链的盈利能力,但是各阶段从这种协调中得到的利益是不均衡的,这就限制了一部分企业采取协调措施的积极性,把协调运营所增加的盈利在各阶段之间进行再分配,做到风险共担、利益共享。利益分配的比例只有通过强制的形式规定下来才能得到承认。由于很难区分各阶段在协调管理中所付成本的大小,因而比例的确定是一件困难的事,唯一的办法就是各阶段之间的相互妥协。

(3) 冲突解决机制。有效的冲突解决机制能够显著增强供应链的协调关系,任何供应链关系都难免会出现各种冲突,如果冲突解决得不能令人满意,就会使合作伙伴关系恶化。为了促进交流,管理者及合作成员之间应该经常定期举行例会,在矛盾转化为冲突之前付诸讨论,即便未能采取基本对策,也为矛盾的深入解决奠定了一个基础。详尽的合同是解决争端的有效工具。通过签署合同,鼓励供应链成员协商解决计划外偶然事件的发生,以此来增加彼此之间的信任。

(二) 基于电子商务的供应链软约束协同

供应链的软协同就是要在供应链成员之间建立一种相互信任的合作伙伴关系,各成员能够自觉地维护供应链的整体利益,这是精神、文化、理念上的融合,又称为"文化协同"。电子商务环境的虚拟性增加了供应链上相互信任的重要性,因为虚拟的供应链成员更容易作出短期的投机行为,从而破坏供应链的和谐关系。

在建立信任的供应链文化中,管理者应该注重下列因素:

(1) 合作中的弹性、信任与守信有助于供应链关系的成功。

(2) 直接负责合作关系的管理者,以合作各方自身的期望为依据,界定每一方的价值,这能增进合作关系。

(3) 明晰各方行为结果的机制有助于避免冲突,解决纠纷。这种机制有助于避免某一方的投机行为,并能指出程序的缺陷,提高双方关系的价值。脆弱的合作伙伴关系越公正,供应链关系往往就越紧密。

(4) 加强彼此之间的沟通了解。供应链成员应该主动让对方清楚自己的战略目标、价值趋向以及具体的管理措施,在此基础上,求同存异、达到协调的目的。

(5) 奖励有利于供应链协调的行动。这是培养协同文化过程中有效的工具。

供应链中的信任文化是要通过长期培养才能建立起来的,供应链管理者只有本着信任、公正、互利的原则设计和管理合作关系,才能在供应链内建立信任与合作的关系。

本章小结

1. "牛鞭效应"就是指供应链下游消费需求轻微变动而导致的上游企业生产、经营安排的剧烈波动的现象。

2. 解决"牛鞭效应"的根本对策是整合供应链中企业之间的关系,建立企业之间的诚信机制,实现信息共享,即实现整个供应链的协调。

3. 供应链协调是指两个或两个以上的企业为了实现某种战略目标,通过公司协议或联合组织等方式而结成的一种网络式联合体。供应链协调的目标是实现供应链整体功能和效益的提高。

4. 供应链合作伙伴关系一般是指在供应链内部两个或两个以上独立的成员之间形成的一种协调关系,以保证实现某个特定的目标或效益。

5. 供应链合作伙伴关系确定一般经过以下几个过程:① 成立工作小组;② 分析市场竞争环境;③ 确定合作伙伴选择范围;④ 确定合作伙伴评价体系与标准;⑤ 合作伙伴参与;⑥ 评价合作伙伴;⑦ 形成供应链合作伙伴关系。

练习题

1. 名词解释

联合库存管理　　　　供应链协调　　　　供应链合作伙伴关系　　　层次分析法
电子商务　　　　　　全球供应链

2. 简答题

(1) 什么是延迟战略?

(2) 供应链协调的层次有哪些?

(3) 供应链体系协调管理的模式有哪些?

3. 论述题

(1) 供应链合作伙伴关系形成的步骤有哪些?

(2) 电子商务为供应链的协同带来了哪些机遇和挑战?要如何应对?

扩展阅读　　　浅议全球供应链下的第三方信息协同服务平台

全球加速平坦化,美国专栏作家托马斯·弗里德曼形象地指出了全球一体化这一不可逆转的趋势。在《世界是平的》(The World Is Flat)一书中,弗里德曼提到了碾平世界的十大力量,包括"外包(Outsource)""离岸经营""沃尔玛式供应链"等。我们看到,这些正是全球化下跨国制造、跨国采购和跨国经营的典型模式。这些模式加速了全球经济的一体化,使全球的市场、劳动力和产品在整个世界范围内得以共享。这一方面满足了日益变化的市场需求,另一方面加速了市场的需求变化,同时也使得不仅跨国企业,也包括众多的中小企业,或主动或被动地加入到全球分工体系中,接受全球经济一体化下的市场竞争。众多企业的上、下游供应链不断延伸,跨地区、跨国界、跨洲界成为全球供应链的组成部分。正如弗里德曼指出的那样,不断推成出新的信息技术,如"宽带网络""工作流技术""移动应用"等,正快速推进这一趋势。

信息协同是全球供应链的必由之路。全球供应链的基本特征就是企业生产格局配置全球化,这就使得企业的业务运作更加复杂。供应链的响应速度直接影响着企业的订单,因而也直接影响着企业的市场份额和生命线。这就给供应链的协同运作提出了更高的要求。

在过去一二十年里,随着信息技术的快速发展,企业为了不被市场竞争淘汰,不断通过建设内部信息系统(如MRP、ERP、CRM等)来优化内部流程,整合业务资源,提高自己的竞争力。然而今天,全球化下的市场竞争,已不再是单个企业之间的竞争,而是供应链联盟与供应链联盟之间的竞争。要建设具有竞争力的供应链联盟,就必须要集成企业之间的业务流程,整合企业之间的信息资源,从而实现企业之间的紧密协同。这必然要求改变企业之间业务交互的传统模式,通过企业之间各类信息系统的无缝对接,实现供应链的敏捷运作。于是,建设信息协同平台成为如何在保证企业信息安全的情况下低成本地实现这种无缝对接的选择。

第三方信息协同服务平台着眼于全球供应链运作,必然要求做到业务的抽象性、流程的完整性、标准的兼容性和接入方式的多样性,以满足业界的个性化、全程化和多样化服务需求。无论如何,第三方信息协同服务平台正成为企业信息化建设市场的热点。目前,全球市场上提供第三方信息协同服务的厂商主要分布在欧美、新加坡、中国台湾等发达国家和地区,包括Sterling commerce、GXS、E2open、Inovis、Axway等。国内能够在全球供应链上为企业提供全程信息协同服务的厂商基本还没有。这与中国作为"世界工厂"的地位是不相符的。中国要从"制造大国"向"制造强国"转变,除了产业升级和技术创新外,还必须要有能够快速联通全球供应链的信息协同高速路的支持。

中国电子口岸作为中国外贸信息化的先导者,拥有得天独厚的通关资源和连接全国外贸企业的信息通路,是最有资格成为中国第三方信息协同服务的领跑者的。中国电子口岸应站在标准制定者的立场上,通过联合各地方信息服务提供商和技术提供商,以电子政务带动电子商务,构建中国的第三方信息协同服务平台,为中国企业参与全球市场的竞争提供强有力的信息通路支持。

(资料来源:http://articles.e-works.net.cn/scm/article59880.htm)

参 考 文 献

[1] 许淑君.现代物流管理[M].上海:上海财经大学出版社,2013.
[2] 赵道致,王振强.采购与供应管理[M].北京:清华大学出版社,2011.
[3] 谭红翔,余晓红.企业物流管理[M].北京:清华大学出版社,2008.
[4] 马士华,林勇.供应链管理[M].北京:机械工业出版社,2012.
[5] 李承霖.企业物流管理实务[M].北京:北京理工大学出版社,2008.
[6] 胡建波.供应链管理实务[M].成都:西南财经大学出版社,2013.
[7] 曹霁霞.物流服务营销[M].北京:北京理工大学出版社,2009.
[8] 王道平,杨岑.供应链管理[M].北京:北京大学出版社,2012.
[9] 程幼明.物流与供应链管理[M].合肥:安徽大学出版社,2010.
[10] 丁小龙.现代物流管理学[M].北京:北京大学出版社,2010.
[11] 范丽君,郭淑红,王宁.物流与供应链管理[M].北京:清华大学出版社,2011.
[12] 霍佳震.物流与供应链管理[M].北京:高等教育出版社,2006.
[13] 秦浩,汪传雷.供应链管理[M].北京:中国物资出版社,2012.
[14] 王效俐,沈四林.物流运输与配送管理[M].北京:清华大学出版社,2012.
[15] 林慧丹,杨涛.运输管理学[M].上海:上海财经大学出版社,2010.
[16] 冯同海.物流运输管理[M].上海:立信会计出版社,2010.
[17] 马俊生,王晓阔.配送管理[M].北京:机械工业出版社,2008.
[18] 陈修齐.物流配送管理[M].北京:电子工业出版社,2009.
[19] 贾平.现代物流管理[M].北京:清华大学出版社,2011.
[20] 雍兰利,魏凤莲.物流管理概论[M].杭州:浙江大学出版社,2011.
[21] 李三赓.现代物流概论[M].北京:北京理工大学出版社,2012.
[22] 李创,王丽萍.物流学概论[M].北京:北京大学出版社,2012.
[23] 吴建.现代物流学[M].北京:北京大学出版社,2010.
[24] 柯颖.物流管理[M].北京:机械工业出版社,2012.
[25] 林自葵.货物运输与包装[M].北京:机械工业出版社,2009.
[26] 徐天亮.运输与配送[M].北京:中国物资出版社,2012.
[27] 崔介何.物流学(第二版)[M].北京:北京大学出版社,2010.
[28] 桂寿平.物流学导论[M].北京:北京师范大学出版社,2010.
[29] 王玲.物流绩效管理[M].北京:高等教育出版社,2011.
[30] 周竹梅,代坤.物流绩效评价与管理[M].北京:中国物资出版社,2009.
[31] 黄福华.物流绩效管理[M].北京:中国物资出版社,2009.
[32] 宋光辉,杜庭刚,刘玉飞.精益物流管理实践[M].北京:中国财富出版社,2013.
[33] 李严峰,解琨.精益物流[M].北京:中国财富出版社,2012.
[34] 王富忠.敏捷物流——理论、运作与策略[M].北京:经济科学出版社,2011.
[35] 张天平.供应链系统战略管理[M].北京:中国经济出版社,2010.

教师反馈及教辅申请表

北京大学出版社本着"教材优先、学术为本"的出版宗旨，竭诚为广大高等院校师生服务。为更有针对性地提供服务，请您认真填写以下表格并经系主任签字盖章后寄回，我们将按照您填写的联系方式免费向您提供相应教辅资料，以及在本书内容更新后及时与您联系邮寄样书等事宜。

书名		书号	978-7-301-	作者	
您的姓名				职称职务	
校/院/系					
您所讲授的课程名称					
每学期学生人数	_____人_____年级			学时	
您准备何时用此书授课					
您的联系地址					
邮政编码		联系电话（必填）			
E-mail（必填）		QQ			
您对本书的建议：				系主任签字 盖章	

我们的联系方式：

北京大学出版社经济与管理图书事业部
北京市海淀区成府路 205 号，100871
联系人：徐冰
电话： 010-62767312 / 62757146
传真： 010-62556201
电子邮件： em_pup@126.com   em@pup.cn
Q Q： 5520 63295
新浪微博：@北京大学出版社经管图书
网址： http://www.pup.cn